스토리텔링성경 7

스토리텔링 성경

갈라디아서~빌레몬서

스토리텔링 성경
7 갈라디아서~빌레몬서: 바울서신 Ⅱ

2022년 4월 25일 초판 1쇄 발행

지은이 김영진, 강정훈, 천종수
발행처 (유) 성서원
일러스트 김천정
교정 · 교열 유영일
출판등록 1997년 7월 8일 (제300-1997-79호)
창업일 1972년 2월 1일
주　소 경기도 고양시 덕양구 덕은로 60-12 우) 10541

전　화 (02)765-0011~17
팩　스 (02)743-6811
성서원 홈페이지 www.biblehouse.co.kr
페이스북 · E-mail saebut-9106@hanmail.net

ISBN 978-89-360-2778-0 03230

스토리텔링성경 • 신약

7

성경 전 장章을 이야기로 풀어 쓴

스토리텔링 성경

지은이
김영진 강정훈 천종수

갈라디아서~빌레몬서

성서원

차례

갈라디아서

에베소서

빌립보서

골로새서

데살로니가전서

데살로니가후서

디모데전서

디모데후서

디도서

빌레몬서

갈라디아서

오직 믿음으로 의롭게 되리라

무거운 죄의 짐 진 자들아
멍에 벗고 진리로 나오너라.
율법의 우리에 갇힌 자들아
문 열고 복음의 자유로 오너라.

어리석은 생각에 물든 자들아
거짓 율법에 미혹당하지 마라.
죄의 짐 진 채 행진하지 마라.
속박 풀고 자유의 길로 오너라.

율법으로 의롭게 되려는 자들아
하나님의 은혜로운 선물을 받아라.
십자가 복음의 참뜻 헤아려
묵은 생각 털고 구원으로 오너라.

율법의 고달픈 삶을 벗은 자들아
기독교 자유의 현장으로 나오너라.
성령의 인도하심에 따라 살면서
성령의 열매 주렁주렁 맺어라.

1
사도의 길

내가 전한 복음은 사람의 것이 아닌
그리스도가 직접 계시하신 것입니다
예전에 나는 유대교도였지만
주께서는 은혜로 나를 부르셨습니다

서막

"아, 어찌 그럴 수가! 갈라디아 지방의 교회들이 유대 율법주의자들에 의해 농락을 당하고 있다니! 내가 그토록 애써 십자가 복음의 터전 위에 교회를 세워 놓았건만, 어찌하여 다시금 과거의 율법으로 돌아가려 한단 말인가! 절대 안 된다, 그럴 순 없다!"

제3차 전도여행 중 에베소에 머물며 전도사역을 감당하고 있던 바울, 하루는 갈라디아 지방에서 올라온 어떤 신자에게서 그곳 교회들에 관한 소식을 전해 들었다(주후 55년경). 소식은 충격적이고 절망적이었다.

갈라디아 지방의 여러 교회들(비시디아 안디옥 교회, 이고니온 교회, 루스드라 교회, 더베 교회 등)에 율법을 맹종하는 유대주의자들이 속속 침투하여 바울이 전하고 가르친 십자가 복음을 왜곡하고 배척하면서 "사람의 구원은 믿음으로써가 아니라 오직 율법을 지킴으로써 가능하다!"라고 주장하고 있는데, 그런 거짓 가르침에 많은 교인들이 넘어가고

갈라디아서의 무대

있다는 소식이었다.

본래 갈라디아 지방은 소아시아(오늘날 '터키' 지역) 중앙부에 위치한 고도 700-1,000m의 고원지대다. 그런데 주후 1세기 바울 당시의 갈라디아는 본래의 소아시아 중앙과 북부를 비롯하여, 주전 25년에 로마제국에 의해 속주로 편입된 남부 지역까지도 포함하는 갈라디아도(道)를 가리킨다.

바울은 3차에 걸친 자신의 전도여행 때 매번 이곳을 거쳐 갔다. 본 서신인 '갈라디아서'는 갈라디아 지방에서도 남부 갈라디아에 위치한 여러 교회들 곧 비시디아 안디옥 교회, 이고니온 교회, 루스드라 교회, 더베 교회 등에 보낸 편지다.

남부 갈라디아 지방에 위치한 여러 교회들은 바울이 바나바와 팀을 이루어 함께 떠난 제1차 전도여행 때(주후 47-49년경, 행 13:2-14:7) 힘껏 복음을 전하여 하나하나 개척한 교회들로, 순수한 십자가 복음의 터전 위에 세워진 교회들이었다. 하지만 그곳은 역사적으로 유대인들의 영향력이 크게 발휘되던 지역이었다. 그러니까 주전 2세기경에 수리아의 안티오쿠스 3세에 의해 추방된 수많은 유대인들이 이곳으로 건너와서 일찍부터 정착하였다. 그들 유대인들은 이 지역 곳곳에 회당을 세우고 율법을 가르쳤다.

바울이 제1차 전도여행 때 이곳에 이르러 십자가 복음을 전파하자, 많은 유대인들이 바울을 율법 파괴자로 여기고 온갖 핍박을 가하며 복음 전파를 훼방하였다(행 13:14-52). 이때 바울은 루스드라에서 유대인들의 돌에 맞아 거의 반죽음당하고 실신하여 성읍 밖에 던져지기도 했다(행 14:8-19).

이렇게 바울은 죽음을 무릅쓰면서 힘껏 복음을 전했고, 그 결과 갈라디아 지방의 여러 곳에 그리스도의 교회를 개척하였다. 하지만 바울이 다른 지역으로 떠나간 이후, 율법을 맹신하는 극렬 유대주의자들은 교회 안으로 침투하여 거짓 교사로 활동했다.

그들은 구원의 도리를 가르치면서 십자가 복음을 배척하고 율법 준수를 강조했다. 사람이 의롭게 되는 길은 믿음으로써가 아니라 율법 준수로써 가능하다고 가르쳤다. 그러므로 복음을 버리고 율법으로 돌아가야 한다고 미혹했다. 이런 가르침에 그 뿌리가 깊지 못한 교회는 기둥이 흔들렸다. 믿음이 연약한 교인들은 거짓 교사들의 가르침에 미혹당하여 복음의 길에서 떠나 실족했다. 바울이 애써 전하고 가르친바 십자가 복음의 터전 위에 세워진 그리스도의 교회가 송두리째 무너질 판국이었다.

"안 되겠다. 그냥 두고 볼 수 없다! 이곳 에베소 사역에 묶인 몸인지라, 당장은 갈라디아로 달려갈 순 없어도 편지를 써 보내어 교인들을 다시금 올바로 세워야겠다."

바울이 갈라디아 지역에 있는 교회들에 편지를 쓰다

바울은 다급하고 간절한 심령으로 급히 펜을 들어 자신이 직접 개척하여 세운 갈라디아 지방의 여러 교회들 곧 비시디아 안디옥 교회, 이고니온 교회, 루스드라 교회, 더베 교회 등에 편지를 쓴다. 편지 속에서 바울은 율법과 복음의 관계를 중점적으로 다루고 있는데, 이 편지(갈라디아서) 속에 나타난 특징을 살펴보면 이러하다.

첫째, 기독교의 핵심 진리인 이신득의(以信得義) 사상 곧 '오직 믿음으로써 의롭게 된다'는 사상이 체계적으로 잘 서술된 교리 서신이다.

둘째, 이 편지는 특정한 신자나 교회에 보낸 편지가 아니라 한 지역의 여러 교회들에 보낸 회람 서신이다.

셋째, 율법주의에 빠진 신자들의 잘못된 생각을 꾸짖고 배격하는 단호한 견책 서신이다.

넷째, 자신이 전파한 십자가 복음의 권위와 진정성 확보를 위해 바울이 자신의 사도직을 강력히 변증하고 있는 자서전적 서신이다.

그리하여 율법으로부터의 해방을 힘차게 선포하고 있는 본 서신은 '기독교 자유의 대헌장'이라 불리기도 하고, 구원의 도리와 사상이 '로마서'만큼이나 체계적으로 쓰여 있다 하여 '소(小)로마서'로 불리기도 한다. 또한 이 같은 맥락에서 '기독교 신앙의 대헌장' 혹은 '종교개혁의 선전포고서' 등으로도 불린다.

자, 그러면 옷깃을 겸허히 여미고 이제 율법을 맹신하는 유대인 율법주의자들의 모든 거짓과 궤계를 통렬하게 허물어뜨리고, 그 허물어진 터전 위에 십자가 복음의 깃발을 드높이 휘날리고 있는 본 서신을 한 구절 한 구절 살펴보도록 하자. 기쁘고 가슴 벅찬 십자가 복음의 바람을 힘차게 타고 "오직 믿음으로 의롭게 되리라!"는 구원의 깃발이 펄럭이고 있는 이 편지 '갈라디아서'를 믿음의 눈으로 찬찬히 읽어보도록 하자. 십자가 굳게 부여잡고 '오직 믿음!'이란 도로를 한 발 한 발 걸어보도록 하자.

갈라디아 지방의 성도들을 향한 바울의 문안인사 (1:1-5)

나 바울이 사도가 된 것은 사람에 의해서가 아니라 예수 그리스도 및 그분을 죽은 자들 가운데서 살리신 하나님 아버지에 의해서입니다. 그렇게 사도 된 나 바울은, 여기 나와 함께 있는 모든 믿음의 형제들과 더불어 갈라디아 지방의 여러 교회들에 이 편지를 씁니다.

사도란 '보냄 받은 자'란 뜻인데, 말 그대로 십자가 복음을 전하도록 예수 그리스도에 의해 뽑히고 세움 받아 사역의 현장으로 보냄 받은 자다. 따라서 '사도'라는 명칭은 초대교회에서 '제자' 혹은 '신자(성도)'와는 구별되는데, 예수님을 믿고 따르는 수많은 제자들과 신자들 가운데서 예수님에 의해 직접 뽑혀 세움 받은 '열두 제자'를 '사도'라도 불렀다. 그들 12사도는 다음과 같다.

① '베드로'라고도 불리는 시몬 ② 베드로의 동생인 안드레 ③ 세베대의 아들인 야고보 ④ 역시 세베대의 아들로서 야고보의 동생인 요한 ⑤ 나다나엘을 전도한 빌립 ⑥ '나다나엘'로도 불리는 바돌로매 ⑦

'디두모'란 별칭을 갖고 있는 도마 ⑧ 가버나움 지역의 세리였던 마태. 예수님의 제자가 되기 전의 이름은 '레위' ⑨ 알패오의 아들인 야고보 ⑩ '유다'란 별칭을 가진 다대오 ⑪ 가나나(열심당원)인 시몬 ⑫ 나중에 예수님을 팔아넘긴 배반자 가룟 유다.

이들 12사도 가운데 배반자 '가룟 유다'가 사도의 반열에서 탈락하고, 그를 대신하여 '맛디아'가 그 자리를 채웠다(행 1:15-26). 그런데 바울의 경우, 그는 예수님 생전에는 12사도의 반열에 들지 못했지만, 예수님의 부활 승천 이후에 다마스쿠스 도상에서 예수님에 의해 직접 선택받아 복음 전도자로 세우심을 받았다는 점에서 특별히 '사도'로 인정받았다.

하지만 복음의 대적자들과 거짓 교사들은 바울의 다마스쿠스 소명을 부정하고 그의 사도직을 인정하지 않았다. 그들은 기회 있을 때마다 바울의 사도직에 시비를 걸면서 그것은 순전히 바울이 스스로 지어낸 가짜라고 떠들고 다녔다. 그러하기에 바울의 가르침은 믿을 수 없는 것이라고 주장했다.

갈라디아 지방의 여러 교회들에 파고든 유대인 율법주의자들도 역시 그렇게 주장하면서 바울이 가르친 십자가 복음을 배격하고 자신들이 가르친 율법주의를 따라야 한다고 주장했다. 이런 점을 염두에 두고, 바울은 편지의 맨 처음부터 예수 그리스도와 하나님에 의해 확실하게 인정받은 자신의 사도직을 강력하게 주장했던 것이다. 그런 다음에야 비로소 문안인사를 전한다.

우리 하나님 아버지와 주 예수 그리스도의 은혜와 평강이 여러분과 항상 함께하기를 빕니다. 예수 그리스도께서는 아버지 하나님의 기쁘신 뜻에 따라 우리 죄를 대신하여 십자가에 못 박혀 죽으심으로써 이 악한 세대와 세상에서 우리를 구원해주셨습니다. 모쪼록 하나님께서 영원토록 영광 받으시기를 빕니다. 아멘!

오직 하나밖에 없는 유일한 복음(1:6-10)

그런데 여러분, 여러분이 그리스도의 은혜로 여러분을 부르신 분을 그렇게도 빨리 저버리고 다른 종류의 복음에 마음을 기울이는 것을 보고 나는 놀라지 않을 수 없습니다. 지금 여러분이 따르고 있는 그 복음은 결코 복음이라고 할 수 없는 것입니다. 그것은 단지 여러분을 혼잡함 속으로 몰아넣어 그리스도의 십자가 복음을 왜곡시키려고 하는 몇몇 사람들의 간교한 수작에 불과할 따름입니다.

당시 갈라디아 지방의 신자들이 따른 '다른 종류의 복음'은 유대인 율법주의자들인 '할례당'에 의해 전파된 것으로(갈 2:12), 사람이 구원을 얻기 위해서는 반드시 율법에 따라 '할례'를 받아야 한다는 사상이다. 말하자면 이런 사상은 믿음이 아니라 율법으로써 구원을 얻는다는 교리다.

그래서 바울은 이 같은 거짓된 사상을 전하는 자들을 '저주받은 자'로 규정했다(갈 1:8). 왜냐하면 그 누구도 율법으로써는 의롭게 되지 못하기 때문이다. 따라서 이런 거짓 가르침은 사람을 율법에 옭아매는 것인바, 요컨대 '다른 종류의 복음'은 복음의 가면을 썼을 뿐, 전혀 '복음'이 아닌 것이다.

우리가 꼭 명심해야 할 것이 있습니다. 그것은, 우리는 물론이고, 비록 하늘에서 내려온 천사라 할지라도 우리가 여러분에게 전한 복음 이외의 다른 복음을 전한다면, 그자는 영원히 저주를 받아야 마땅합니다. 이미 말했지만, 다시금 밝히 말합니다. 누구든지 여러분이 이미 받아들인 그 십자가 복음과 다른 것을 여러분에게 전하고 가르친다면, 그 사람은 영원토록 저주를 받을 것입니다.

'저주를 받는다'는 말에서 '저주'(헬, 아나데마)는 본래 '하나님께 바쳐진 제물'이라는 뜻으로, 반드시 죽임당할 가축이나 불태워질 물건에 적용된 용어다(수 9:1). 따라서 다른 복음을 전함으로써 순수한 십자가 복음의 진리를 왜곡시키는 자들은 반드시 하나님 앞에 죽임당하여 영육 간에 멸망할 수밖에 없는 운명인 것이다. 이어지는 편지에서 바울은 이렇게 말하는 자신의 진심을 알아주길 원했다.

여러분, 지금 내가 사람들의 마음을 기쁘게 하려고 애쓰는 사람입니까? 아니면, 하나님을 기쁘시게 해드리려고 애쓰고 있습니까? 내가 언제 사람들의 환심을 사려고 애쓴 적이 있었습니까? 만일 내가 사람들의 환심을 사려고 애쓰고 있다면, 정녕 나는 그리스도의 종이라 할 수 없을 것입니다.

유대 율법주의자들은 바울에 대해 비난하기를, 바울이 단지 사람들의 환심을 사려고 유대인에게는 할례를 허용하고, 헬라인(이방인)에게는 무할례를 용납하고 있다고 했다. 이 같은 비난에 대해 바울은 자신은 그리스도의 종으로서 오직 하나님을 기쁘시게 해드리려고 애쓰고 있다고 답변한 것이다.

바울이 사도가 된 내력 (1:11-24)

형제들이여, 여러분이 꼭 알아야 할 것이 있습니다. 그것은 곧 내가 여러분에게 전한 복음은 절대로 사람에게서 비롯된 것이 아니라는 사실입니다. 그렇습니다. 그 복음은 내가 사람에게서 받은 것이 결코 아닙니다. 그렇다고 누구에게서 가르침을 받은 것도 아닙니다. 그것은 오직 예수 그리스도께서 나에게 직접 계시해 주신 것입니다.

바울은 자신이 전한 복음이 그리스도의 계시로 말미암은 것이라는 사실을 입증하기 위해 자신의 회심 사건을 고백했다(갈 1:13-17). 복음을 말살하려고 교회를 핍박했던 자가 복음을 전하고 교회를 세우는 자로 바뀐 그 놀랍고 극적인 변화가 그 생생한 증거였다. 일찍이 예수님은 그 사람의 열매로 그 사람을 알 수 있다고 가르쳤다(마 7:16-20).

이전에 내가 유대교를 믿고 따르던 때, 나의 행위가 어떠했는지 여러분은 모두 잘 아실 것입니다. 그때에 나는 인정사정없이 하나님의 교회를 핍박하였고, 아예 믿는 자들을 모조리 없애버리려고 무진 애썼습니다. 당시에 나는 내 나이 또래의 동족 가운데 가장 앞서 나가는 철저한 유대교도였습니다. 그래서 나는 우리 조상들의 전통을 지키는 일에 누구보다 지극한 열성을 바쳤습니다.

그랬다. 당시 저명한 유대 랍비 가말리엘의 문하에서 수학하던 정통 유대주의자였던 바울은 교회의 가혹한 박해자로 널리 알려져 있었다. 스데반 집사를 돌로 쳐 죽이는 일에도 앞장섰고, 그리스도인들을 모조리 잡아들여 투옥시키려고 대제사장의 체포 공문을 기꺼이 받아내어 다마스쿠스(다메섹)로 원정을 가기도 했다. 바울은 자신의 그런 과거를 아프게 회상하고 있다.

바울은 한때 하나님의 교회를 심히 박해했었다

하지만 여러분, 하나님께서는 내가 이 세상에 태어나기도 전에, 곧 내가 어머니의 태에 있을 때부터 이미 나를 택하여 세우시고 마침내 때가 되매 은혜로 나를 부르셨습니다. 그리하여 자기 아들인 예수 그리스도를 이방 사람들에게 전하게 하시려고 그 아들을 내게 나타내 보이셨습니다. 그런 놀라운 소명의 체험을 했을 때 나는 그 일을 두고 어느 누구와도 의논하지 않았고, 또 나보다 먼저 사도가 된 사람들을 만나려고 예루살렘으로 올라가지도 않았습니다. 그때 나는 곧장 아라비아 광야로 나아갔다가, 3년 후에 다시 다마스쿠스로 되돌아왔습니다.

십계명과 율법을 받을 때 모세가 시내산 정상에서 오래도록 머물면서 하나님과 깊고 신령한 교제를 나누었듯이, 회심 이후에 바울도 외부와 단절된 아라비아 광야의 어느 장소에서 자신이 체험한 소명과 계시를 체계화하고, 또 이방인을 위한 복음 사역에 대해 하나님과 깊고 신령한 교제를 나누었을 것이다. 요컨대 바울이 불신자에서 신자로 거듭난 장소가 다마스쿠스 도상이라면, 아라비아 광야의 3년은 단순한 신자에서 '이방인의 위대한 사도'로 태어난 장소였다.

아라비아 광야에서 3년을 보내고 다마스쿠스로 돌아온 후, 나는 베드로 사도를 만나려고 예루살렘으로 올라갔고, 거기서 베드로 사도와 보름 동안을 함께 지냈습니다. 그때에도 나는 우리 주 예수님의 동생인 야고보 외에는 다른 사도들을 아무도 만나지 않았습니다. 내가 지금 여러분에게 쓰고 있는 이 모든 말들은 하나님 앞에 정녕 맹세하건대 모두 참말이며 절대 거짓말이 아닙니다.

바울의 다마스쿠스(다메섹) 회심 사건은 예수님의 부활과 승천이 있은 지 4년 후쯤인 주후 34년경에 있었다. 이때 그의 나이는 32살가량이었다. 따라서 바울이 아라비아 광야에서 3년을 보낸 후 예루살렘으로 첫 번째 올라간 일은 그의 나이 35살쯤 되던 주후 37년경이다. 그 후에 바울은 자기 고향인 다소(Tarsus)로 내려가 10년 가까이 칩거하면서 예수 그리스도의 가르침과 기독교 복음을 집중적으로 연구하였다(주후 37~47년경). 그 이후에 바울은 다소로 직접 자신을 찾아온 바나바의 권유로 수리아의 안디옥 교회로 돌아가서 본격적으로 이방인의 사도 직분을 힘껏 수행하게 된다(주후 47년경).

> 예루살렘을 방문한 뒤에, 나는 수리아와 길리기아 지방으로 갔습니다. 그런데 그때까지만 해도 유대 지역에 있는 그리스도인들에게는 내 얼굴이 알려져 있지 않았습니다. 다만 그들은 '전에 우리를 박해하던 그 사람이 지금은 그가 없애버리려고 했던 그 믿음을 전하고 다닌다.'라는 놀라운 소문을 전해 들었을 따름입니다. 그래서 그들은 박해자에서 전도자로 변한 나로 인해 하나님께 영광을 돌렸습니다.

회심 이후 아라비아 광야에서 3년 수행을 마치고 예루살렘 교회를 방문한 바울은 그 후에 수리아와 길리기아 지방으로 갔다고 고백했다. '수리아'는 팔레스타인의 북쪽에 위치한 지역으로 수도는 '안디옥'이다. '길리기아'는 소아시아 지역에 있는 로마제국 내의 한 주(州)로서 이곳의 수도는 바울의 고향인 '다소'다(행 22:3). 예루살렘을 방문한 뒤 바울은 수리아를 거쳐 고향 길리기아의 다소로 갔는데, 이는 바울의 개종으로 인해 바울에 대해 배신감을 느낀 동족 유대인들이 바울을 잡아 죽이려고 했기 때문이다(행 9:26-30).

2

예루살렘 총회

나는 베드로를 책망합니다
이방인들과 어울리던 그가
유대인들을 보고는 자리 떠나는
위선적인 행동을 하기 때문입니다

'내키지는 않지만, 나의 사도직을 의심하고 부정하는 자들을 위해 부득이 밝혀야겠다. 내가 예루살렘 총회에서 다른 사도들로부터 공식적으로 사도직을 인정받은 사실을 밝혀야만 내가 전한 십자가 복음의 진정성이 훼손되지 않을 테니깐….'

바울은 다른 열두 제자들(사도들)과는 달리 예수님 생전에 예수님께로부터 직접 사도로 세움 받지 않았다는 사실, 그리고 한때 복음의 핍박자로 활동했다는 사실 등으로 인해, 그의 생애 전반에 걸쳐 종종 사도직을 의심받고 부정당했다. 사실, 바울 개인으로서는 '사도직'에 연연하지 않았다. 자신이 사도의 자격으로 복음을 전하든, 아니면 일반 평신도 처지에서 복음을 전하든, 십자가 복음을 전하는 그 사실 자체가 중요했다.

하지만 복음을 전달받는 사람들의 입장에서는 그게 아니었다. 예수님께 세우심을 받고 보내심을 받은 사도의 자격으로 복음을 전할 때,

그 복음의 권위와 진정성을 한층 신뢰할 수 있었다. 특히 복음의 대적자들은 바울에 대해 비난하기를, 그가 자신의 말을 하나님의 말씀인 것처럼 위장하여 전하고 있다고 주장하고 있었으므로, 바울은 부득이 자신의 사도직에 대해 강력하게 변증해야만 했다. 그런 바울의 입장에서, 갈라디아 지방의 여러 교회들에 보내는 그의 편지를 계속 읽어 보자.

예루살렘 총회 (2:1-10)

예루살렘 방문 후에 수리아를 거쳐 길리기아 지방으로 내려간 때로부터 14년 후, 나는 바나바와 함께 디도를 데리고 다시 예루살렘으로 올라갔습니다. 그때 내가 예루살렘에 올라간 것은 하나님의 계시에 따른 것으로, 거기서 나는 내가 이방 사람들에게 전파하고 있는 복음의 내용을 그들에게 설명해 주었습니다. 그리고 예루살렘 교회의 지도자로 여겨지는 사람들에게는 개인적으로 따로 시간을 내어 설명했습니다. 그렇게 한 까닭은, 내가 지금 복음의 달음질을 하고 있는 것이나 그동안 애써 복음의 달음질을 한 것이 조금도 헛되지 않게 하기 위함이었습니다.

이때 바울의 예루살렘 방문은 제3차 방문이다. 제1차 방문은 회심 후 3년 수행을 마치고 아라비아 광야에서 올라온 때이고(주후 37년경, 갈 1:18), 제2차 방문은 고향 다소에서 10년 칩거 후에 바나바의 권유로 수리아에 돌아와 그곳 안디옥 교회에서 사역할 때 예루살렘 교회에 보낼 부조금을 가지고 방문한 때다(주후 45년경, 행 11:30). 그리고 이번이 제3차 방문인데, 이때는 안디옥 교회의 파송을 받아 제1차 전도여행(주후 47-49년경, 행 13:2-14:7)을 마친 뒤에 그 결과를 보고하기 위해 방문한 것이다(주후 49년경).

이때 바울은 제1차 전도여행의 사역 보고와 함께, 이방인들에게 복음을 전하는 자신의 사도직을 변증함으로써 다른 사도들에게 공식적으로 인정받기를 원하면서, 또한 이방인의 할례 문제를 해결하기 위해 무할례자인 디도를 데리고 예루살렘 총회에 참석했다.

형제들이여, 나와 함께 지낸 디도는 헬라 사람인데도 나는 그에게 굳이 할례를 받도록 강요하지 않았습니다. 내가 그렇게 한 까닭은 교회 안으로 몰래 들어온 거짓 형제들 때문이었습니다. 그들은 우리를 다시금 율법의 종으로 삼고자 그리스도 예수 안에서 우리가 누리고 있는 자유를 엿보아 무너뜨리려고 우리 가운데 몰래 파고들어온 사람들입니다. 하지만 우리는 그런 가짜 신자들에게 잠시도 틈을 주지 않았습니다. 그것은, 우리 주 예수 그리스도의 십자가 복음의 진리가 여러분을 떠나는 일이 있어서는 결코 안 되기 때문입니다.

'할례'(割禮)는 남성 생식기 중 귀두 부분의 포피(包皮)를 베어내는 일종의 시술 행위로, 일찍이 하나님께서 유대인의 조상 아브라함을 통해 약속하신 선민의 표식이다(창 17:9-14). 바울 당시에 교회 안으로 파고든 유대인 율법주의자들은 '할례'가 구원의 필수 조건이라고 집요하게 주장하였다. 이는 '오직 믿음으로' 구원에 이른다는 십자가 복음을 허물어뜨리는 대단히 불온하고 위험한 사상이었다.

여러분, 하나님께서는 겉모양으로 사람을 판단하지 않으십니다. 그러하기에 사실 나에게는 신분이 조금도 중요하지 않습니다만, 예루살렘의 유명한 사람들로 말하자면 그들은 내가 전하는 복음의 말씀에 한마디도 더 보태지 않았습니다. 도리어 그들은 베드로가 할례 받은 유대인들에게 복음을 전할 임무를 맡았듯이, 나에게는 할례 받지 않은 이방인들에게 복음을 전할 임무가 주어졌다는 것을 분명히 알게 되었습니다. 또한 그들은 할례 받은 유대인들에게 복음을 전하도록 베드로에게 사도의 직분을 맡기신 하나님께서 나에게는 할례 받지 않은 이방인들에게 복음을 전하도록 사도의 직분을 맡기신 사실도 밝히 깨닫게 되었습니다.

여기서 바울은 '할례자의 사도'로 베드로를 언급하고 '이방인의 사도'로 자신을 언급하고 있다. 이 말은, 베드로와 바울이 맡은 주요 전도대상을 구분한 말로 할례자는 유대인들을, 이방인은 그 외의 모든 사람들을 가리킨다. 이 같은 구분은 절대적인 것이 아니라, 단지 복음 전도의 효율성을 높이기 위한 역할 분담일 뿐이다.

이때 교회의 기둥 같은 존재로 인정받고 있는 야고보와 베드로와 요한은, 하나님께서 내게 주신 은혜를 인정하면서 나에게 오른손을 내밀어 친교의 악수를 청했습니다. 그리하여 우리는 주로 할례 받지 않은 이방인들에게로 나아가서 복음을 전하고, 그들은 주로 할례 받은 유대인들에게로 나아가서 복음을 전하기로 했습니다. 다만 그들이 우리에게 요청한 것은 가난한 형제들을 항상 잊지 말고 힘껏 도와주라는 것이었는데, 사실 그런 일이라면 이전부터 내가 마음을 다해 힘써 행해오던 일이었습니다.

당시 야고보, 베드로, 요한은 초대교회의 주요 지도자들로, 사도들이었다. 그들이 바울에게 '친교의 악수'를 청했다는 것은 개인적인 차원에서 교제의 악수를 나누었다는 뜻이 아니라, 예루살렘 총회 자리에서 의견의 일치를 이룬 후에 공식적으로 손을 잡았다는 의미다.

즉, 예루살렘 교회의 지도자들이 바울의 이방인 전도사역 및 그의 메시지를 올바른 복음으로 인정했다는 사실을 가리킨다. 바울이 이런 사실을 굳이 언급한 이유는 분명하다. 할례를 주장하는 율법주의자들이 바울의 사도직을 비방하고 부정하면서 갈라디아 지방의 신자들을 다른 복음으로 선동하고 있었기 때문이다(갈 1:6-9).

안디옥에서 바울이 베드로를 책망함 (2:11-14)

그런데 여러분, 언젠가 게바가 안디옥에 왔을 때 나는 그를 책망한 적이 있었습니다. 그것은 그때 게바가 명백히 잘못을 저질렀기 때문입니다. 당시 게바는 야고보가 보낸 몇몇 사람들이 오기 전까지만 해도 할례 받지 않은 이방인 형제들과 아무런 허물없이 잘 어울려 즐겁게 식사를 하고 있었습니다. 하지만 그들이 오자, 게바는 갑자기 태도를 바꿔 이방인 형제들과 식사를 하지 않고 그 자리에서 물러났습니다. 게바는 할례 받은 유대인들을 의식하여 그들을 두려워했던 것입니다.

'게바'는 예수께서 베드로에게 지어주신 별명으로(요 1:42) '반석'이란 뜻이다. 베드로는 아람어 '게바'의 헬라식 이름이고, 그의 유대식 본명은 '시몬'이다.

여기서 야고보(사도 요한의 친형인 사도 야고보가 아니라, 예수님의 육신의 친동생으로서 당시 예루살렘 교회의 지도자인 야고보)가 보낸 몇몇 사람들은 예루살렘 교회에서 내려온 유대인 신자들로 보인다. 이들은 예루살렘 총회의 결의사항(행 15:28-29)이 이방인 신자들을 대상으로 하고 있기 때문에 유대인 신자들은 여전히 율법의 도리에서 벗어나지 말 것을 충고하기 위해 안디옥 교회를 방문한 듯하다.

예루살렘에서 내려온 유대인 신자들을 보고 게바가 갑자기 이방인들과의 식사 자리에서 물러나자, 그런 게바를 보고 나머지 다른 유대인들도 게바처럼 위선적으로 행동했고, 마침내는 바나바조차 그런 위선에 휩쓸리고 말았습니다. 그때 나는 그들이 사람을 의식하여 복음의 진리에 따라 올바로 행동하지 않는 것을 보고는 그들 모두가 있는 자리에서 게바를 향해 책망하기를 "그대는 본래 유대인인데도 다른 유대인들과는 달리 율법에 구애받지 않고 이방인들처럼 복음의 자유를 누리며 살아왔소. 그런데 이제 와서 이방인들에게 유대인처럼 율법에 따라 살라고 강요할 수가 있는 겁니까?"라고 했습니다.

바울은 공개적으로 게바(베드로)를 책망했다. 예수님의 수석제자였던 베드로는 초대교회에서 가장 영향력 있는 인물이었다. 그는 교회의 기둥이었고, 예루살렘 총회의 결정에 큰 영향력을 끼쳤다. 그런 베드로가 유대인 신자들을 의식해서 이방인들과의 식사 도중에 자리를 털고 일어나는 외식적인 행동을 한 것이다.

그런 상황에서 바울이 베드로의 그런 행동을 문제 삼지 않는다면, 이방인들에 대한 교회의 선교는 큰 장벽에 부딪힐 터였다. 그래서 바울은 용감하게 베드로의 외식을 책망했는데, 베드로의 잘못이 공적인 식사자리에서 일어난 것이었으므로 바울의 책망도 공개적으로 이루어질 필요가 있었다.

오직 그리스도를 믿음으로 말미암아 의롭다고 인정받음 (2:15-21)

본래 우리는 유대인으로 태어났고, 이른바 '이방 죄인들'이 아닙니다. 하지만 우리는 율법을 잘 지킨다고 해서 의롭다고 인정받는 것이 아니라, 예수 그리스도를 믿어야만 비로소 의롭다고 인정받는다는 사실을 알고 있습니다. 그렇기에 우리는 율법을 잘 준행함으로써가 아니라, 오직 그리스도를 믿음으로써 의롭다고 인정받고자 이처럼 예수 그리스도를 믿게 된 것입니다. 율법을 지키는 행위로써는 온 세상의 어느 누구도 결코 의롭다고 인정받을 수가 없기 때문입니다.

의롭다고 인정받는 것은 '의롭게 되었다고 인정받는 것'을 의미한다. 의롭게 되지 않은 것을 무조건 의롭다고 우기는 것이 아니다. 그렇다면 아담의 타락 이후로 본질상 죄인 된 인간이 어떻게 의롭게 될 수 있단 말인가?

죄인 된 인간 스스로는 결코 의롭게 될 수 없었다. 주도권은 오직 하나님께 있었다. 하나님은 의롭게 됨 곧 칭의(稱義)를 위해 우리가 치러야 할 죗값을 독생자인 예수에게서 대신 받기로 결정하시고, 우리의 죄 짐을 그에게 지우셨다. 본래 죄 없으신 예수님은 아버지 하나님의 뜻에 순종하기로 하셨고 십자가에 죽기까지 복종하셨다. 마침내 예수님은 하나님의 의가 요구하는 모든 것을 십자가의 피로 충족시키셨다.

이처럼 하나님은 예수 그리스도를 통해 우리를 의롭게 만들기 위한 모든 조치를 취해 놓으셨다. 이제 공은 인간에게 넘겨졌다. 남은 것은, 우리가 십자가 위에서 보인 하나님의 은혜를 믿음으로 받아들이는 것뿐이다. 우리가 율법을 지킴으로써 스스로 의롭게 되기를 멈추고, 하나님이 우리를 위해 예수 그리스도를 통해 이루어놓으신 그 십자가 은혜를 전적으로 믿고 받아들일 때, 우리는 비로소 의롭다고 인정받을 수 있는 것이다.

> 우리가 그리스도 안에서 의롭다고 인정받으려 하다가, 결국 우리가 죄인으로 드러난다면 정녕 그리스도는 우리로 하여금 죄를 짓게 하시는 분이란 말입니까? 절대로 그렇지 않습니다! 만일 내가 헐어버린 율법을 다시 세운다면, 나는 나 스스로를 율법 파괴자로 입증하는 셈입니다. 율법에 관한 한, 나는 율법으로 말미암아 율법에 대하여 죽은 사람입니다. 그렇게 된 것은, 내가 하나님께 대해서는 살기 위함입니다.

율법으로 말미암아 율법에 대하여 죽었다는 말은 율법의 본질을 잘 보여준다. 율법에는 구원의 능력이 없으며, 도리어 죄의식만을 심어주어 죄 가운데서 죽게 하는 기능이 있을 뿐이기 때문이다. 그래서 바울은 율법에 대하여 죽는 것만이 비로소 율법에서 벗어나 참된 자유를 얻는 길이라고 가르친 것이다.

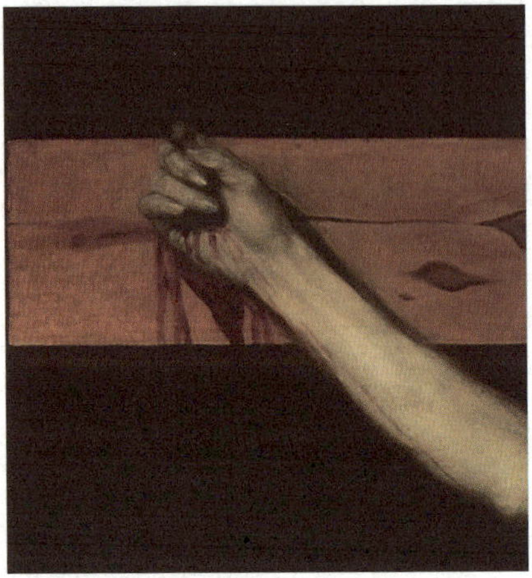

내가 그리스도와 함께 십자가에 못 박혔노라

나는 그리스도와 함께 십자가에 못 박혔습니다. 그러므로 이제는 더 이상 내가 사는 것이 아니라, 내 안에 계시는 그리스도께서 사시는 것입니다. 내가 지금 육신을 갖고 살고 있는 것은, 오직 나를 사랑하셔서 나를 위해 자기 몸을 기꺼이 내어주신 하나님의 아들 그리스도를 믿는 믿음으로 살고 있는 것입니다. 그러므로 나는 나를 향한 하나님의 은혜를 헛되게 하지 않습니다. 만일 우리가 의롭다고 인정받는 것이 율법으로 말미암는 것이라면, 정녕 그리스도의 십자가 죽음은 아무런 소용없는 헛된 일이 되고 말았을 것입니다.

율법을 통해 바울이 깨달은 것은 자신이 '죄인'이라는 사실이었다. 또한 아무리 율법을 온전히 지켜도 결코 구원에 이르지 못하는 냉혹한 현실을 깨달았다. 율법에 대한 이런 절망이 비로소 바울을 새로운 세계에 눈뜨게 했다. 곧 '그리스도의 십자가를 통한 하나님의 은혜'였다. 그 은혜를 발견하고 믿음으로 받아들였을 때, 바울은 마침내 구원을 맛보았다. 그래서 바울은 율법에 대해서는 죽은 자로 자처하면서 그리스도의 십자가 안에서 다시 사는 믿음의 길을 걷게 되었다.

3

율법과 믿음

갈라디아 사람들을 누가 홀립니까
그 눈에는 십자가가 보이지 않습니까
복음을 듣고 믿어 성령을 받지만
어찌 율법으로 의롭게 되려 합니까

'율법과 복음, 그 둘의 상관관계를 제대로 깨달아야 할 텐데…. 그래야만 유대인 율법주의자들의 미혹에 넘어가지 않을 텐데….'

바울 자신은 율법과 복음의 상관관계에 대하여 밝히 깨닫고 있었다. 하지만 갈라디아 지방의 신자들에게는 여전히 이해하기 어려운 문제였다. 그래서 바울은 펜을 들어 율법과 복음의 상관관계에 대해 보다 구체적으로 설명한다.

율법의 길, 믿음의 길 (3:1-14)

갈라디아 사람들이여, 왜 그리도 어리석은 것입니까? 십자가에 못 박히신 예수 그리스도의 모습이 여러분의 눈앞에 선한데도 도대체 누가 여러분을 미혹했단 말입니까? 여러분에게 한 가지만 묻고 싶습니다. 정녕 여러분은 율법을 잘 지켜서 성령을 받은 것입니까? 아니면, 단순히 복음을 듣고 믿었기 때문에 성령을 받은 것입니까? 여러분은 왜 그렇게 어리석습니까? 처음에는 성령으로 시작했다가, 결국에는 육체로 마치려고 애쓰고 있으니 말입니다.

갈라디아 지방의 교인들이 복음을 듣고 신자가 되어 믿음생활을 시작한 것은 오로지 '성령'의 역사 때문이었다. 하지만 이제는 그들이 유대인 율법주의자들의 꾐에 빠져 복음을 떠나 다시금 율법으로 돌아가려 하고 있었다. 그런 행위는 썩어질 '육체', 곧 구원받지 못하는 인간적이고 세상적인 방식을 선택하는 아주 어리석은 행위였다.

그래서 바울은 그들을 '어리석은 사람'이라 부르기를 서슴지 않는다. 어리석은 사람은 '백치 같은' 사람이다. 그들이 백치 같은 어리석은 사람으로 취급당하는 것은, 예수 그리스도의 십자가 구속사역으로 말미암아 우리의 구원이 완벽하게 이루어졌다는 사실이 마치 플래카드를 걸어놓은 것처럼 분명함에도 불구하고 여전히 다른 복음을 기웃거리고 있기 때문이다.

여러분은 지금껏 복음을 위해 그렇게 고난을 당하고서도 이제 와서는 모든 것을 헛된 일로 만들어 버릴 작정입니까? 정말로 그 모든 고난이 헛일이었단 말입니까? 하나님께서 여러분에게 성령을 보내주시고 또 여러분 가운데서 기적을 베푸시는 것은 여러분이 율법을 잘 지키기 때문입니까? 아니면, 여러분이 복음을 듣고 믿기 때문입니까?

바울에게서 십자가 복음을 접한 갈라디아 지방의 신자들은 복음을 받아들인 때로부터 현재까지 '그 복음 때문에' 유대인들로부터 많은 핍박을 당하고 심한 고초를 겪었다. 그런데 이제 와서 복음을 저버리고 다시 이전의 율법으로 돌아가는 것은 지금까지 겪었던 그 모든 핍박과 고초를 모조리 헛된 일로 만들어버리는 참으로 어리석은 행위였다. 바울은 그 점을 일깨워주고 있다.

아브라함이 하나님을 믿으매 그것을 그에게 의로 정하셨노라

아브라함을 한번 생각해 보십시오. 성경에 기록되기를 "그가 하나님을 믿었으므로, 하나님께서 그를 의롭다고 여겨주셨다"(창 15:6)라고 했습니다. 그러므로 하나님을 믿는 자들이야말로 참으로 아브라함의 자손이라는 것을 부디 깨달아 아시기 바랍니다. 또 성경은, 하나님께서 이방인들을 오직 믿음에 근거해서 의롭다고 인정해주실 것임을 미리 알고서 아주 오래전에 하나님께서 아브라함에게 이르시기를 "모든 이방 민족이 너를 통해 복을 받을 것이다"(창 12:3)라는 복음을 선포하였습니다. 그러므로 믿음을 가진 사람들은 모두가 믿음의 사람인 아브라함과 함께 복을 받는 것입니다.

당시 유대인 율법주의자들은 율법을 행하는 자라야만 '아브라함의 자손'이라 불릴 수 있다고 주장하면서 갈라디아 지방의 신자들을 미혹했다. 그래서 바울은 아브라함이 의롭다고 인정받은 것은 '율법'이 아니라 '믿음' 때문이었음을 성경 말씀을 통해 입증하면서, 오직 하나님을 믿는 믿음을 가진 자만이 아브라함의 자손이 될 수 있다고 강변하였다.

믿음이 아니라 율법의 행위에 의지하여 의롭게 되려는 사람은 모두 저주 아래에 놓여 있다는 사실을 알아야 합니다. 성경에 기록되기를 "하나님의 율법책에 기록된 것들을 항상 지켜 행하지 않고 하나라도 어기는 사람은 다 저주를 받을 것이다"(신 27:26)라고 했기 때문입니다. 그러므로 율법의 행위로는 온 세상의 그 누구도 하나님 앞에서 의롭게 될 수 없다는 것이 너무나 명백합니다. 왜냐하면 성경에 또 기록되기를 "의인은 오직 믿음으로 말미암아 살 것이다"라고 했기 때문입니다.

일찍이 하박국 선지자는 "의인은 오직 믿음으로 말미암아 살리라!"(합 2:4) 하고 외쳤다. 이후로 "오직 믿음으로!"(Sola Fide)란 이 칭의(稱義) 교리는 훗날 종교개혁의 성경적, 신앙적 기반이 되었으며 십자가 복음의 대주제요 핵심이 되었다.

여러분, 율법은 믿음을 바탕으로 하지 않습니다. 도리어 "누구든지 율법을 잘 지키기만 하면, 그 사람은 율법으로 인해 살 것이다"(레 18:5)라고 하였습니다. 그리스도께서는 우리가 받아야 할 저주를 대신 받으심으로써 우리를 율법의 저주에서 구해주셨습니다. "나무에 달린 자는 누구든지 저주를 받은 자다"(신 21:23)라고 성경에 기록된 대로, 그리스도께서 저주를 받으신 것입니다. 이처럼 그리스도께서 우리를 위해 대신 저주를 받으신 것은, 하나님께서 아브라함에게 주신 복을 이방인들에게까지 미치게 하고, 또한 우리도 믿음으로 말미암아 약속된 성령을 받게 하시기 위함입니다.

율법의 수많은 조항들을 하나라도 어기지 않고 잘 지키기만 하면 그로 인해 구원을 얻을 수 있다(레 18:5). 하지만 본질상 죄에 오염된 인간은 누구도 그렇게 할 수 없기에 율법으로 인해 구원받을 자는 아무도 없고, 율법으로는 단지 저주를 받을 뿐이다.

그래서 모든 인간은 마땅히 저주받아 죽어야 했지만, 그리스도께서 인간들을 대신하여 저주를 받아 나무(십자가)에 매달려 피 흘려 죽으셨을 때 비로소 인간은 저주에서 풀려나 구원을 받을 수 있게 되었다. 그리하여 하나님의 은혜로 예수 그리스도께서 마련해놓으신 그 구원을 얻는 길은 결코 '율법'이 아니라 오직 하나님의 은혜를 믿는 '믿음'뿐이다.

율법과 언약 (3:15-20)

갈라디아 지방의 형제들이여, 우리의 일상생활에서 예를 하나 들어봅시다. 사람들 사이의 계약도 일단 서명을 하면, 아무도 그 계약을 무효로 하거나 또는 무엇을 덧붙여 변경할 수 없습니다. 마찬가지로 하나님께서도 아브라함과 그의 자손에게 약속을 하셨습니다. 그런데 약속을 하실 때 하나님께서는 많은 사람들을 뜻하는 '자손들'이라는 표현을 사용하지 않으시고, 단 한 사람을 뜻하는 '자손'이라는 표현을 사용하셨습니다. 여기에서 그 한 사람 '자손'은 곧 그리스도를 가리킵니다.

일찍이 하나님께서 아브라함에게 하신 약속은 '아브라함의 씨를 통해 온 세상의 모든 사람들이 복을 받게 될 것'이라는 것이었다(창 12:2-3; 17:7-8). 따라서 아브라함이나 그의 후손들이 하나님께로부터 받은 약속의 초점과 핵심은 바로 '그 씨(후사)' 곧 '그리스도'다.

내가 말하고자 하는 핵심은 이것입니다. 아주 오래전에 하나님께서 아브라함과 이미 맺은 언약을 그때로부터 430년 후에 생긴 율법이 무효화해서 그 약속을 취소시킬 수 없다는 것입니다. 만일 하나님께서 우리에게 주시는 하늘나라의 유업이 율법에서 비롯된 것이라면, 그것은 더 이상 약속으로 말미암은 것이 아닙니다. 그러나 하나님께서는 약속을 통하여 오직 은혜로 아브라함에게 그런 하늘나라의 유업을 그저 주셨던 것입니다.

하나님께서 아브라함과 맺은 '복(그리스도로 말미암는 구원)'의 언약은 율법보다 아주 오래전에 먼저 이루어진 약속으로서, 이는 사람의 구원이 율법의 행위(인간의 공로)로써가 아니라, 오직 하나님의 은혜로 주어진 것임을 잘 보여준다.

한편, '430년'이란 기간은 이스라엘 백성들의 이집트 종살이 기간으로(출 12:40), 그 오랜 기간이 흘러서야 비로소 율법이 주어졌다. 하지만 하나님의 언약은 그보다 훨씬 앞서 이루어졌다.

그러면 대체 율법은 무엇 때문에 주신 것입니까? 그것은, 약속하신 '그 자손'이 올 때까지 죄가 무엇인지 깨닫도록 하기 위해 언약에 덧붙여주신 것입니다. 율법은 천사들을 통해 한 중개자의 손으로 우리에게 주어졌습니다. 이처럼 율법은 두 당사자 중 어느 한편에만 속하지 않는 중개자를 통해 간접적으로 주어졌지만, 약속은 오직 한 분이신 하나님에 의해 우리에게 직접적으로 주어졌습니다.

전통적으로 유대인들은 천사가 하나님과 사람 사이의 중개자인 모세에게 율법을 주었다고 믿었다. 초대교회의 스데반 집사도 이 사실을 언급했다(행 7:53). 율법은 시내산 정상에서 하나님께서 모세에게 직접 부여한 것이지만, 유대인들은 그 거룩한 과정에서 분명 천사의 중보가 있었을 것으로 보았다. 여하튼, 바울은 '율법'에는 중개자가 필요하지만 언약에는 중개자가 필요 없이 오직 하나님에 의해 직접 이루어진 것임을 보여줌으로써 율법을 뛰어넘는 '언약의 우월성'을 강조하였다.

율법에서 믿음으로! (3:21-29)

그렇다면 여러분, 율법은 하나님의 약속과는 상반되는 것일까요? 결코 그렇지 않습니다! 만일 율법이 사람을 살릴 수 있도록 주어진 것이라면, 사람이 의롭게 되는 것도 분명 율법에서 비롯되었을 것이기 때문입니다. 하지만 성경은 선언하기를, 온 세상의 모든 사람이 죄 아래 갇혀 있어 누구도 율법대로 살아갈 수 없다고 합니다. 그래서 하나님에 의해 약속된 그것, 곧 구원을 얻는 참 생명은 오직 예수 그리스도를 믿는 믿음을 통하여 믿는 자들에게 주어지게 된 것입니다.

율법 자체가 악한 것은 결코 아니다. 율법도 사람을 살려 구원에 이르게 하는 기능을 가지고 있다. 하지만 인류의 조상인 아담과 하와가 하나님께 불순종하여 죄를 범한 결과, 그 이후에 태어난 모든 인간은 근본적으로 원죄 아래 놓이게 되어 율법대로 살아갈 수 없게 되었다. 그래서 사람은 율법에 의지해서는 결코 구원에 이를 수 없고, 오직 그리스도 예수를 믿는 믿음으로써만 구원과 영생을 얻을 수 있는 것이다.

구원을 얻는 믿음이 오기 전까지, 우리는 율법에 의해 감시를 받는 죄인들이 되었습니다. 그래서 장차 우리에게 구원을 가져다줄 그 믿음이 나타날 때까지 죄의 감옥에 줄곧 갇혀 있어야 했습니다. 그리하여 결과적으로 보건대, 율법은 믿음의 주체이신 그리스도께서 오실 때까지 우리를 그분께로 인도하는 초등교사 역할을 하였습니다. 그것은, 우리로 하여금 율법으로써가 아니라 오직 믿음으로써 의롭다 함을 인정받게 하기 위해서입니다. 그러다가 마침내 그 믿음이 왔으므로, 이제는 우리가 더는 율법이란 초등교사 아래 있을 필요가 없게 되었습니다.

바울은 율법을 '초등교사'에 비유했다. 여기 '초등교사'(헬, 파이다고고스)는 어린아이의 교육과 일상생활을 보살펴주는 노예 혹은 후견인을 뜻하는 말이다. 따라서 율법이 그리스도(복음)가 오기 이전까지 초등교사 역할을 했다는 것은, 스스로를 돌볼 수 없는 어린아이가 장성하여 스스로를 돌볼 수 있는 성년이 되기까지 초등교사가 한시적으로 보호자 역할을 감당하듯이, 율법이 그리스도 이전까지 임시적인 신앙교사의

율법은 우리를 예수 그리스도께로 인도하는 초등교사

역할을 감당했다는 의미다. 하지만 이제는 온전한 참 스승인 그리스도가 오셨으므로 더 이상 초등교사인 율법에 의존할 필요가 없게 된 것이다.

형제들이여, 이제 여러분 모두는 그리스도 예수를 믿음으로써 그분 안에서 하나님의 자녀가 되었습니다. 여러분은 모두 세례를 받고 그리스도와 연합하여 그분과 하나가 되었으므로, 곧 그리스도로 옷 입은 사람들입니다. 그러므로 이제는 유대인과 헬라인, 종과 자유인, 남자와 여자의 차별이 있을 수 없습니다. 여러분은 모두 그리스도 예수 안에서 하나이기 때문입니다. 여러분이 그리스도께 속한 사람이라면 여러분은 모두 아브라함의 자손이요, 또한 하나님의 약속에 따라 하늘나라의 유업을 이어받을 상속자들입니다.

그리스도는 민족과 신분과 성(性)의 차별을 없애버렸다. 그리스도가 없앤 것은 구별이 아니라 차별이었다. 예수님을 믿고 신자가 된 이후에도 유대인은 여전히 유대인이고, 이방인은 그대로 이방인이며, 남자와 여자는 여전히 남자이고 여자다. 그리스도는 그런 다름에 따르는 모든 차별을 없앤 것이다.

그러므로 그리스도 안에서의 연합과 일치는 민족과 나라와 남녀의 성(性)과 세대 및 빈부귀천을 초월한다. 그리스도께로 나아오는 자들은 모두가 예외 없이 똑같은 방식으로 나아와야만 하는데, 곧 누구든지 회개와 믿음을 통해 나아와야 한다.

4
자유한 자와 노예

율법에 매인 자는 여종의 몸에서
육신을 따라 태어난 노예와 같고
복음을 좇는 자는 본처의 몸에서
약속을 따라 태어난 자유자입니다

팔레스타인에서 추방된 유대인들이 일찍부터 정착했던 갈라디아 지방은 대대로 유대인들의 텃세와 영향력이 강한 지역이었다. 예로부터 유대인들은 율법에 죽고 율법에 사는, 그야말로 율법을 맹신하는 자들이었다. 그렇기 때문에 바울의 전도로 복음을 받아들여 신자가 된 유대인들도 율법과 복음의 관계에 대해서 무척 혼란스러워했다. 율법대로 살아가자니 복음이 길을 막았고, 복음대로 살아가자니 율법이 걸림돌이 되었다.

바울도 이 같은 사정을 잘 파악하고 있었다. 바울은 이제 좀 더 구체적으로 복음과 율법을 비교하면서, 복음을 떠나 율법으로 돌아가려는 자들에 대해 그 어리석음과 위험을 경고하고자 한다.

하나님의 유업을 이을 자 (4:1-7)

형제들이여, 여러분이 꼭 알아야 할 것이 있습니다. 아버지의 유업을 이을 상속자는 모든 재산의 주인이긴 하지만, 그가 아직 어리다면 종과 다름이 없다는 점입니다. 그 상속자는 아버지가 정해놓은 시기가 이르게 될 때까지는 후견인과 청지기의 말을 들어야 합니다. 이와 마찬가지입니다. 우리도 아직 어렸을 때에는 이 세상의 초등학문 아래에서 종노릇해야 했습니다. 그러나 마침내 때가 차자, 하나님께서는 자기 아들을 이 땅에 보내셨는데, 여자의 몸에서 태어나게 하시고 또 율법에 매인 몸으로 태어나게 하셨습니다. 그런 까닭은, 율법에 매인 사람들을 구원하셔서, 우리로 하여금 자녀로서의 온전한 권리를 얻게 하시기 위함이었습니다.

후견인은 가정교사를, 청지기는 재산 관리인을 가리킨다. 이들은 주인을 섬기면서 장차 상속자가 될 주인의 자녀를 보호하고 가르치는 역할을 감당하는 자들인데, 여기서는 '율법'에 비유되었다. 과연 율법은 그리스도가 임하기 전까지 하나님의 자녀를 신앙으로 인도하는 가정교사요 청지기 역할을 감당하였다. 바울은 또한 율법을 '초등학문'에 비유했다. 율법은 그리스도의 모형이며 그림자로서 그것의 실체이며 실물인 그리스도가 등장하면 그 효용가치를 잃게 된다.

한편, 하나님은 자신의 선한 섭리와 기쁘신 경륜에 따라 율법의 실체이신 예수 그리스도를 세상에 보내실 때를 정해놓으셨는데, 그때는 인류 역사상 주후 1세기 전후였다. 이 시기는 그리스도의 복음이 널리 전파될 수 있는 최상의 여건이 무르익은 때였다.

당시 광대한 로마제국은 평화로웠고 법과 질서가 잘 유지되었다. 잘 연결되고 발달된 도로망은 나라 간의 여행을 손쉽게 만들었다. 그리고 헬라어의 광범위한 통용은 언어소통을 단순하게 만들었다. 동시에 많은 나라와 민족들 사이에는 종교적 공허감이 널리 퍼져 있었고, 그것은 순수한 복음에 대한 영적 목마름을 낳았다. 바로 그런 시기에 그리스도(메시아)이신 예수님이 팔레스타인 땅의 베들레헴에서 태어나셨다.

그리하여 여러분은 이제 하나님의 자녀이므로, 하나님께서는 우리 마음속에 자기 아들의 영을 보내주셔서 우리로 하여금 하나님을 "아바, 아버지"라고 부를 수 있게 하셨습니다. 여러분은 이제 노예가 아니고, 하나님의 자녀입니다. 하나님의 자녀이므로, 하나님께서는 여러분 또한 상속자로 삼으셨습니다.

오늘날 그리스도의 영 곧 성령을 받은 성도들은 하나님을 "아바, 아버지"라고 부를 수 있는데, 여기서 '아바'는 아버지를 부르는 히브리인들의 애칭으로 '아빠'란 뜻이다. 그리스도 이전의 율법시대에 하나님은 자기 백성에게 두렵고 엄위하신 분으로 나타나셨다. 하지만 복음시대에는 어질고 자상하신 아버지의 모습으로 소개되었는데, 이는 예수 그리스도의 구속의 은총으로 모든 성도들이 하나님의 사랑스러운 자녀가 되었기 때문이다.

율법을 추구하는 갈라디아 교회에 대한 바울의 염려 (4:8-20)

예전에 여러분이 하나님을 알지 못했을 때는 여러분은 실제 있지도 않은 것들 곧 본질상 하나님 아닌 것들에게 종노릇하였습니다. 그러나 이제 여러분은 하나님을 알고 있을 뿐만 아니라 하나님께서도 여러분을 알아주셨습니다. 그런데도 어찌하여 예전의 무력하고 천박하며 유치한 것들로 되돌아가려고 하는 것입니까. 여러분은 또다시 그것들에게 종노릇하려는 것입니까.

'본질상 하나님이 아닌 것들'은 이방의 각종 우상들을 가리킨다. 그것들은 하나님을 믿지 않는 이방 사람들에 의해 '하나님(신)'으로 숭배되었지만, 본질상 하나님이 아닌 것들이다. 갈라디아 교인들도 한때는 우상을 섬겼지만, 복음을 통해 참되고 유일하신 하나님을 알고 난 이후부터는 그것들이 거짓이고 가짜라는 사실을 깨닫게 되었다.

지금 여러분이 복음을 떠나 특별한 날과 달과 절기와 해를 정해놓고 그것들을 지키고 있다고 하니, 내가 그동안 여러분을 위해 땀 흘린 노력들이 헛일이 될까 봐 심히 염려스럽습니다.

날과 달에 따라 절기나 성일 등 특별한 날들을 올바로 지키는 것은 잘못된 일이 아니다. 하지만 당시 갈라디아 교인들은 유대인들의 거룩한 절기와 성일들을 준수했는데, 유대인들은 그런 의식과 종교적 열심이 하나님 앞에 공로를 세울 수 있다고 가르쳤다. 그러나 복음은 오직 그리스도를 믿는 믿음으로써만 의롭게 된다고 가르친다.

형제들이여, 여러분께 간청합니다. 내가 여러분처럼 되었으니, 여러분도 이제는 나처럼 되기를 바랍니다. 여러분은 나에게 아무런 잘못도 저지른 적이 없습니다. 여러분도 잘 아시다시피, 내가 처음으로 여러분에게 복음을 전하게 된 것은 내 육체의 병이 계기가 되었습니다. 내 육체의 병이 분명 여러분에게는 시험거리가 되었을 텐데도 여러분은 나를 업신여기거나 외면하지 않았습니다. 오히려 여러분은 나를 마치 하나님께서 보낸 천사인 것처럼, 또는 예수 그리스도라도 되는 것처럼 나를 기꺼이 영접해주었습니다.

제1차 전도여행(주후 47-49년경, 행 13:2-14:7) 당시, 바울은 갈라디아의 남부 해안지방에서 말라리아(모기가 옮기는 질병으로, 일명 학질)에 걸렸다. 당시 그 지역에는 해안의 습지로 인해 말라리아 질병이 많이 나돌고 있었다. 이 같은 육체의 질병으로 인해 바울은 본래 계획했던 일정보다 더 오래 갈라디아 지방에 머물게 되었고, 그런 바울의 약한 몸을 기꺼이 이해하고 받아들인 갈라디아 지방의 신자들 때문에 성공적으로 그 지방에서 전도사역을 잘 감당할 수 있었다.

그런데 그때 여러분이 내게 보여준 그 기쁨과 헌신은 지금 어디에 있습니까? 그 시절 여러분은 할 수만 있었다면 여러분의 두 눈이라도 기꺼이 빼어 내게 주었을 것입니다. 그런데 지금은 내가 여러분에게 진실을 말한다고 해서 나를 마치 원수처럼 여긴단 말입니까. 지금 여러분의 환심을 사려고 열심을 내는 사람들, 곧 거짓 교사들은 사실상 여러분에게 아무런 유익이 없습니다. 그런 사람들이 원하는 것은 여러분을 내게서 떼어내어 여러분으로 하여금 자기네들을 추종하게 하려는 것입니다. 그러나 만일 그들이 선한 뜻으로 여러분을 위해 열심을 낸다면, 그것은 내가 여러분과 함께 있을 때뿐만 아니라 언제라도 좋은 것입니다. 그런 열심이라면 왜 내가 나쁘다고 하겠습니까.

당시 유대 출신의 율법주의자들은 바울이 세운 갈라디아 지방의 여러 교회들 속으로 침투하여 거짓 교사로 활동하고 있었다. 그들은 '복음'이 아니라 '율법'을 가르치고 있었다. 믿음이 아니라, 율법대로 살아가야만 구원을 받을 수 있다고 가르쳤다. 그런 거짓 교사들의 미혹에 빠져 갈라디아 지방의 교인들이 복음을 떠나 율법을 따름으로써 이제 바울과 원수 사이가 될 지경에 처한 사실을 바울은 크게 한탄하며 지적한 것이다.

나의 사랑하는 자녀들이여, 여러분 안에서 그리스도의 형상이 이루어질 때까지 나는 다시 아이를 낳는 해산의 고통을 겪습니다. 나는 지금 여러분이 처한 문제를 어찌 해결해야 할지 몰라 크게 당황하고 있습니다. 지금이라도 내가 여러분을 직접 만나 여러분에 대한 내 목소리의 톤을 부드럽게 바꿀 수 있다면 얼마나 좋겠습니까!

거짓 교사들의 미혹에 빠져 율법을 추구하고 있는 갈라디아 지방의 교인들이 다시금 바울이 전하고 가르친 십자가 복음으로 되돌아오기를 소원하는 바울의 애타고 간절한 마음이 잘 나타나 있다.

본처의 아들과 종의 아들: 두 언약 (4:21-31)

율법 아래 매이기를 원하는 사람들이여, 내게 말해 보십시오. 여러분은 율법이 무엇을 말하고 있는지 알지 못하는 겁니까? 성경을 보면, 아브라함에게 두 아들이 있었습니다. 하나는 여종의 몸에서 태어났고, 다른 하나는 자유가 있는 본처의 몸에게 태어났습니다. 여종의 몸에서 태어난 아들은 육신을 따라 태어났지만, 본처의 몸에서 태어난 아들은 하나님의 약속을 따라 태어났습니다.

바울은 율법과 복음의 관계를 제대로 이해하지 못하고 있는 갈라디아 지방의 신자들을 위해 성경의 예를 하나 들었다. 즉, 율법의 얽매임과 복음의 자를 쉽게 설명하기 위해 아브라함의 두 여자를 비유로 사용했다. 여기서 아브라함의 본처인 '사라'는 '자유 있는 여자'에, 본래 여종으로서 아브라함의 첩이 된 '하갈'은 '얽매인 여자'에 비유되었다. 이 같은 바울의 비유는 계속 이어진다.

여러분, 아브라함의 두 여자는 비유적으로 해석될 수 있습니다. 여기서 두 여자는 두 언약을 나타냅니다. 한 언약은 시내산에서 받은 율법으로서 장차 종이 될 아이를 낳은 하갈을 의미합니다. 하갈은 아라비아에 있는 시내산을 가리키며 현재의 예루살렘에 해당합니다. 왜냐하면 예루살렘은 자기 자녀들과 함께 종노릇하고 있기 때문입니다. 그러나 하늘에 있는 예루살렘은 자유가 있는 여자 곧 본처 사라를 가리키며, 그녀는 우리의 어머니입니다. 그래서 성경에 기록되기를 "아이를 낳지 못하는 여자여, 기뻐하라! 해산의 고통을 모르는 여자여, 소리 높여 외쳐라! 홀로 사는 여자의 자녀가 남편 있는 여자의 자녀보다 훨씬 많을 것이다." 하였습니다.

여종으로서 아브라함의 첩이 된 '하갈'은 옛 언약인 '율법'의 상징으로서, 그녀의 아들인 이스마엘과 그의 후손은 육체를 따라 태어난 자로서 땅의 예루살렘에 속하여 유업을 얻지 못하고 결국 쫓겨날 운명이었다.

자유 있는 여자 사라와 여종 하갈

이에 반해, 자유 있는 여자인 아브라함의 본처 '사라'는 새 언약인 '복음'의 상징으로서, 그녀의 아들인 이삭과 그의 후손은 약속을 따라 태어난 자로서 하늘 예루살렘에 속하여 마침내 유업을 얻을 운명이었다. 이처럼 하갈과 사라의 엇갈린 운명은 그대로 율법과 복음에 똑같이 적용되는 것이다.

이런 관점에서 바울은 이사야 54장 1절의 말씀을 인용하였는데, 그 말씀에서 '아이를 낳지 못하는 여자', '해산의 고통의 모르는 여자', '홀로 사는 여자'는 아브라함의 본처 사라를 가리킨다. 그녀는 늦도록 아들(후사)을 갖지 못했지만, 결국 하나님의 은혜로 약속의 자녀 이삭을 낳음으로써 장차 하늘의 별 같은 많은 후손 곧 믿음(복음)의 자녀들을 갖게 된 복된 여인이었다.

반면, 그 말씀에서 '남편 있는 여자'는 본처 사라보다 아브라함의 아들을 먼저 낳은 아브라함의 첩 '하갈'을 가리키는데, 그녀 역시 자신이 낳은 아들 이스마엘을 통해 수많은 후손을 갖게 되었지만, 믿음(복음)의 자녀들에 있어서는 사라의 후손에 비교조차 되지 않을 만큼 그 수효가 아주 적었다. 바울의 편지는 이어진다.

> 형제들이여, 여러분은 본처의 몸에서 태어난 이삭과 마찬가지로 약속의 자녀들입니다. 그러나 그 당시 육신을 따라 태어난 아들이 성령을 따라 태어난 아들을 박해한 것과 같이 지금도 그러합니다. 그러나 성경이 무엇이라고 말합니까? 기록되기를 "여종과 그녀의 아들을 내쫓아라. 여종이 낳은 아들은 자유를 누리는 본처가 낳은 아들과는 달리 유업을 받지 못할 것이다." 하였습니다. 그러므로 형제들이여, 우리는 여종의 자녀들이 아니요, 자유를 가진 본처의 자녀들이라는 사실을 꼭 명심하시기를 바랍니다.

'육신을 따라 태어난 자'가 '성령을 따라 태어난 자'를 박해한 일은, 이삭이 젖 떼는 것을 축하하는 잔칫날, 아브라함의 첩인 하갈의 아들 '이스마엘'(육신을 따라 태어난 자)이 아브라함의 본처인 사라의 아들 '이삭'(성령을 따라 태어난 자)을 희롱하고 괴롭힌 사건을 가리킨다(창 21:8-9). 이 사건을 빌어 바울은 '율법'에 속한 유대인 율법주의자들이 '복음'에 속한 갈라디아 신자들을 미혹한 사건에 적용시켰다.

율법과 복음의 상관관계를 설명하기 위해 바울이 사용한 '아브라함의 두 여자 비유'에서 바울의 비유적인 용어들을 정리하면 이러하다.

— 율법에 비유된 것들: 자유 없는 아브라함의 첩 하갈, 하갈이 낳은 이스마엘과 그의 후손들, 하나님의 약속 없이 육신을 따라 태어난 자, 옛 언약, 시내산에서 받은 것, 땅의 예루살렘, 종노릇하는 자, 결국 쫓겨날 자, 하늘 유업을 받지 못할 자 등.

— 복음에 비유된 것들: 자유 있는 아브라함의 본처 사라, 사라가 낳은 이삭과 그의 후손들, 하나님의 약속과 성령을 따라 태어난 자, 새 언약, 하늘 예루살렘, 자유를 누리는 자, 장차 하늘 유업을 받을 자 등.

5

성령의 열매

성령의 인도에 따른 삶의 열매는
사랑, 기쁨, 평강, 인내, 친절,
선함, 신실함, 온유, 절제입니다
우리는 오직 성령의 뜻을 따릅시다

갈라디아서는 그 내용상 기독교의 핵심 진리인 '이신득의'(믿음으로써 의롭게 됨) 사상을 체계적으로 잘 서술한 교리서신이다. 바울이 집필한 13권의 서신서들 중 로마서, 고린도전서, 고린도후서와 함께 4대 교리서신에 속한다. 그런데 바울의 교리서신들을 읽어 보면 단지 기독교 교리에 관해서만 서술되지 않았다. 교리와 더불어, 서신의 후반부에는 대부분 그 교리에 합당한 실천적인 삶에 관해 다루고 있다.

갈라디아서도 마찬가지다. 서신의 결론부에 이르러 바울은 그리스도로 인해 얻은 자유를 굳세게 지킬 것, 오직 믿음과 사랑으로써 그 자유를 보존할 수 있다는 사실, 그리고 육신의 일 15가지와 성령의 열매 9가지를 비교하여, 참 자유를 얻은 자의 삶은 육신의 일을 버리고 성령 안에서 거룩한 열매를 맺는 생활임을 강조하였다. 이제 마음의 옷깃을 겸허히 여미고, 아멘의 심정으로 이 같은 내용이 담긴 바울의 편지를 읽어보도록 하자.

그리스도인의 자유 (5:1-15)

형제들이여, 그리스도께서 우리를 율법에서 해방시키셨으므로 이제 우리는 율법에서 벗어나 자유의 몸이 되었습니다. 그러니 굳게 서서 다시는 율법에 얽매이는 종의 멍에를 짊어지지 마십시오. 나 바울이 여러분에게 밝히 말하니, 내 말을 명심하십시오. 만일 여러분이 율법에 따라 스스로 할례를 받는다면, 그리스도는 여러분에게 아무 소용이 없는 분이 됩니다. 내가 할례를 받는 모든 사람에게 다시금 말합니다. 누구든지 할례를 받는 사람은 모든 율법을 지켜야 할 의무를 짊어지게 됩니다. 할례를 받음으로써 율법으로 의롭게 되고자 애쓰는 사람은 그리스도에게서 끊어지고 하나님의 은혜에서 한참 멀어진 것입니다.

할례는 남성 생식기의 귀두 부분을 덮고 있는 포피를 제거하는 시술행위다. 일찍이 하나님은 아브라함과의 언약을 통해 그런 할례를 선민의 증표로 삼았다. 그렇지만 그 본질은 실상 몸에 행하는 할례가 아니라 마음에 행하는 할례였다.

여하튼 바울은 할례받는 것 자체를 반대하지 않았다. 본인도 정통 유대인으로서 이미 할례를 받았다. 바울이 극구 반대한 것은, 사람이 하나님 앞에서 의롭게 되기 위해서 할례가 꼭 필요하다고 가르치는 유대인 율법주의자들의 그릇된 사상이었다. 이때의 할례는 '율법'을 대표하고 있기 때문이다.

만일 할례가 단순히 민족적, 문화적 관습으로 유대인들 가운데 복음을 가르칠 더 좋은 기회를 제공한다면 바울은 할례를 반대하지 않았고 도리어 할례를 적극 이용하였다. 그래서 실제로 바울은 가장 아끼는 제자이며 동역자인 디모데에게 할례를 시행시키기도 했다(행 16:1-3). 하지만 의롭게 되거나 구원의 필수 조건으로서 할례의 필요성을 주장하는 자들에 대해서는 그런 그릇된 사상을 단호하게 배척하였다.

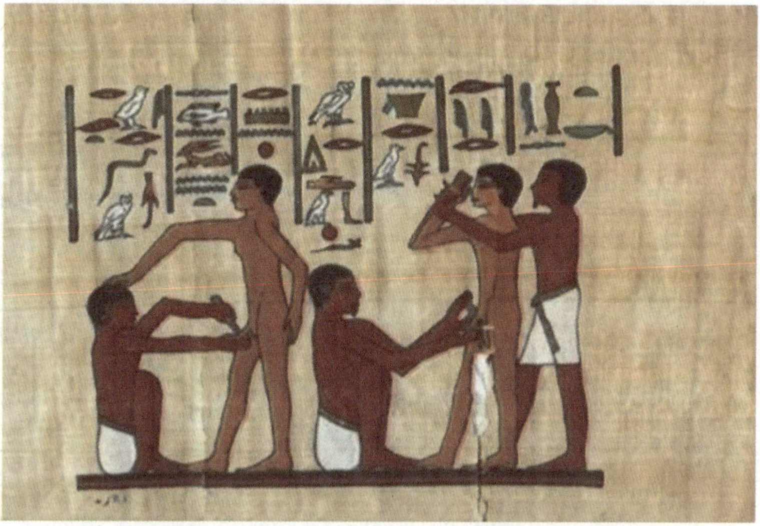

고대의 할례의식. 그리스도 안에서는 할례나 무할례나 효력이 없다.

우리는 성령을 통해 오직 믿음으로 의롭다고 인정받는 간절한 소망을 간직한 채 살아가고 있습니다. 사실, 그리스도 예수 안에서는 할례를 받든 혹은 받지 않았든 할례 자체는 아무런 문제가 되지 않습니다. 정작 중요한 것은 사랑으로 역사하는 '믿음'입니다.

구원은 '할례'와는 아무런 상관이 없으며 오직 '믿음'을 통해서만 가능함을 보여준 말로, 이는 바울 신앙의 기초이며 핵심이고 결론이다.

여러분은 지금까지 잘 달려왔습니다. 그런데 감히 누가 끼어들어서 여러분으로 하여금 진리를 따르지 못하도록 미혹하는 것입니까. 그처럼 꾀는 자는 여러분을 부르신 분에게서 나온 자가 아님이 분명합니다. 적은 누룩이 밀가루 반죽 전체를 부풀게 합니다. 나는 여러분이 다른 생각을 품지 않으리라는 것을 주님 안에서 확신합니다. 그러나 누구든지 여러분을 꾀어 혼란에 빠뜨리는 사람은 주님께 심판받을 것입니다.

여기서 '적은 누룩'은 갈라디아 지방의 여러 교회에 침투한 거짓 교사들과 유대인 율법주의자들의 '그릇된 교훈'을 가리킨다. 그들은 율법을 준수하고, 율법에 따라 할례를 받아야만 구원을 얻을 수 있다고 가르쳤다. 성경에서 '누룩'은 흔히 죄악과 부패, 거짓 등을 상징한다.

형제들이여, 만일 내가 할례를 받아야만 구원받을 수 있다고 전하고 다닌다면, 왜 내가 박해를 받고 있겠습니까? 만일 내가 할례를 전했다면 십자가 복음이라는 걸림돌이 제거되었을 것입니다. 지금 할례를 주장하면서 여러분을 선동하여 혼란에 빠뜨리는 사람들은 차라리 할례의 대상인 자기들의 그 물건을 잘라버리는 것이 더 낫겠습니다!

유대인들은 율법 준수에 따른 칭의와 구원을 최고의 신앙 가치로 여겼기 때문에, 오직 믿음으로써 구원을 얻는다는 십자가 복음을 자기들 신앙을 거스르는 큰 걸림돌로 여겼다. 만일 바울이 유대인들에게 걸림돌이 되는 십자가 복음을 전하지 않고 율법과 할례를 전하고 다녔다면, 유대인들에게서 아무런 박해를 받지 않고 도리어 칭송을 받았을 것이다. 하지만 구원에 이르는 참 진리는 율법에 있지 않고 오직 십자가 복음에 있기 때문에, 바울은 모든 박해와 고초를 기꺼이 무릅쓰고 언제 어디서든 십자가 복음을 힘껏 전했다.

나의 형제들이여, 하나님께서는 여러분을 부르셔서 여러분에게 자유를 주셨습니다. 이처럼 여러분은 이미 자유를 누리고 있는 자들입니다. 그렇지만 여러분은 주님께서 주신 그 자유를 육체의 욕망을 채우기 위한 기회로 사용해서는 절대로 안 됩니다. 오직 서로 사랑하면서 서로를 섬기는 일에 사용하십시오. 사실, 우리에게 주어진 하나님의 모든 율법은

"네 이웃을 네 몸같이 사랑하라" 하신 그 한마디의 말씀으로 다 요약될 수 있습니다. 그러나 만일 여러분이 서로 헐뜯고 싸운다면 피차 망하고 말 것이니, 부디 그렇게 되지 않도록 삼가 조심하시길 바랍니다.

율법으로부터의 자유는 자칫 삶의 방종을 초래할 우려가 있었다. 그래서 바울은 그에 따른 경고와 함께 새로운 권면을 한다. 율법의 근본정신은 예수님이 친히 요약해 주신 대로 '하나님 사랑'과 '이웃 사랑'이다(마 22:34-40). 이 중에서 바울은 '이웃 사랑'을 강조하면서 율법의 근본정신에 충실할 것을 권면했다. 이처럼 바울은 문자에 얽매이는 '율법주의'를 멀리하고 경계한 것이지 '율법의 정신'까지 버리라고 한 것은 결코 아니었다.

육신의 악한 행실과 성령의 거룩한 열매 (5:16-26)

내가 또 여러분에게 권면합니다. 오직 성령의 인도하심에 따라 살아가십시오. 그러면 죄 많은 육신의 욕망을 만족시키려고 애쓰지 않게 될 것입니다. 죄 많은 육신의 욕망은 성령을 거스르고, 이와 반대로 성령이 원하시고 추구하시는 것은 육신을 거스릅니다. 육신과 성령, 이처럼 이 둘은 서로 갈등하고 충돌하기 때문에 여러분이 원하는 바를 할 수 없게 합니다. 그러나 만일 여러분이 성령의 인도하심에 따른다면, 여러분은 더 이상 율법에 얽매일 필요가 없습니다.

육신과 성령은 서로를 거슬러 서로 갈등하고 충돌한다. 그건 당연한 이치다. '육신'(헬, 사륵스)은 타락한 사람의 옛 본성을 좇아 행하는 죄악 된 삶이고, '성령'(헬, 프뉴마)은 거듭난 새 사람이 하나님의 뜻을 좇아 행하는 거룩한 삶이기 때문이다. 따라서 육신을 좇아 행하는 삶의 열매들과 성령을 좇아 행하는 삶의 열매들은 확연하게 다르다. 이제 바울은 육신과 성령에 따른 각각의 삶의 열매들을 구체적으로 언급한다.

죄 많은 육신의 행실은 명백히 드러나게 마련입니다. 곧 음행과 더러움과 방탕과 우상숭배와 마술과 원수 맺는 것과 다툼과 시기와 분노와 분쟁과 분열과 분파와 질투와 술주정과 흥청대며 먹고 마시는 방종과 그와 같은 것들입니다. 내가 이전에도 경고했지만, 이번에도 또다시 여러분에게 엄중하게 경고합니다. 누구든지 이런 육신의 행실을 일삼는 사람은 하나님의 나라를 물려받지 못할 것입니다.

앞서 바울은 율법으로부터의 자유를 절대로 방종의 기회로 삼지 말 것을 권면했다. 이제 바울은 삶의 방종에 따르는 현저한 육신의 행실 15가지를 구체적으로 언급하면서, 그런 행실을 일삼는 자는 결코 하나님 나라를 유업으로 물려받지 못할 것이라고, 다시 말해 하늘나라(천국)에 들어가지 못할 것이라고 경고했다. 곧이어 바울은 육신의 행실과 확연히 대비되는 성령의 열매 9가지에 대해 열거한다.

그러나 성령의 인도하심에 따른 삶의 열매는 이러합니다. 곧 사랑과 기쁨과 평강과 인내와 친절과 선함과 신실함과 온유와 절제입니다. 이 같은 성령의 열매들을 막을 율법이란 없습니다. 그리스도 예수께 속한 사람들은 죄 많은 육신과 더불어 육신의 정욕과 욕망을 십자가에 죄다 못 박은 자들입니다. 이처럼 이제 우리가 성령에 의해 살아가게 되었으니 오직 성령의 인도하심에 따라 살아갑시다. 헛된 영광을 추구하는 일로 인해 서로 노엽게 하거나 시기하는 일이 없도록 합시다.

성령의 열매는, 성령님이 믿는 자들의 삶 속에서 산출해내는 온갖 선한 것들이다. 말하자면 그것은, 우리가 예수 그리스도를 우리의 구주로 영접할 때 우리 속에 내주하신 성령님에 의해 주어지는 은사들이다. 동시에 우리가 우리 속에 거하고 계신 성령님의 뜻과 인도하심에 신실하게 순종하며 살아갈 때, 성령께서는 우리의 삶 가운데서 그 열매들이

성령의 열매—사랑, 희락, 화평, 인내, 자비, 양선, 충성, 온유, 절제

점차 자라나게 하시고 마침내 풍성한 결실을 맺게 하신다.

바울은 갈라디아 지방의 교회들에게 성령의 대표적인 9가지 열매를 제시했다. 그것들은 이러하다. 사랑(Love), 기쁨(희락, Joy), 평강(화평, Peace), 인내(오래 참음, Patience), 친절(자비, Kindness), 선함(양선, Goodness), 신실함(충성, Faithfulness), 온유(Gentleness), 절제(Self-Control).

믿는 자들이 성령님의 뜻과 인도하심에 따라 살아가려면, 그래서 자신의 삶 속에서 성령의 9가지 열매를 주렁주렁 맺으려면, 무엇보다 육신의 정욕과 욕망대로 살아가려는 자신의 옛사람 곧 세상(땅, 마귀)에 속한 죄 많은 육신(헬, 사륵스)을 십자가에 쾅쾅 못 박아야 한다. 그렇게 옛사람이 십자가에 못 박혀 죽을 때에야 비로소 새사람으로 태어나 성령님의 뜻과 인도하심에 따르며 살아가게 되고, 그 결과 성령의 열매들을 풍성하게 맺게 된다.

6

권고와 인사

하나님은 속임을 당하지 않으시니
스스로를 속이지 않도록 하십시오
무엇을 심든 심는 대로 거두니
죄는 썩고 성령은 영생을 얻습니다

'흠…, 이 정도로 말했으면 갈라디아 지방의 신자들이 율법과 복음의 관계에 대하여 다들 알아들었겠지. 부디, 갈라디아 지방에 있는 우리 믿음의 형제들이 악한 자들의 미혹과 선동에 넘어가지 말아야 할 텐데….'

바울은 이제 갈라디아 지방의 형제들에게 보내는 편지를 마무리하기로 마음먹는다. 하지만 노파심에서 지금껏 했던 여러 당부들에 새삼 새로운 당부 한두 가지를 덧붙인다. 마치 물가에 내보낸 자녀를 바라보는 어머니의 마음으로 바울은 가슴 졸이며 애타는 심령으로 갈라디아 지방의 형제들을 향해 때로는 토닥토닥 위로하기도 하고, 때로는 엄중하게 경고하기도 하고, 때로는 부드럽게 타이르기도 한다.

서로 간에 짐을 져 주고, 또한 각자의 짐을 져라 (6:1-5)

사랑하는 형제들이여, 여러분의 형제들 가운데 혹 어떤 사람이 무슨 죄에 빠져있을 수도 있습니다. 만일 그러하거든 성령의 인도하심에 따라 살아가는 여러 분은 그런 사람을 온유한 마음으로 부드럽게 이끌어 바로잡아 주어야 합니다. 그러면서 여러분은 자기 자신도 잘 살피고 성찰하여 그런 죄의 유혹에 빠지지 않도록 삼가 조심하십시오. 그렇게 여러분은 서로 간에 형제의 짐을 져 주십시오. 그리하면 여러분은 그리스도의 사랑과 용서의 법을 성취할 수 있게 될 것입니다.

너희가 서로 짐을 나누어 지라

믿는 자들은 죄의 유혹에 빠져 타락한 형제를 회복시키는 데 도움을 줄 준비를 언제든지 갖추고 있어야 한다. 온유한 심령을 가진 자는 죄의 짐에 눌려 고통받고 있는 형제를 외면하거나 내치지 않는다. 그런 형제에 대해 사랑의 마음을 가지고 회개에 따르는 하나님의 용서를 상기시켜 주어 참된 회개의 자리로 인도해야 한다. 그렇게 함으로써 죄지은 형제가 속히 죄의 짐에서 자유롭게 벗어날 수 있도록 성심성의껏 도와주어야 한다. 그렇게 하는 것이 사랑과 용서에 관한 그리스도의 법을 실제의 삶 속에서 성취하는 길이다.

만일 누구든지 아무것도 아니면서 무엇이라도 되는 것처럼 우쭐대며 자신을 내세우면, 그는 자기 자신을 스스로 속이는 것입니다. 여러분 각자는 자신의 행실을 잘 살펴보십시오. 그러면 비록 자기 자신에게는 어떤 자랑거리가 있을지 몰라도 다른 사람에게까지 자랑할 것은 아무것도 없을 것입니다. 우리는 각자 자기 몫의 짐을 짊어지고 살아가야 합니다.

'짐'이란 말을 두고 바울은 두 가지 다른 사실을 권면했다. 앞서 사용한 짐에 관해서는 서로 간에 그 짐을 져 주어야 한다고 말했고(갈 6:2), 이번에 사용한 짐에 관해서는 각자가 자기 몫의 짐을 져야 한다고 말했다(갈 6:5). 둘은 어떤 차이가 있을까?

앞서 사용된 '짐'(헬, 바로스)은 한 사람이 짊어지기에는 너무 무거운 짐(burdens)을 가리킨다. 반면, 여기에 사용된 '짐'(헬, 포르티온)은 한 사람이 질 수 있는 작은 짐 꾸러미(load)를 가리킨다. 믿는 자들은 혼자 감당하기 힘든 삶의 무거운 짐을 지고 있는 형제들을 도와 그 짐을 함께 나눠 져야 한다. 다른 한편, 각자가 자신의 몫으로 맡겨진 작은 짐 꾸러미는 자기 힘으로 책임 있게 힘껏 감당할 수 있어야 한다.

선을 행하되 낙심하지 마라 (6:6-10)

누구든지 하나님의 말씀을 배워 그 말씀을 받아들인 사람은 하나님의 말씀을 가르치는 사람과 모든 좋은 것들을 기꺼이 나누어야 합니다. 스스로를 속이지 마십시오. 하나님께서는 결코 속임을 당하지 않는 분이십니다. 사람이 무엇을 심든지 자신이 심은 대로 거둘 것입니다. 죄 많은 육신을 위해 심는 사람은 그 육신으로부터 썩어질 것을 거두겠지만, 성령을 위해 심는 사람은 성령으로부터 영생을 거둘 것입니다.

'육신을 위해 심는 사람'은 타락한 육신의 욕망을 좇아 죄악 된 삶을 살아가는 자들을 가리키는데, 이런 자들이 추구하는 육신의 욕망에 관해서 바울은 바로 직전에 15가지 죄악을 구체적으로 열거하였다(갈 5:19-21). 그런 죄악을 심는 자들이 최종적으로 거둘 것은 '썩어질 것' 곧 영원한 멸망(지옥)이다.

반면 '성령을 위해 심는 사람'은 성령의 인도하심을 좇아 거룩한 삶을 살아가는 자들을 가리키는데, 이런 자들이 맺는 삶의 열매에 관해서 바울은 바로 직전에 9가지 성령의 열매를 열거하였다(갈 5:22-23). 이 같은 자들이 성령으로 말미암아 최종적으로 거둘 것은 '영원한 생명'(천국)이다.

> 형제들이여, 여러분은 선한 일을 하다가 도중에 낙심하지 마십시오. 포기하지 않고 꾸준히 선한 일을 행하면, 마침내 때가 이를 때에 반드시 그 열매를 거둘 것입니다. 그러므로 여러분은 기회 있을 때마다 모든 사람에게 선한 일을 행하되, 특별히 믿음의 식구들에게는 더욱 그리합시다.

'믿음의 식구들(가정들)'은 예수 그리스도 안에서 동일한 신앙고백을 하는 모든 성도들을 가리킨다(엡 2:19). 일찍이 예수님도 이런 자들이 내 형제이고 자매이며 모친이라고 말씀하셨다(마 12:50).

바울은 믿는 자들을 향해 모든 이들에게 선한 일을 행하되, 특별히 믿음의 식구들에게 더욱 그리해야 한다고 권면했는데 그럴 만한 이유가 있었다. 바울 당시에 믿는 자들은 그리스도를 믿는 신앙 때문에 이웃의 배척과 사회의 핍박을 받았고, 그 결과 많은 경제적인 어려움을 겪었다. 이런 상황에서 믿는 자들은 다른 동료 신자들 이외에는 달리 도움을 받을 데가 없었다. 이런 이유로, 믿는 자들은 우선적으로 동료 신자들에게 도움을 베풀 필요가 있었다.

마지막 권고와 문안인사 (6:11-18)

> 자, 보십시오. 이제 나는 여러분에게 이렇게 직접 나의 손으로 큰 글자를 써서 강조합니다. 육신의 겉모양을 꾸미기 좋아하는 자들은 여러분에게 할례를 받으라고 강요합니다. 그들이 그렇게 강요하는 까닭은, 그리스도의 십자가 때문에 받는 핍박을 피하고 싶어서입니다. 할례를

내 손으로 큰 글자로 쓴 것을 보라

받은 자들이 자기 자신들도 율법을 지키지 못하면서 여러분에게 무작정 할례를 강요하는데, 그것은 여러분의 육신을 자신들의 자랑거리로 삼고 싶어 하기 때문입니다.

바울은 갈라디아 지방의 여러 교회에 침투한 유대인 율법주의자들의 그릇된 가르침에 경각심을 고취시킬 목적으로, 그곳의 신자들에게 보내는 자신의 편지에서 지금까지의 글자보다 더욱 큰 글자를 써서 강조하였다.

유대인 율법주의자들이 갈라디아 지방의 교인들에게 그토록 '할례'를 강요하는 까닭은 정말로 할례가 필요하고 중요하다고 생각해서가 아니었다. 그들은 순전히 육신의 외적 표식인 '할례'를 통해 스스로의 신앙심을 자랑하고, 또한 자신의 설득으로 할례받은 자들을 자신의 자랑거리로 삼기 위해서였다. 나아가 자신이 복음보다는 율법을 더욱 충실히 따르고 있다는 사실을 공공연히 드러냄으로써 동족 유대인들에게서 핍박과 따돌림을 면해 보려는 얄팍한 심산 때문이었다. 바울은 이 같은 유대인 율법주의자들의 위선적인 면모를 훤히 꿰뚫어보고 있었다. 그리하여 바울은 그런 자들과는 달리 복음 전도자로서의 자기 입장을 분명히 밝힌다.

그러나 나 바울에게는 우리 주 예수 그리스도의 십자가 외에는 자랑할 것이 아무것도 없습니다. 그리스도로 말미암아 나는 세상을 십자가에 못 박았고, 세상은 나를 십자가에 못 박았습니다. 할례를 받든지 혹은 할례를 받지 않든지, 그것은 전혀 문제가 되지 않습니다. 중요한 것은 그리스도 안에서 새사람으로 태어나는 것입니다. 이러한 복음의 원리에 따라 살아가는 모든 사람들에게, 그리고 하나님의 백성인 이스라엘에게 평화와 자비가 항상 함께하기를 소원합니다.

유대인 율법주의자들은 할례를 통해 자기 자신을 자랑하고 또한 박해를 피하기 위해 십자가 복음을 부인했다. 그러나 바울은 그들과는 정반대로 오직 십자가만을 내세우고 자랑했으며, 그 십자가에 세상을 못 박았다. 여기서 '세상'(헬, 코스모스)은 타락하여 죄 아래 놓여 있는 육신적인 모든 소욕을 상징한다.

형제들이여, 마지막으로 당부합니다. 이제부터는 더 이상 나를 괴롭히지 말아 주십시오. 나는 내 몸에 예수님의 흔적을 가졌습니다.

바울의 몸에는 예수님의 흔적이 군데군데 있었다. 여기서 '흔적'은 본래 주인이 자기 소유의 표식으로 종(노예)의 몸에 찍은 도장(낙인)을 가리킨다. 복음 전도자 바울은 십자가 복음을 전파하는 과정에서 예수 그리스도를 위하여 많은 옥고를 치르고 숱한 매를 맞고 채찍질을 당했다(고후 11:23-25). 이 편지의 수신지인 갈라디아 지방에서도 극렬 유대인들의 돌에 맞아 거의 죽을 뻔한 일도 있었다(행 14:19).

한편, 바울 당시의 채찍은 가죽 줄의 끝부분에 뼛조각이나 납덩이가 달린 가혹한 것이었다. 그런 채찍으로 사정없이 매를 맞은 바울의 몸 여기저기에는 실제로 많은 상흔을 남겼다. 그렇지만 바울은 이 같은 상흔을 '예수의 흔적'이라 여기고 부끄러워하기는커녕 도리어 하늘나라 훈장인 것처럼 자부심과 긍지를 가졌다. 이제 바울은 축원의 말로써 갈라디아 지방의 교회들에게 보내는 편지를 마무리한다.

사도 바울의 초상(엘 그레코 작, 1608-1614)

갈라디아 지방의 모든 형제들이여, 우리 주 예수 그리스도의 크신 은혜가 여러분의 심령에 항상 있기를 빕니다. 아멘!

바울은 가만히 펜을 놓았다. 갈라디아 지방의 여러 교회들(비시디아 안디옥 교회, 이고니온 교회, 루스드라 교회, 더베 교회 등)에 보내는 편지가 마무리된 것이다. 때는 주후 55년경, 제3차 전도여행(주후 53-58년경, 행 18:23-21:19) 중 에베소에 머물고 있을 때다.

이 시기에 바울은 에베소에서 3년 가까이 머물면서 두란노 서원을 중심으로 하나님의 말씀을 가르치는 한편, 고린도 교회와 갈라디아 교회 등 여러 교회들에 편지를 써 보내어 성도들을 격려하고 가르치며 권면했다. 이처럼 바울은 말, 행동, 편지 등 모든 수단을 동원하여 십자가 복음을 널리 전했다. 정녕 그는 맡은 바 사명에 최선을 다한 충성되고 신실한 하나님의 일꾼이었다.

밤은 깊었고, 등잔대의 불빛은 기름이 다했는지 약한 바람에 이리저리 흔들리며 점차 희미해져 갔다. 주님께 감사기도를 드린 뒤 바울은 훅 숨을 불어 불을 끄고는 잠자리에 들었다. 편지를 마무리한 탓인지, 바울은 이내 깊은 잠에 빠져들었다.

에베소서

그리스도의 몸 된 교회

나는 지금 로마 감옥에 갇혀 있네
죄인을 구원의 길로 인도하는
그리스도 십자가 복음 전하다가
죄인도 아닌데 감옥에 갇혀 있네

갇혀 있는 이곳은 감옥이 아니네
쇠창살과 벽돌로 된 방이 아닌
주 예수 그리스도의 품안이니
누구도 내 걱정은 하지 마라

놀라운 계시의 비밀이 열리네
하나님이 창세 전에 택하신 후
때가 되어 부르시니 교회가 되고
그리스도는 교회의 머리가 되네

교회는 그리스도의 몸
우리는 그 몸의 한 지체
그리스도 안에서 새사람 입고
빛의 자녀답게 올바로 살아가네

1
찬양과 기도

하나님은 창세 이전부터
그리스도 안에서 예정하고 선택하신
우리를 자기 자녀로 삼으시고
죄 사함과 구원을 베푸십니다

서막

'참으로 애가 타고 답답하구나. 내가 이렇게 억류되어 있으면 안 되는데…. 아직도 복음 전할 데가 도처에 널려 있는데 이렇게 기약 없이 오래도록 갇혀 있다니…. 지금쯤 도처의 교회들은 다들 무사한지? 우리 믿음의 형제들은 핍박과 환난을 잘 견뎌내고 있는지? 이렇게 멀리 떨어져 있으니 모든 게 궁금하기만 하구나….'

때는 주후 62년경 봄쯤, 지금 바울은 로마 외곽에 위치한 어느 허름한 셋집에 죄수(피의자)의 몸으로 감금된 상태다. 감금된 지 어느덧 1년이 흘렀다.

제3차 전도여행을 마친 바울이 예루살렘으로 돌아왔을 때(주후 58년경), 십자가 복음을 전하는 바울을 '율법 파괴자'로 규정한 극렬 유대인들은 그동안 단단히 벼르고 있다가 성전에서 바울을 체포한 뒤 로마 당국에 소요죄, 선동죄, 반역죄 등으로 고발하여 재판에 넘겼다. 재판에

에베소서의 무대

넘겨진 바울은 가이사랴에서 2년 동안 구금된 상태로 지루하게 재판을 이어가다가, 마침내 로마 시민권자의 자격을 활용하여 로마 황제(가이사)에게 재판을 신청하였다(행 2510-12).

그리하여 바울은 로마 황제에게 재판받기 위해 죄수의 몸으로 로마로 호송되었고(주후 61년경), 재판을 기다리는 동안 로마시(市) 외곽에 위치한 어느 셋집에 로마 군사의 감시하에 감금되었다(행 28:16). 로마제국 전역에서 황제에게 재판을 요청한 건수가 산더미처럼 쌓여 있었으므로 바울의 재판은 하염없이 늦추어져서 결국에는 2년 동안 셋집에 감금되어 있었는데(행 28:30), 당시는 감금된 지 1년이 다 되어가는 시점이었다. 바울의 전도와 사역의 손길을 기다리는 곳이 한두 군데가 아닌데, 이처럼 기약 없이 연금된 상태로 몸이 묶여 있으니 바울의 심정이 타 들어갈 수밖에 없었다.

'안 되겠다. 재판이 언제 열릴지 모르는 상태에서 이대로 마냥 시간을 보낼 순 없다. 급한 대로 에베소 교회에 편지라도 써 보내야겠다.'

다행스럽게도 바울의 연금생활은 비교적 자유로웠다. 아직 죄가 확정되지 않은 피의자 상태였기에 단지 로마 군인 한 사람의 감시하에 기본생활은 얼마든지 영위해 나갈 수 있었다. 심지어 면회하기 위해 찾아오는 사람들도 별다른 제약 없이 만날 수 있었다.

하루종일 집에 갇혀 있는 상태인지라 시간적인 여유도 많았다. 빨리 무죄를 선고받고 가택연금 상태에서 풀려나 직접 도처의 교회들을 방문하면 더할 나위 없이 좋겠지만 형편상 그리할 수 없으니 아쉬운 대로 편지를 써 보내기로 작심한 것이다.

아, 에베소! 복음 사역자 바울에게 있어 에베소는 결코 잊지 못할 극히 소중한 전도 지역이었다. 당시 에베소는 로마제국 내 아시아도(道)의 수도로서 시리아(수리아)의 안디옥, 이집트(애굽)의 알렉산드리아와 더불어 지중해 동부의 3대 국제도시 가운데 하나였다.

소아시아(오늘날 터키)의 서쪽 해안, 곧 카이스터강 입구에서 5km정도 떨어진 내륙에 위치한 에베소의 남쪽으로는 메안더강 하구에 위치한 '밀레도'가 있었고, 북쪽으로는 헤르무스강 하구에 위치한 '서머나'가 있었다. 카이스터강은 남쪽과 북쪽의 두 강을 연결했고, 또 에게해와 접한 만(灣)과 연결되어 있었기 때문에, 강의 하구에 위치한 에베소는 교통과 무역의 요지로서 일찍부터 발전하였다.

사도 바울은 제2차 전도여행(주후 50-52년경)의 귀환 길에 에베소를 잠시 방문하여 단기간 동안 전도사역을 펼쳐 교회의 터를 닦았다. 하지만 제3차 전도여행(주후 53-58년경) 길에 오른 바울은 이 도시의 중요성을 감안하여 그곳에 거의 3년 가까이 머물면서 열심히 복음을 전파하여 에베소 교회를 굳건히 세웠다(행 19장, 주후 54-57년경).

당시 에베소는 전도 전략상 매우 중요한 도시였다. 소아시아 지역의 중심 도시로서 로마와 동양을 연결하는 해로와 육로의 거점이었을 뿐만 아니라 동양과 서양을 잇는 대로상에 위치해 있었기 때문이다. 또한 인근의 라오디게아, 히에라볼리, 골로새 등의 도시들도 에베소의 영향권 아래 놓여 있었다.

이런 점을 감안하여, 제3차 전도여행 길에 오른 바울은 작심하고 에베소 전도에 전력투구했다. 먼저 에베소의 유대인 회당에서 3개월 동안 전도하다가 극렬 유대인들의 극심한 반대에 부딪히자, 개종자들만을 두란도 서원에 따로 모아 2년 넘도록 열정을 다해 복음을 전하고 하나님의 말씀을 가르쳤다.

그 결과, 에베소는 물론이고 아시아도에 사는 에베소 인근의 많은 주민들이 사업차 또는 여행차 에베소에 왔다가 바울의 복음을 듣고 기독교 신앙을 갖게 되었다(행 19:10). 그들 중에는 에바브라와 빌레몬 같은 인물들도 있었는데, 이들은 자신들의 고향인 골로새로 내려가 그곳에 교회를 세우기도 했다.

셋집에 감금된 바울이 하염없이 황제의 재판을 기다리고 있던 중, 하루는 바울이 연금되어 있는 로마의 셋집으로 에바브라 일행이 찾아왔다. 골로새 출신의 에바브라는 사업차 에베소를 방문했다가 바울에게서 십자가 복음을 전해 듣고 믿음을 가진 인물이다. 이후에 그는 자신의 고향에 골로새 교회를 세우고, 인근에 라오디게아 교회와 히에라볼리 교회까지 세우고 돌보는 신실한 복음 사역자가 되었다(골 4:12-13).

그런 에바브라가 감금 중에 있는 바울을 돌보기로 작심하고 멀리 로마 옥중까지 바울을 찾아온 것이다. 에바브라와 상봉한 바울은 눈물 나도록 반가웠고 가슴이 뛰었다. 안 그래도 꿈속에서조차 그립고 눈만 감으면 떠오르는 에베소 교회의 궁금한 소식을 직접 전해 들으니, 그 얼마나 반갑고 뜨거운 격정이 솟구쳤으랴!

에베소 교회의 사정을 전해 들은 바울은 그대로 있을 수 없었다.

그곳으로 달려갈 순 없어도 펜을 들고 편지는 쓸 수 있었다. 고린도 교회와는 달리, 감사하게도 에베소 교회는 신자들 간의 문제가 없었다. 고맙게도 모두가 신실한 신앙생활을 유지하고 있었다. 그래서 바울은 에베소 신자들에게 좀 더 차원 높은 기독교 진리를 알려줄 요량으로 펜을 들어 편지를 쓰기로 작심하였다.

그래서일까. 이 편지(에베소서)에는 다른 어떤 편지들보다 기독교의 교회론이 깊이 있게 다뤄지고 있다. 몸, 성전, 신랑, 군인 등 여러 가지 비유를 통해 이상적인 교회상을 제시하면서, 그리스도 안에서 유대인이나 이방인이나 하나라는 참 교회 의식을 일깨워주고 있다. 나아가 하나님의 선택, 경륜, 화해 등 구속사의 심오한 진리들을 가르치고 있다.

바울의 문안인사 (1:1-2)

하나님의 기쁘신 뜻에 따라 그리스도 예수의 사도가 된 나 바울은 에베소에 있는 모든 신자들 및 그리스도 예수를 믿는 도처의 신실한 성도들에게 이 편지를 씁니다. 우리 아버지 하나님과 우리 주 예수 그리스도께서 여러분 모두에게 항상 은혜와 평강을 내려주시기를 빕니다.

에베소서를 쓴 사람과 받는 사람이 소개되었다. 편지를 쓴 사람은 '사도 바울'이고, 편지를 받는 대상은 에베소 교회의 신자들을 비롯하여 인근 도처의 신실한 성도들이다.

그리스도 안에서 누리는 신령한 복 (1:3-14)

우리 주 예수 그리스도의 아버지 하나님께 찬양을 올려드립니다. 하나님께서는 그리스도 안에서 하늘에 속한 온갖 신령한 복을 우리에게 넉넉히 베풀어주셨습니다. 하나님께서는 세상을 창조하시기 훨씬 이전부터 이미 그리스도 안에서 우리를 선택하셔서 하나님 앞에서 거룩하고 흠 없는 사람으로 우리를 세워주셨습니다. 또한 하나님께서는 창세 이전에 자신의 기쁘신 뜻에 따라 우리를 예정하셔서 예수 그리스도를 통해 우리를 자신의 자녀 삼으시기로 작정하셨습니다. 그리하신 까닭은, 하나님께서 자신의 사랑하시는 아들 예수 그리스도 안에서 우리에게 거저 주신 자신의 크신 은혜와 영광을 찬양토록 하기 위함입니다.

여기서 한 가지 의문이 든다. 만일 하나님께서 창세 이전부터 우리를 미리 선택하시고 예정하셨다면, 구원에 관해 우리는 대체 무얼 할 수 있단 말인가?

당연한 의문이다. 선택과 예정은 전적으로 하나님의 절대주권에 속한 일이다. 우리의 구원은 우리의 공로에 의한 것이 아니라 오직 하나님의 은혜에 근거하고 있다(롬 9:15-16).

반면, 회개와 믿음은 사람 편에서 하나님께 응답해야 할 우리의 일이다. 하나님은 크신 은혜와 긍휼로 모든 사람에게 스스로 응답할 수 있는 선택의 기회를 주셨다. 그래서 모든 사람은 이른바 '자유의지'로 복음의 초대에 응하거나 혹은 거절할 수 있게 된 것이다(롬 10:13).

또한 바울은 하나님께서 우리를 예정하시고 선택하셔서 자신의 자녀들로 삼으신 궁극적인 목적을 말했는데, 그것은 우리에게 구원을 베풀어 주신 하나님의 크신 은혜와 영광을 기뻐하며 찬미토록 하기 위해서다.

그리하여 우리는 그리스도 안에서 하나님의 풍성하신 은혜에 따라 그분의 독생자 예수의 피를 통해 죄 용서를 받고 구원을 받았습니다. 하나님께서는 우리에게 모든 지혜와 총명을 아낌없이 주셔서 자신의 기쁘신 뜻에 따라 그리스도 예수 안에서 미리 세우신 자신의 비밀스런 계획을 우리에게 알려주셨습니다.

'그리스도 안에서'(헬, 엔 크리스토)란 표현에 주목하라. 이 말은 바울의 중요한 신학적 주제로, 우리의 죄 사함과 구원이 오직 그리스도에게서 비롯되는 것임을 보여준다. 그리스도 밖에서는 어떤 죄 사함도, 어떤 구원도 있을 수 없다는 말이다.

하나님의 비밀스런 그 계획은, 때가 차면 하나님께서 하늘과 땅에 있는 모든 것들을 그리스도 안에서 한데 모아 그리스도를 머리로 하여 하나로 다 통일시키는 것입니다. 또한 모든 것을 자신이 원하시는 뜻대로 행하시는 우리 하나님께서는 미리 예정하신 자신의 계획에 따라 그리스도 안에서 우리를 자녀로 삼고 또한 상속자로 삼으셨습니다. 그것은, 그리스도 안에서 그분께 먼저 소망을 둔 우리로 하여금 하나님의 크신 영광을 찬양토록 하기 위함입니다.

하나님께서 세우신 비밀스런 계획은 이러하다. 그리스도 안에서 유대인과 이방인이 하나 되어 교회의 머리 된 그리스도의 한 지체로서 장차 동일한 기업을 상속받게 된다는 것이다. 그래서 하나님은 유대인이나 이방인의 차별 없이 그리스도 안에서, 즉 그리스도의 십자가 보혈의 공로로 말미암아 우리를 자녀로 삼고 상속자로 삼았던 것이다.

사실, 바울 시대의 로마에서는 노예제도가 보편화되어 있었다. 그런데 어떤 노예가 주인의 은총을 받아 주인의 가족으로 입양되면, 그 노예는 종의 신분에서 벗어나 주인의 자녀가 되고 상속자가 되는 특권이 주어졌다. 이처럼 본래 사탄의 노예였던 우리가 예수 그리스도의 십자가 죽음으로 인해 그 굴레에서 벗어나 하나님의 자녀로 입양되어 마침내 그분의 상속자가 되었다.

형제들이여, 그리고 여러분은 그리스도 안에서 진리의 말씀 곧 여러분을 구원으로 이끄는 복음의 말씀을 듣고 예수 그리스도를 믿었으므로, 그에 대한 증표로 하나님께서는 약속하신 성령으로 여러분 각자를 인치셨습니다. 우리를 인친 이 성령은, 하나님께서 우리에게 약속하신 유업의 보증인이 되시는데, 그것은 또한 하나님의 소유된 우리를 구원하셔서 우리로 하여금 하나님의 영광을 찬양토록 하기 위함입니다.

하나님은 믿는 자들을 성령으로 인치셨다. 고대 세계에서 인(印, 도장)은 소유 및 확증의 의미로서, 인을 치는 일 곧 도장을 찍는 일은 어떤 문서나 서신의 신빙성을 보증하려는 목적으로 행해졌다. 이런 의미에서 하나님께서도 성령으로 신자들을 인치셨는데, 이는 성령을 통해 신자들이 하나님의 자녀들임을 보증하고, 또한 사탄의 미혹과 도둑질로부터 안전하게 보호하기 위함이다.

바울의 감사와 기도 (1:15-23)

그러므로 에베소 교회의 형제들이여, 나도 주 예수님에 대한 여러분의 믿음과 모든 성도를 향한 여러분의 사랑의 소식을 전해 듣고, 내가 기도할 때마다 여러분을 항상 기억하고 또 여러분으로 인해 감사하는 마음을 금할 수 없었습니다. 나 바울은 우리 주 예수 그리스도의 하나님이신 영광의 아버지께서 여러분에게 지혜와 계시를 깨닫는 성령을 주셔서 여러분이 하나님을 더욱 잘 알 수 있도록 계속해서 간구할 것입니다.

여기서 '지혜'는 하나님의 일반적인 말씀을 올바로 깨닫는 지성적인 이해력을, '계시'는 하나님께서 뚜껑을 여시고 나타내 보여주시는 특별한 말씀을 가리키는데, 이를 올바로 깨닫기 위해서는 반드시 성령의 감화, 감동이 요구된다.

나는 또 하나님께서 여러분 각자의 마음의 눈을 밝게 하셔서 하나님께서 어떤 소망 때문에 여러분을 부르셨는지, 또한 성도들에게 베푸시는 하나님의 영광스러운 유업이 얼마나 풍성한지, 그리고 믿는 자들인

에베소 교회를 위한 바울의 기도

우리 속에서 강한 능력으로 역사하시는 하나님의 권능이 얼마나 강력한지를 여러분이 생생하게 깨닫게 되기를 항상 기도합니다.

바울은 에베소 교회의 성도들을 위한 자신의 평소 기도제목들이 무엇인지를 밝혔다.

진실로 하나님께서는 자신의 이 크신 능력을 그리스도 안에서 행사하셨습니다. 그리하여 그리스도를 죽은 자들 가운데서 다시 살리셨고, 그를 하늘에 있는 자기 보좌의 오른쪽에 앉히셔서 모든 권력과 권세와 권능과 주권 위에, 또한 지금의 이 세상에서뿐만 아니라 장차 오는 저 세상에서의 모든 이름들 위에 단연 뛰어나게 하셨습니다.

하나님은 부활 승천하신 그리스도 예수를 하늘 보좌의 오른편에 앉히셨다. 만일 어떤 사람이 왕의 오른편에 앉는다면, 사람들은 그가 왕의 권위와 권세를 나눠 가진 자라는 것을 즉시 알았다. 이처럼 하나님은 그리스도 예수를 자신의 오른편에 앉힘으로써 그에게 위엄과 존귀와 영광 및 만물에 대한 통치권을 부여하셨다.

이처럼 하나님께서는 만물을 그리스도의 발아래 두셔서 굴복시키셨고, 그를 만물 위에 교회의 머리로 삼으셨습니다. 따라서 교회는 그리스도의 몸이며, 모든 방식으로 모든 것을 넘치도록 채우시는 그리스도의 온전함입니다.

바울은 그리스도를 '교회의 머리'라 했고, 교회는 '그리스도의 몸'이라 했다. '교회의 머리'라는 말은 교회의 주인으로서 교회를 다스리는 주권을 가졌다는 뜻이다. 또한 교회가 '그리스도의 몸'에 비유된 것은, 교회는 그리스도에게서 생명을 수여받은 유기체로서(골 2:19) 머리 되신 그리스도의 명령에 복종해야 함을 뜻한다.

한편, 여기의 '교회'(헬, 에클레시아)는 예배당(건물)으로서의 유형교회가 아니라, 하나님께 부르심을 받는 모든 신자들의 모임인 무형교회를 가리킨다. 교회라는 헬라어 '에클레시아'는 문자적으로 '밖으로 불러 모으다'라는 뜻인데, 기독교 용어로는 죄악의 세상에서 불러 모아진 성별(聖別)된 자들의 모임, 곧 예수 그리스도를 구주로 고백하는 성도들의 모임을 가리킨다. 하지만 일반 용어로는 '호출된 사람들'이란 뜻으로, 고대 그리스 여러 도시국가들의 시민 회의를 말한다.

2

은혜로 구원받은 성도들

이전에 우리는 멸시받던 이방인들
하나님 몰라 소망 없이 살았지만
이젠 예수 그리스도의 십자가 피로
하나님 알고 그분과 가까워졌습니다

"형제님, 에베소 교회는 별다른 문제 없이 믿음의 터전 위에 굳게 서 있는 게 확실하죠?"

"네, 사도님. 사도님이 3년 가까이 에베소에 체류하면서 열심히 가르치고 양육한 덕분에 건강한 교회가 되었습니다. 하지만 조금 문제가 있긴 합니다. 유대인 신자들과 이방인 신자들 간에 약간의 서먹함과 갈등이 있는 거 같아요. 유대인 신자들이 마음을 열고 전적으로 이방인 신자들을 받아들이지 못하는 것 같습니다."

에베소 교회의 소식을 전하는 에바브라의 말에 사도 바울은 적이 염려스런 표정을 짓는다. 지금 에바브라는 로마에 가택연금 중인 바울을 방문하여, 그의 곁에 줄곧 머물면서 에베소 교회에 관한 이런저런 소식들을 전해주고 있다.

에바브라가 전한 대로였다. 바울이 제3차 전도여행 때 무려 3년(주후 54년 중엽~57년 중엽) 가까이 체류하면서 심혈을 기울여 가르치고 양육한 에베소 교회는 별다른 문제점은 없었지만, 유대인 신자들과 이방인 신자들 간에 일치되고 연합된 교회 공동체를 이루어내지 못하고 있었다.

전통적으로 선민사상에 젖은 유대인 신자들은 유대교적 사고와 기준으로 이방인 신자들을 수용하고 이해하는 것이 고작일 뿐, 모두가 그리스도 안에서 한 가족이라는 진정한 형제 의식이나 공동체 의식을 갖지 못했다.

그래서 바울은 하나님께 부르심 받고 구원받은 자들의 집합체인 교회(헬, 에클레시아), 그리스도 예수 안에서 유대인이나 이방인이나 빈부귀천이나 남녀노소의 차별이 없는 참된 교회의 진정한 의의를 일깨워주고자 펜을 든 것이다. 그런 본론에 들어가기에 앞서, 바울은 먼저 성도들 각 개인에게 적용된 구원의 비밀에 관해 언급한다.

그리스도를 통해 받은 새 생명 (2:1-10)

형제들이여, 여러분은 이전에 죄와 허물 가운데서 죽었던 사람들입니다. 그때에 여러분은 타락한 이 세상의 풍속을 따라 죄와 허물 가운데 살아가면서 공중의 권세 잡은 자 곧 지금 믿지 않는 불순종의 자식들 가운데서 활동하고 있는 악한 영의 지시에 따라 사는 것에 익숙해져 있었습니다. 사실, 그때는 우리 역시 불순종의 자식들처럼 죄 많은 육체와 마음의 욕구에 따라 행하면서 육체의 욕망이 이끄는 대로 살았습니다. 그래서 우리도 본래는 불순종의 자식들처럼 태어날 때부터 하나님의 진노 아래 놓인 어둠의 자식들이었습니다.

지금 바울은 성도들이 구원받기 이전의 상태에 관해 언급하고 있다. 그때는 믿는 자들 역시 믿지 않는 자들(불순종의 자식들)과 마찬가지로 공중 권세 잡은 사탄의 영향력 아래 죄와 허물 가운데 살아가고 있었다.

한편, 고대 세계에서 '공중'(air)이란 개념은, 사탄이 하나님의 통치를 거부하는 불신자들을 다스리고 조종하는 영적 왕국을 가리켰다. 하지만 십자가 보혈로 그리스도께서 이 왕국을 깨뜨리시고 사탄과 그의 추종자들을 무력화시켰다(골 2:15).

그럴지라도 최후 심판 때까지는 하나님의 묵인하에 '공중의 권세 잡은 자'인 사탄이 보이지 않는 세계의 악한 영들(귀신들)을 비롯하여 불신자들과 세상 제도에 대하여 제한적이나마 여전히 권세를 가지고 있다(요 12:31).

그런 까닭에 오늘날 우리 주변에는 미움, 전쟁, 살인, 편견, 착취, 폭정, 죄, 죽음 등 사탄의 영향력이 미치고 있는 증거들이 아주 많다. 그러나 사탄의 왕국을 깨뜨린 그리스도의 능력에 덧입어 그리스도의 군사 된 우리 성도들은 공중 권세를 잡은 사탄과 그의 추종자들인 악한 영들의 세력과 당당하게 맞서 싸워 능히 이길 수 있다(엡 6:10-20).

> 그러나 더없이 자비로운 하나님께서는 우리에게 크나큰 사랑을 베풀어주셔서 죄와 허물 가운데 죽었던 우리를 그리스도와 함께 살려주셨습니다. 이처럼 여러분은 하나님의 크신 은혜로 구원받은 것입니다. 하나님께서는 우리를 그리스도 예수 안에서 그리스도와 함께 살려주셔서 우리를 그리스도와 함께 하늘에 앉게 해주셨습니다. 그것은, 하나님께서 그리스도 예수 안에서 우리에게 베풀어주신 지극히 크신 은혜의 풍성함을 다가올 모든 세대들에게 보여주시기 위해서입니다.

바울은 하나님께서 우리를 '그리스도와 함께' 살려주셨고 또한 '그리스도와 함께' 하늘에 앉게 해주셨다는 사실을 강조함으로써, 성도는 그리스도와 온전히 연합되었다는 사실을 일깨워주었다. 그런 맥락에서 바울은 다른 편지에서는 성도가 '그리스도와 함께' 십자가에 못 박혔고(갈 2:20), '그리스도와 함께' 장사되었다고 썼다(롬 6:5).

그리하여 이제 여러분은 그리스도를 믿는 믿음을 통해서 하나님의 은혜로 구원을 받았습니다. 그러므로 구원은 결코 여러분에게서 비롯된 것이 아니라 오직 하나님께서 베푸신 선물입니다. 여러분의 행위로 구원받은 것이 아니므로 아무도 자신의 구원을 뽐내며 자랑해선 안 됩니다. 우리는 선한 일을 하도록 그리스도 예수 안에서 지음받은 하나님의 작품입니다. 진실로 하나님께서는 우리가 그렇게 선한 일을 하며 살아가도록 오래전에 이미 예정해두셨습니다.

바울은 믿는 자들에게 주어진 구원에 관하여, 그것은 믿는 자들의 어떤 행위나 공로에 근거한 것이 아니라 전적으로 하나님의 은혜에 기초하여 그저 주어진 선물임을 강조한다. 여기서 한 가지 의문이 든다. 왜 하나님은 그런 구원의 선물을 모든 이들에게 주시지 않고 일부 믿는 자들에게만 주신 것일까?

그것은 오직 하나님만이 아시고, 또한 하나님의 절대주권에 속하는 구원의 비밀이다. 단지 구원의 대상일 뿐인 사람으로선 접근 불가능한 신비의 영역이다. 그러므로 바울은 여기서 구원이 다만 하나님의 은혜와 우리의 믿음에 기초한 '하나님의 선물'이라는 점을 가르쳐줄 뿐이다.

그리스도 안에서 유대인과 이방인이 하나가 됨 (2:11-22)

그러므로 형제들이여, 한번 기억해 보십시오. 이전에 여러분은 이방인들로서 손으로 자기 몸의 포피를 자른 이른바 '할례받은 자들'에게서 '할례받지 않은 자들'이라고 불리며 멸시를 받았던 자들이었습니다. 그때에 여러분은 그리스도를 전혀 몰랐고, 이스라엘 공동체에서 제외되어 하나님의 언약들과는 아무런 상관없는 이방인들로서, 그야말로 아무런 소망도 없이 하나님도 모른 채 살았습니다. 그처럼 지난날의 그때에는 하나님에게서 그토록 멀리 떨어져 있었던 여러분이 이제 오늘날에는 그리스도 예수 안에서 그리스도의 십자가 보혈로 하나님과 가까워졌습니다.

'손으로 육체에 행한 할례'는 무엇인가? 그것은 몸에다 행한 할례를 말한다. 유대인들은 자신들이 하나님의 백성이라는 거룩한 표식으로 자신들의 손으로 몸의 포피를 베어내는 할례 의식을 자랑스럽게 행했다. 그러고는 이방인들을 향해 하나님께 버림받은 백성이라는 경멸의 뜻으로 '할례받지 않은 무리'라고 불렀다.

하지만 유대인들은 착각하고 있었다. 하나님께서 자신의 백성에게 진정 원하신 것은 손으로 몸에다 행하는 '몸의 할례'가 아니라 성령으로 심령에 행하는 '마음의 할례'였다.

'마음의 할례'란 타락하고 거짓된 옛것의 포피를 베어내는 할례의 근본정신을 충실히 살려, 하나님의 언약 백성으로서 하나님의 말씀을 마음에 깊이 새겨 성령님의 인도하심에 따라 하나님의 백성답게 거룩한 삶을 살아가는 것을 의미한다.

여러분, 그리스도는 우리의 화평이십니다. 그분은 유대인과 이방인을 나누었던 장벽, 곧 서로 적대감으로 원수 되어 갈라지게 했던 그 거대한 장벽을 자신의 몸을 십자가에 온전히 희생시켜 완전히 허물어뜨리셨습니다. 즉, 그리스도는 자신의 죽음을 통해 계명과 규례로 이루어진 율법을 폐하신 것입니다. 그처럼 십자가 죽음으로써 율법을 폐하신 목적은, 그리스도께서 자기 안에서 그들 둘, 곧 유대인과 이방인의 장벽을 허문 다음에 하나의 새 사람으로 만들어서 화평을 이루어내는 데에 있었습니다. 곧 십자가 희생을 통해 유대인과 이방인 간에 원수 된 것을 없애버리시고, 그들 둘을 한 몸으로 만드셔서 하나님과 화해시키셨던 것입니다.

예수 그리스도의 삶은 율법의 요구를 온전히 충족시켜 구약의 율법을 완성하셨다(마 5:17-18). 동시에 그리스도의 죽음은 율법을 폐지시켰다. 즉, 율법이 하나님께 나아가는 데 더는 걸림돌이 되지 못하게 하셨다. 대신에 그리스도는 율법을 '믿음'으로 대체시켰다.

그러나 그리스도께서 십자가 죽음으로 율법을 폐지시켰다는 말은, 율법을 통한 구원의 방식이나 율법의 형식적이고 문자적인 얽매임을 폐지시켰다는 뜻이지, 율법의 정신까지 폐지시켰다는 말은 아니다. 율법 속에 깃든 참된 정신은 복음으로 승화되어 계승되었다. 여하튼, 율법이 그리스도의 십자가로 말미암아 폐지되었으므로 율법에 의해 갈라졌던 두 무리, 곧 유대인과 이방인 간의 장벽도 무너졌으므로 마침내 둘은 그리스도 안에서 하나가 되었다. 바울은 이런 사상을 계속해서 전한다.

> 그리스도께서는 이 땅에 오셔서 하나님과 멀리 떨어져 있던 여러분 이방인에게나, 하나님 가까이에 있던 여러분 유대인에게나 다 같이 화평의 복음을 전하셨습니다. 그리하여 이제 우리는 그리스도를 통해 유대인이든지 이방인이든지 차별 없이 모두 한 성령님에 의해 아버지 하나님께로 가까이 나아갈 수 있게 되었습니다.

예수 그리스도께서 이 땅에 오셔서 전한 그 복음은 본질상 '화평'(히, 샬롬)의 성격을 띤 것으로, 인류 역사를 통해 유대인과 이방인 간에 존재하고 있었던 오랜 적대감을 소멸시키고 화평으로 하나 되게 만드는 것이었다. 따라서 그 복음을 받아들인 자는 민족과 혈통, 빈부귀천과 남녀노소의 차별 없이 그리스도 안에서 화평을 일구고 또 누려야 한다.

> 그러므로 이제 여러분은 그리스도 안에서 더 이상 낯선 나그네도 아니고 이방인도 아닙니다. 하나님의 백성과 함께하는 동료 시민이고 모두가 하나님의 가족입니다. 진실로 여러분은 사도들과 선지자들이 놓은 기초 위에 세워진 건물로서, 그 건물의 머릿돌은 바로 그리스도

예수이십니다.

참된 교회의 모퉁잇돌이 되시는 예수 그리스도

그리스도께서 사도들과 선지자들이 놓은 기초 위에 세워진 건물(교회)의 '머릿돌'이 되신다고 함은, 어떤 건축물에서의 머릿돌(모퉁잇돌)처럼 하나님께서 거하실 영적인 건축물인 교회에서 그리스도는 근본적이고 핵심적인 역할을 감당한다는 의미다(벧전 2:6). 다시 말해, 교회의 심장이요 머리는 '그리스도'란 뜻이다.

이처럼 건물의 머릿돌 되신 그리스도 안에서 건물 전체가 서로 연결되어서 주 안에서 점점 자라나 거룩한 성전으로 나날이 세워져 가고 있습니다. 오늘날 에베소에 계신 여러분도 성령님에 의해 하나님께서 거하실 거룩한 처소가 되기 위해 그리스도 안에서 함께 세워져 가고 있습니다.

하나님께서 거하실 처소는 하나님께 부르심 받은 모든 믿는 자들의 모임인 신령한 성전 곧 '교회'(헬, 에클레시아)를 가리킨다. 아직은 세상의 모든 신자들이 전부 모인 것이 아니기 때문에, 이 교회 건축은 최종 완성된 것이 아니고 지어지고 세워져 가는 중이다. 이 거룩하고 거대한 영적인 성전, 곧 하나님의 전체 교회는 그리스도의 재림 때에야 최종 완성될 것이다.

3

이방인의 사도

복음 전하다가 갇힌 나 바울은
이방인을 위한 은혜의 직분 맡아
그들에게 하나님의 계시를 전하고
그리스도의 비밀을 알립니다

앞선 글(2장)에서 바울은 인간 구원의 신비한 비밀에 관하여, 그리고 그리스도 안에서 유대인과 이방인 간에 하등 차별 없는 하나 된 거룩한 교회 공동체에 관하여 언급했다.

이제 바울은 일찍이 이방인의 사도로 부르심을 받은 뒤 하나님의 비밀스런 계시를 얻고 또 깨달음으로써 거룩한 교회의 일꾼 된 그 일에 관하여 진솔하게 간증한다. 또한 자신의 전도 대상인 이방인을 위하여 간절하게 중보기도를 하면서, 인류 구원에 관한 하나님의 위대한 섭리와 경륜에 크게 압도당하여 벅찬 감격으로 하나님께 송영을 드린다.

이방인들을 위한 바울의 사도 직분 (3:1-13)

그러므로 형제들이여, 여러분 이방인들에게 그리스도의 복음을 전하다가 감옥에 갇힌 몸이 된 나 바울, 곧 그리스도 예수의 종이 된 나 바울이 말합니다. 여러분도 이미 들어서 알고 계시겠지만, 하나님께서는 이방인 여러분을 위해 일하도록 나에게 특별히 '사도'라는 은혜의 직분을 부여해 주셨습니다. 내가 전에도 간략하게 썼습니다만, 하나님께서는 계시를 통해 나에게 자신의 비밀스런 계획을 알려주셨습니다. 이 글을 읽어 보시면, 여러분은 내가 그러한 그리스도의 비밀을 어떻게 이해하고 깨달았는지 충분히 알 수 있을 것입니다.

부활하신 주님은 다마스쿠스 도상에서 바울에게 직접 나타나 '이방인의 사도'라는 은혜의 직분을 몸소 부여해 주셨고(행 9:15), 또한 그리스도의 비밀을 충분히 이해하고 깨닫도록 성령의 감화 감동을 그의 심령에 부어주셨다.

바울이 이해하고 깨달은 '그리스도의 비밀'은 이전 세대(구약시대)에는 알려지지 않았던 하나님의 특별계시로서, 곧 '복음'을 가리킨다. 복음의 핵심은, 오직 그리스도를 믿는 믿음으로써 유대인이나 이방인이나 아무런 차별 없이 구원을 받을 수 있다는 것이다. 바울은 이런 놀라운 비밀을 깨닫고 온갖 핍박과 환난에도 전혀 굴하지 않고 언제 어디서든 확신 있게 전파했다.

하나님께서는 그 놀라운 비밀을 지나간 다른 세대의 사람들에게는 알려주시지 않았지만, 지금은 성령님을 통해 사도들과 선지자들에게 밝히 드러내 보여주셨습니다. 하나님께서 알려주신 그 비밀은 이것입니다. 곧, 이방인들도 복음을 통해 그리스도 예수 안에서 이스라엘 사람들과 함께 유업을 받을 상속자가 되고, 또한 그들과 함께 한몸을 이루어 그들과 함께 하나님의 약속에 참여할 수 있다는 것입니다.

복음(헬, 유앙겔리온)이란 '기쁜 소식'이다. 그것이 기쁜 소식인 이유는 분명하다. 죄인에게 죽음이 아니라 영생을 들려주는 소식이기 때문이다. 즉, 죄로 인해 죽을 수밖에 없는 자들을 대신해서 그리스도께서 십자가에 못 박혀 죽으셨고, 이제는 누구든지 그분을 자신의 구주로 믿으면, 그로 인해 하나님께서 믿는 자들의 죄를 용서해주고, 그들을 자녀로 삼아 구원과 영생을 선물로 주신다는 소식이다.

이 같은 복음은 영원 전부터 하나님 속에 감추어졌던 '비밀의 경륜'으로, 이전의 다른 세대(구약시대)에서는 사람의 아들들(이방인들)에게 알려지지 않았다. 하지만 지금 세대(신약시대)에 이르러 성령으로 말미암아 교회의 거룩한 사도들과 선지자들에게 알려진 바 되었고, 그에 따라 사도 된 바울도 이 기쁘고 영광스러운 복음을 이방인들에게 널리 전파할 일꾼으로 부르심 받았던 것이다.

나 바울은 이처럼 기쁜 소식을 전하는 일꾼이 되었는데, 그것은 오로지 하나님의 능력의 역사하심을 통하여 나에게 주어진 하나님의 은혜의 선물로 말미암은 것입니다. 진실로 하나님께서는 모든 성도들 가운데 가장 작은 자보다 더욱 작은 나에게 이처럼 크신 은혜를 베푸셨습니다. 그리하여 지극히 크신 그리스도의 부요함을 이방인들에게 널리 전하게 하셔서, 만물을 창조하신 하나님 안에 영원 전부터 지금껏 감추어져 왔던 이 비밀스런 구원의 계획이 무엇인지를 모든 사람들에게 밝히

하나님 속에 감추어졌던 비밀의 경륜 — 인류의 구원자, 예수 그리스도

드러내게 하셨습니다.

영원 전부터 감추어져 왔던 비밀스런 구원의 계획은 예수 그리스도의 십자가 죽음을 통한 인간 구원의 계획을 가리킨다. 따라서 믿는 자들의 구원과 영생은 아담의 타락 이후에 갑자기 부랴부랴, 허둥지둥 계획된 것이 아니라, 창세 이전부터 아주 치밀하게 계획된 하나님의 오묘한 경륜임을 알 수 있다.

> 하나님께서 그런 비밀스런 구원의 계획을 세우신 까닭은, 그리스도의 몸 된 교회를 통하여 하늘에 있는 통치자들과 권력자들에게 하나님의 무궁무진한 지혜를 나타내시려는 것입니다. 그렇습니다. 이 모든 구원 역사의 일은, 하나님께서 우리 주 예수 그리스도 안에서 세우신 비밀스럽고도 영원한 계획에 따른 것입니다. 그러므로 오늘날 우리는 그리스도를 믿음으로써 그리스도 예수 안에서 확신을 가지고 하나님께 담대히 나아갈 수 있습니다. 그러하기에 내가 여러분을 위해 고난받는다는 이유로 여러분이 낙심하는 일이 없기를 바랍니다. 사실, 복음을 위해 내가 받는 고난은 도리어 여러분에게 영광이 됩니다.

'하늘에 있는 통치자들과 권력자들(권세들)'은 곧 하늘에 있는 선한 천사들을 가리킨다. 하나님을 섬기고 그 명령에 따르는 하늘의 천사들은 인간 구원에 관한 하나님의 계획과 지혜를 간절히 알고 싶어 한다(벧전 1:12). 그래서 결국 천사들은 그리스도의 몸 된 교회를 통해 인간 구원에 관한 하나님의 무궁무진한 지혜를 알게 되는 것이다.

한편, 바울은 자신의 고난이 에베소 교회의 신자들에게 영광이 된다고 말했다. 그건 사실이다. 현재 바울은 그리스도의 복음을 전하다가 로마 옥중에 갇힌 몸이다(주후 62년경). 복음 전도자로 한창 일할 때는 밤낮으로 바빠 편지를 쓸 여유조차 없었다.

그러나 로마의 어느 셋집에 가택연금 된 바울은 시간적 여유를 충분히 가질 수 있었고, 그래서 거기서 에베소 교인들에게 이 편지(에베소서)를 쓸 수 있었다. 결과적으로 바울의 고난은 에베소 신자들로 하여금 '그리스도의 비밀' 곧 복음을 깨닫게 했고, 그로 인해 그들은 영광스러운 하늘의 소망을 간직할 수 있는 은혜가 되었다.

에베소 교회의 신자들을 위한 바울의 기도 (3:14-21)

나의 고난이 여러분에게 영광이 되는 이유로, 이제 나는 무릎을 꿇고 우리 주 예수 그리스도의 아버지께 기도를 드립니다. 정녕 아버지 하나님께서는 하늘과 땅에 있는 모든 족속들에게 이름을 부여해 주신 분입니다. 그분 아버지 하나님께서 자신의 풍성하신 영광에 따라 성령을 통하여 여러분의 속사람을 굳세게 해주시고, 오직 믿음으로 말미암아 그리스도께서 여러분의 마음속에 거하게 해주시기를 빕니다.

'속사람'은 '겉사람'과 대조되는 개념이다(고후 4:16). 겉사람은 썩어질 '육체'에 속한 사람으로, 타락하고 부패한 육신을 가리킨다. 거기에 비해 속사람은 신령한 '성령'에 속한 사람으로, 그리스도 안에서 새롭게 창조된 '새 피조물'을 가리킨다(고후 5:17). 따라서 믿는 자들은 겉사람을 십자가에 못 박고, 이제는 그리스도 안에서 속사람으로 살아가는 자들이다.

또한 그 믿음으로 말미암아 여러분이 사랑 안에 뿌리를 내리고 터를 잡아, 모든 성도들과 더불어 그리스도의 사랑이 얼마나 넓고 크고 높고 깊은지를 깨달을 수 있게 되고, 나아가 모든 지식을 뛰어넘는 그리스도의 사랑을 깨우쳐 알아 하나님의 모든 충만하심의 정도에 이르기까지 여러분이 충만하게 채워지기를 기도합니다. 진실로 우리 가운데 역사하시는

> 하나님의 크신 능력에 따라 우리가 구하거나 생각하는 것 이상으로 측량할 수 없는 놀라운 일을 행하실 수 있는 하나님, 그분 하나님께 교회 안에서와 또 예수 그리스도 안에서 영광이 대대로 이어지기를 빕니다. 아멘!

바울은 에베소 교회의 신자들이 그리스도의 사랑을 제대로 깨달아 알기를 기도했다. 측량조차 할 수 없을 정도로 광활하고 풍성한 그 사랑의 넓이, 크기, 높이, 깊이를 올바로 깨달아 알기를 기도했다. 그렇게 그리스도의 사랑을 제대로 알아가는 것이야말로 하나님께서 우리에게 원하시는 '충만함' 또는 '온전함'을 조금이라도 채워가는 일이다.

4

교회의 일치와 순결

여러분은 성령 안에서 하나입니다
한 소망, 한 몸, 한 믿음, 한 세례,
한 분 그리스도, 한 분 하나님이니,
하나 되게 하신 것을 지키십시오

바울이 쓴 여러 편지들을 살펴보면 한 가지 뚜렷한 공통점이 있다. 그것은 편지의 전반부에는 주로 신학적이고 교리적인 면을 서술하고 있고, 후반부에는 그런 신학적이고 교리적인 사상에 근거하여 "그렇다면 믿는 자들은 어떻게 살아가야 마땅한가?"라는 실천적인 면을 서술하고 있다는 사실이다.

'에베소서' 역시 그러하다. 전반부(1-3장)에서는 '교회론'을 중심으로 하는 신학적, 교리적 교훈들을 언급했다. 하지만 이제 후반부(4-6장)에서는 그런 신학적인 교리에 바탕을 둔 실천적인 교훈들을 제시한다. 본 장에서는 교회의 생명이라 할 만큼 중요한 '하나 됨'(일치와 연합)과 '순결함'(새로운 삶)에 관해 서술한다.

그리스도 안에서 그리스도의 몸 된 교회의 연합과 일치 (4:1-16)

사랑하는 에베소 교회의 형제들이여, 그러므로 주님을 위해 일하다가

> 감옥에 갇힌 몸이 된 나 바울이 여러분에게 간곡히 권면합니다. 여러분 모두는 하나님께 부르심을 받은 사람들이니, 그 부르심에 합당한 삶을 살아가도록 하십시오. 곧, 겸손하고 온유한 사람이 되십시오. 사랑 안에서 서로를 받아들이시고 또한 많이 참으십시오. 평강의 띠를 매고서 성령께서 하나 되게 하신 것을 힘써 지키도록 하십시오.

에베소서를 쓰고 있을 때 바울은 갇힌 몸이었다. 당시 바울은 율법을 거스르고 십자가 복음을 전파했다는 이유로 극렬 유대인들에게 고소를 당하여 로마의 어느 셋집에 가택연금 된 몸으로(행 28:30), 로마 황제에게 재판받을 날을 마냥 기다리고 있는 상태였다(주후 61-63년경).

이 시기에 바울은 네 통의 편지를 썼는데 에베소서, 골로새서, 빌레몬서, 빌립보서가 그것들이다. 이처럼 바울이 로마 감옥에 갇혀 있을 때 쓴 편지들이라 하여, 이들 네 통의 편지를 '옥중서신'이라 부른다.

> 형제들이여, 모쪼록 하나가 되십시오. 여러분이 하나님께 부르심을 받았을 때 한 소망 안에서 부르심을 받은 것처럼, 여러분 모두는 몸도 하나이며 성령도 하나입니다. 그리스도도 한 분이시고, 믿음도 하나이고, 세례도 하나이며, 하나님도 한 분이시니, 그분은 곧 천지 만물의 아버지이십니다. 진실로 우리 하나님께서는 만물 위에 계시고, 만물을 통해 일하시고, 만물 안에 계시는 분입니다.

하나님께 부르심 받은 신자들은 '천국'이라는 한 소망을 가졌고, 그리스도의 몸 된 교회의 똑같은 일원이며, 한 분 성령님께 인(印)치심을 받은 자들이고, 그리스도를 믿는 믿음도 모두가 똑같다. 특히 세례도 하나인데, 세례받은 자들은 모두 한 분 그리스도의 이름으로, 같은 믿음을 고백하면서 세례를 받기 때문이다. 세례를 받는 구체적인 방식은 기독교 종파에 따라 다양할지라도 세례의 본질은 모든 신자들에게 동일하게 적용된다.

여러분, 우리 각자는 그리스도께서 나눠주신 분량에 따라 하나님의 은혜를 받았습니다. 그래서 성경에 기록되기를 "그분께서 높은 보좌로 올라가실 때 대적자들을 사로잡아 포로로 만드신 후에 자기 백성들에게 선물을 나눠주셨다"(시 68:18)라고 했습니다. 이처럼 그분께서 '올라가셨다'라고 하셨으니, 이 말은 곧 그분께서 낮은 땅으로 내려오셨다는 뜻이 아니고 무엇이겠습니까. 또한 이처럼 낮은 곳으로 내려오셨던 그분 자신께서 하늘의 가장 높은 곳으로 올라가셨으니, 그것은 그분께서 만물을 충만하게 하시려는 것입니다.

바울은 자신의 편지에서 '은혜'를 두 가지 방식으로 언급했다. 하나는, 사람에게 구원을 가져다주는 하나님의 선물로서의 은혜다(엡 2:8). 다른 하나는, 여기에서처럼(엡 4:7) 복음 사역을 위해 각 개인에게 주어진 '은사' 혹은 '능력'으로서의 은혜다. 이 같은 은사는 각 사람에

사람의 몸을 입으시고 이 땅에 내려오신 예수 그리스도

따라 분량대로 다양하게 주어진다. 그래서 베드로는 여러 가지 은혜를 받은 대로 서로 봉사하라고 권면했다(벧전 4:10).

한편, 여기서 바울이 인용한 성경구절은 승리의 찬송인 시편 68편 18절의 말씀인데, 바울은 그 시편을 그리스도에게 적용하였다. 곧 그분(그리스도)께서 자신에게 대적하는 모든 자들을 정복하신 후에 하나님의 우편 보좌에 오르셔서 자기 백성에게 은사(선물)를 나눠주신 일에 적용시켰다.

그렇습니다. 그리스도께서 성도들 각자에게 나눠주신 은사의 분량은 다양하여 어떤 사람은 사도로, 어떤 사람은 선지자로, 어떤 사람은 복음 전도자로, 또 어떤 사람은 목사와 교사로 세우셨습니다. 이렇게 하신 까닭은, 각각의 성도들을 준비시켜 하나님의 백성을 섬기는 일을 할 수 있도록 하기 위함이며, 그래서 그리스도의 몸 된 교회를 온전히 세우려는 것입니다. 그리하여 오늘날 우리 모두는 하나님의 아들 예수 그리스도를 믿는 일과 아는 일에 하나가 되고, 나아가 더욱 온전한 모습으로 성숙해져서, 마침내 그리스도의 충만하심의 경지에까지 이르게 되는 것입니다.

그리스도께서 성도들 각자에게 각자의 분량에 따라 다양한 은사를 나눠주신 목적은, 그리스도의 몸 된 교회를 온전히 세우기 위해서다. 각자 다른 은사를 받은 성도들이 이 같은 목적에 부응하려면 그리스도를 믿는 일과 아는 일에 보다 장성한 자들이 되어야 한다. 장성한 성도는 그리스도 안에서 계속 자라나는 자로서, 생각하고 행동하는 데 있어 그리스도를 보다 가깝게 닮아가는 자다.

비록 죄악에 물든 타락한 세상에 살고 있는 동안 성도는 땅 위에서 결코 완전해질 수 없지만, 하나님께서 원하시는 바는 여전히 각각의 성도가 보다 그리스도를 닮아가고, 그분을 본받아 신실하게 살아내기 위해 계속 성장해 나가는 것이다(롬 8:29). 비행기를 만든 라이트 형제는 처음으로 하늘을 날았지만, 그 후에도 계속 더욱 잘 나는 법을 배워야 했던 것처럼.

여러분, 우리가 그리스도를 닮아가는 장성한 신자들이 된다면 더는 세상 풍조에 이리저리 흔들리거나, 인간의 온갖 잘못된 가르침에 이리저리 끌려다니거나, 사람들의 기만적이고 간교한 술수에 떠밀려 다니거나 하는, 어린애 같은 유치한 수준을 훌쩍 벗어나게 될 것입니다. 그러므로 모쪼록 우리는 사랑 안에서 진리만을 말하면서 우리 삶의 모든 면에서 더욱 자라나, 마침내 머리 되시는 그리스도에게까지 다다라야 합니다. 정녕 온몸의 머리 되시는 그리스도께로부터 몸의 각 마디가 서로 연결되고 함께 결합됩니다. 그래서 몸의 각 지체가 자기가 맡은 분량대로 열심히 활동하는 가운데 그 몸이 자라나게 되고, 사랑 안에서 몸이 튼튼하게 세워지게 됩니다.

그리스도의 몸 된 교회의 연합과 일치는 그리스도께로부터 각자 부여받은 성도들의 다양한 직분과 은사를 그리스도 안에서 얼마만큼 조화롭게 통일시키느냐에 달렸다. 바울은 그렇게 통일시킬 수 있는 원동력을 '그리스도의 사랑'에 두었다.

그리스도 안에서 새 사람을 입은 성도의 새로운 삶 (4:17-32)

그러므로 형제들이여, 이제 나는 주님 안에서 여러분에게 간곡히 당부합니다. 앞으로는 더 이상 믿지 않는 이방인들이 행하는 것처럼 허망한 생각에 빠져 살아서는 안 됩니다. 그들 믿지 않는 이방인들은 캄캄한 어둠 속을 헤매면서 하나님의 생명과는 담을 쌓고 지냅니다. 그들 안에 있는 무지함 곧 하나님께 대한 무지함이 그들의 마음을 완악하게 만들기 때문입니다. 그들은 분별력을 잃어버린 채 자신을 타락한 육체의 본능에 맡겨 온갖 방탕과 욕정에 빠져 지내면서도 그런 죄악된 생활을 조금도 멈추려고 하지 않습니다.

바울은 에베소 교회의 성도들에게 그리스도 안에서의 새로운 삶에 관해 말하기 전에, 먼저 그리스도 밖에 있는 이방 불신자들의 타락한 삶에 관해 언급했다. 그들의 삶은 타락한 육체(헬, 사륵스)의 본능에 따라 살아가는 삶으로 곧 방탕과 욕정의 삶이며, 캄캄한 어둠 속을 헤매는 삶이고, 아무런 생명이 없는 헛되고 허망한 삶이다. 바울은 이어 그리스도 안에 있는 성도의 새로운 삶을 권면한다.

그러나 여러분, 예수 그리스도께서는 여러분에게 그렇게 불신자들처럼 허망하게 살아가라고 가르치지 않으셨습니다. 여러분이 참으로 예수 그리스도에 관하여 듣고, 또 그리스도 안에 있는 진리에 따라 가르침을 제대로 받았다면, 여러분은 예전의 타락한 생활 방식 곧 육체의 허망한 욕망에 따라 살아가는 썩어 없어질 옛 사람을 벗어버려야 합니다. 그리고 여러분의 마음과 영을 새롭게 하여, 하나님의 거룩한 형상에 따라 의와 진리의 거룩함으로 지으심을 받은 새 사람을 입어야 합니다.

성도는 그리스도 안에서 새롭게 지음 받은 새로운 피조물이다(고후 5:17). 그렇지만 육체를 입고 살아가는 사람으로서, 땅 위의 모든 사람에게 영향을 끼치는 죄의 유혹에 여전히 취약하다. 이처럼 육체를 입고 땅 위에서 살아간다는 것은, 우리가 성도가 되기 전부터 몸에 익숙한 타락한 옛 습관과 사고방식에 영향을 받는다는 것을 의미한다. 하지만 이제 그리스도 안에서 새롭게 변화 받은 성도는 마음속에 계신 성령님의 인도하심에 따라 살아가면 살아갈수록, 옛날의 죄악 된 습관에서 벗어나 의와 진리와 거룩함을 좇는 새 사람의 거룩한 삶을 능히 살아갈 수 있다.

> 그러므로 그리스도 안에서 새 사람을 입은 여러분은 무엇보다 주님의 말씀에 따라 "거짓을 버리고 각자 이웃에게 진실만을 말하십시오." 왜냐하면 우리 모두는 서로 한 몸의 지체들이기 때문입니다. 또한 "화를 내더라도 죄를 짓는 데까지 이르지 말고, 아무리 분한 일이 있더라도 해가 지기 전에 다 풀어버리십시오."

바울은 구약의 성경말씀을 인용하여 에베소 교회의 신자들에게 새 사람의 올바른 삶에 관해 권면하고 있다. 먼저 스가랴 8장 16절의 말씀을 인용했고, 이어 시편 4장 4절의 말씀을 인용했다.

각각 살펴보면 "그러므로 이제부터 너희가 내 앞에서 해야 할 일은 이러하다. 너희는 각자 이웃에 대해 서로 간에 진실을 말하고, 너희의 성문 법정에서 참되고 올바른 재판을 베풀도록 하여라"(슥 8:16), "너희는 화가 난다고 해서 죄를 짓지 말라. 잠자리에 들 때마다 마음을 살피고 고요히 묵상하여라"(시 4:4). 새 사람을 입은 성도답게 살아가야 할 마땅한 삶에 관한 바울의 권면은 계속 이어진다.

> 그리고 새 사람을 입은 여러분은 마귀에게 틈을 주지 마십시오. 도둑질을 해왔던 사람은 다시는 도둑질을 하지 말고 이제부터는 땀 흘려 자기 손으로 힘껏 벌이를 해서, 도리어 궁핍한 사람들에게 뭔가 나누어줄 수 있도록 하십시오. 남을 헐뜯는 나쁜 말은 입 밖에도 내지 말고 기회가 닿는 대로 다른 사람을 일으켜 세워주는 선한 말을 해서 듣는 사람들에게 은혜를 끼치도록 하십시오.

마귀(사탄)에게 틈을 준다는 것은 죄가 자신을 지배하고 다스리게끔 자신의 몸과 삶을 마귀의 유혹에 내맡기는 것을 가리킨다(롬 6:12).

마귀는 믿는 자들을 유혹하여 능히 죄를 짓게 할 수 있는 능력이 있다. 그래서 태초 에덴동산에서 인류의 시조는 사탄의 유혹에 빠져 죄를 지었다.

하지만 마귀가 유혹한다고 해서 사람이 무조건 죄에 빠지는 것은 아니다. 사람의 육체적 본능과 죄악 된 속성이 마귀의 유혹에 응답할 때 죄를 짓는다. 그래서 마귀는 항상 사람의 약점을 파고들며 유혹한다. 그러므로 성도는 마귀가 언제 어디서든 약점을 파고들며 유혹할 때, 마음속에 내주하고 계시는 성령님께 더욱 의지함으로써 당당하게 그 유혹을 물리침으로써 틈을 주지 말아야 한다. 이것 역시 하나님의 은혜를 힘입어야 할 일이다. 바울의 권면은 이어진다.

> 또한 새 사람을 입은 여러분은 하나님의 성령을 근심하게 하지 마십시오. 성령께서는 우리의 구원을 보증해 주신 참으로 고마우신 분이십니다. 모든 독설과 분노와 성내는 버릇과 말다툼과 비방하는 말을 삼가고, 모든 악의도 그것들과 함께 멀리 던져버리십시오. 그 대신에 오직 성도들 서로에게 친절하게 대하고, 서로를 불쌍히 여기며, 하나님께서 그리스도 안에서 여러분을 용서하신 것처럼 서로가 서로에게 기꺼이 먼저 용서를 베풀도록 하십시오.

하나님의 성령은 자신이 내주하고 있는 그 성도가 하나님께 불충하거나 불순종할 때 한탄하시고 근심하신다. 하나님의 말씀을 거스르는 모든 죄는, 그것이 생각으로든 행동으로든 거룩하신 성령님과 충돌하고, 또한 성도와 하나님 사이를 갈라놓기 때문에 하나님 앞에서 성도의 보증인이 되시는 성령님을 근심하게 하고 슬프게 한다.

5

빛의 자녀처럼

아내는 교회가 그리스도께 순종하듯
모든 일에 남편에게 순종하십시오
남편은 그리스도가 교회를 사랑하듯
자기 몸처럼 아내를 사랑하십시오

바울 시대인 주후 1세기의 에베소, 이 도시는 로마제국 내 아시아 도의 수도로서 그 규모가 대단히 큰 국제도시였다. 수많은 사람들이 이 도시로 몰려들었고, 사람들이 몰려든 곳에는 온갖 죄악들이 만연했다.

오늘날 에베소의 유적들이 그런 모습을 잘 보여준다. 에베소의 유적들 가운데 가장 특징적인 것이 세계 7대 불가사의 가운데 하나인 '아데미 신전'이다. 사랑의 여신이고 풍요와 생산의 여신인 아데미(아르테미스)를 섬기는 이 신전은 가로 50m, 세로 100m의 어마어마한 규모로, 사람들은 이 신전에서 여신에게 제사를 드리면서 온갖 음란한 타락과 방종을 일삼았다.

또한 아데미 신전에서 남서쪽으로 대략 1.5km 떨어진 지점에서는 경기장이 발굴되었는데, 검투사들이 사나운 맹수들과 더불어 싸운 흔적들이 여러 곳에서 발견되었다(고전 15:32). 그리고 이 경기장에서 남쪽으로 대략 1km 떨어진 지점에서는 2만 5천 명 정도를 수용할 수 있는

오늘날 에베소 유적지 (원형 경기장-야외 음악당)

대형 원형극장이 발견되었는데, 이곳은 바울이 에베소에서 전도사역를 할 때 '데메드리오 소요 사건'이 발생했던 그 장소다(행 19:23-41).

이처럼 음란한 우상을 섬긴 아데미 신전, 검투사와 맹수 간에 피 튀기는 대결이 일어난 경기장, 그리고 온갖 유희를 즐긴 대형 원형극장이 존재한 에베소에는 사람들의 육체적 본능에 따른 방종과 탐욕이 만연한 타락한 도시였다.

하지만 에베소는 복음 전도에 있어 결코 포기할 수 없는 아주 중요한 도시였다. 소아시아(오늘날 터키) 서단에 위치하는 에베소는 당시 로마에서 동방으로 가는 해로와 육로의 가교 역할을 감당하는 거점도시로서 에게해의 중심지였다.

바울은 제2차 전도여행의 귀환 길에 잠시 이곳 에베소에 들러 복음을 전했지만, 이곳 도시의 중요성을 감안하여 제3차 전도여행 때는 작심하고 이곳에 오래 머물면서 3년 가까이 복음을 전하고 말씀을 가르쳐 많은 결실을 거두었고, 그 결과 에베소 교회가 어엿하게 세워졌다(주후

56-57년경).

그런데 지금… 바울은 로마 옥중에 갇힌 신세다(주후 62년경). 에베소를 떠난 지 5년이 훌쩍 넘었다. 바울은 한시도 에베소 교회를 잊은 적이 없다. 그러던 차에 옥중의 바울을 찾아온 에바브라에게서 에베소 교회에 관한 소식을 전해 들었다. 다행이다! 감사하게도 교회는 무사했다. 고린도 교회와는 달리 신자들 간에도 별다른 갈등과 다툼이 없었다.

그런데… 아무래도 말씀과 믿음의 뿌리가 깊지 못해 세상과 마귀의 유혹에 흔들릴 가능성이 있었다. 바울은 이런 점을 염려하며 에베소 교회의 신자들을 향해 그리스도의 몸 된 교회 공동체의 연합과 일치를 강조했고, 부르심 받은 자들의 새로운 삶과 하나님의 자녀답게 빛 된 삶을 강조했다. 마치 어린 자녀를 물가에 보낸 부모처럼 바울은 노심초사 걱정하면서 애타게 호소하고 권면했다.

빛의 자녀답게 살아가라 (5:1-21)

그러므로 사랑하는 에베소 교회의 형제들이여, 여러분은 하나님의 사랑을 받는 그분의 자녀답게 사랑의 하나님을 닮은 자들이 되십시오. 또한 하나님의 독생자이신 그리스도께서 지극한 사랑으로 우리를 사랑하셔서, 우리를 위해 아버지 하나님 앞에 향기로운 예물과 제물로서 자신을 아낌없이 내어주신 것처럼, 모쪼록 여러분도 사랑의 삶을 살아가십시오.

어린 자녀가 부모님을 따라 하나씩 배우듯, 믿는 자들은 매일의 삶 속에서 하나님의 말씀과 뜻에 순종함으로써 그분의 인격과 품성을 닮아갈 수 있다. 우리가 하나님을 본받을 수 있는 가장 기본적인 길은 하나님의 가장 큰 속성이 '사랑'이니만큼(요일 4:7-8), 우리가 무얼 하든지 사랑 가운데서, 사랑으로 행하는 것이다.

여러분 가운데 온갖 음탕함이나 부도덕이나 탐욕 등은 그 이름조차 입에 담지 마십시오. 그렇게 하는 것이 성도에게 마땅하고 합당한 삶입니다. 다시 말하지만, 외설스럽고 난잡한 말이나 저속한 농담은 성도 된 여러분에게 결코 어울리지 않습니다. 도리어 여러분은 모든 일에 항상 감사하는 말을 하십시오. 여러분이 확실히 알아두어야 할 것이 있습니다. 그것은 음행하는 자나 행실이 더러운 자나 탐욕을 부리는 자는 우상숭배자나 마찬가지여서 결단코 그리스도와 하나님의 나라에 들어갈 수 없다는 사실입니다.

바울은 음탕함, 부도덕, 탐욕, 음행, 외설, 난잡하고 저속함, 더러운 행실 등을 '우상숭배자'와 관련지었다. 실제로 성(sex), 힘, 풍요 등을 주관한다고 여겨진 각종 신들을 섬기는 이교도의 우상숭배에는 그러한 온갖 타락의 행위가 수반되었다. 물론, 풍요와 사랑의 여신 아데미를 섬기는 에베소의 아데미 신전에서도 날마다 그런 음란하고 타락한 제사의식이 행해지고 있었다.

여러분은 또한 온갖 헛된 말에 속아 넘어가는 일이 없도록 주의하십시오. 그런 일로 인해 하나님의 진노가 불순종하는 사람들에게 임하는 것입니다. 그러므로 여러분은 그런 불순종의 사람들과는 아예 사귀지 마십시오. 여러분이 전에는 (사탄 안에서) 어둠이었지만, 지금은 주님 안에서 빛입니다. 그러므로 빛의 자녀답게 살아가십시오. 빛 된 자녀의 삶은 모쪼록 선하고 의롭고 진실하게 살아가는 것입니다.

어둠과 빛이 예리하게 대조되었다. '어둠'은 하나님을 모른 채 사탄(마귀)의 지배하에서 불순종의 사람으로 살아가던 죄악의 시기를 회화적 형태로 표현한 것이고, '빛'은 빛 자체이신 하나님의 자녀로서 하나님의 속성을 본받아 선과 의와 진리를 행하며 살아가는 삶을 역시 회화적 형태로 표현한 것이다.

그리고 여러분은 하나님을 기쁘시게 하는 일이 무엇인지를 부지런히 찾으십시오. 여러분은 아무런 열매 없는 어둠의 일에 절대로 참여하지 마시고, 도리어 그런 일을 책망하십시오. 하나님께 불순종하는 자들이 어둠 가운데서 은밀히 행하는 일은 차마 입에 담기에도 부끄러운 것들입니다. 그러나 어둠에 빛이 비추이게 되면, 그런 악한 행위들이 환한 데서 낱낱이 드러납니다. 진실로 그렇습니다. 빛은 모든 것을 밝혀줍니다. 그러므로 성경에 기록되기를 "잠자는 자들아, 깨어나라! 죽은 사람들 가운데서 일어나라! 그리스도께서 네게 빛을 환히 비추어주실 것이다" 하였습니다.

믿는 자들은 빛의 자녀로서 성령을 좇아 착함, 의로움, 진실함 같은 '빛의 열매'를 맺고(엡 5:9) 또한 사랑, 희락, 화평, 오래 참음, 자비, 양선, 충성, 온유, 절제 같은 '성령의 열매'를 맺는다(갈 5:22-23). 반면, 불신자들은 어둠의 자녀로서 육신의 정욕과 탐욕을 좇아 행하기 때문에 아무런 열매를 맺지 못한다. 대신에 그들은 스스로를 파멸시키는 각종 죄악의 열매를 맺을 뿐이다(롬 1:28-31; 갈 5:19-21).

한편, 여기서 바울이 인용한 성경구절은 구약의 어느 한 구절을 꼭 집어 인용한 것이 아니라 이사야 선지자가 언급한 여러 말들을 종합해서 인용한 것이다(사 9:2; 26:19; 51:17; 52:1; 60:1). 그것의 의미는, 이 땅에 '빛'으로 오신 그리스도께서 어둠(죄악) 속에서 잠자고 있던 죽은 자들에게 생명의 빛을 비추신 것을 가리킨다(요 1:9).

형제들이여, 그러므로 여러분은 어떻게 살아가야 할지를 주의 깊게 살펴, 어리석은 사람처럼 살아가지 말고 지혜로운 사람으로 살아가십시오. 부디 세월을 아껴 선용하도록 하십시오. 때가 무척 악합니다. 그러니 어리석은 자가 되지 말고, 주님의 뜻이 무엇인지 잘 분별하도록 하십시오.

때가 악하므로 세월을 아껴 신실하게 살아가고, 또한 주님의 뜻을 잘 분별하여 지혜로운 사람처럼 살아가라고 권면하면서, 바울은 성도들이 그렇게 살아갈 수 있도록 몇 가지 실제적인 지침을 구체적으로 제시한다.

술에 취해 살지 마십시오. 그 길은 방탕의 길입니다. 오직 성령으로 충만해지십시오. 시와 찬송과 거룩한 노래를 부르고, 마음속에서 우러난 노래를 주님께 불러드리십시오. 모든 일에 항상 우리 주 예수 그리스도의 이름으로 하나님 아버지께 감사를 드리십시오. 또한 그리스도를 경외하는 마음으로 성도들 서로 간에 순종하도록 하십시오.

악한 때를 살아가는 성도가 주님의 뜻을 분별하는 지혜로운 사람으로 살아가기 위해 바울이 몇 가지 제시한 실제적인 삶의 지침은 이러하다. 술 취하지 말 것, 성령으로 충만할 것, 진실한 마음으로 찬양할 것, 모든 일에 감사할 것, 성도들 간에 피차 순종할 것.

여기서 '성령으로 충만해진다'는 말은 온전히 성령의 통제와 영향력 하에 있는 상태를 말한다. 즉, 성령에 의해 전적으로 지배받고 지도받고 인도받는 상태를 가리킨다. 그렇게 되면 주님의 뜻에서 어긋나는 법이 결코 없다. 성령은 주님의 가장 깊은 속까지도 가장 잘 아시는 분이기 때문이다(고전 2:10).

남편과 아내, 그리스도와 교회 (5:22-33)

지금껏 바울은 어둠에서 벗어나 빛의 자녀 된 성도들의 바른 삶에 관해 이야기했다. 이제 눈을 돌려 성도의 가정 및 사회생활에 관한 올바른 지침들을 제시한다. 먼저 가정을 이루는 두 기둥인 남편과 아내에 관한 교훈을 주는데, 바울은 부부 사이의 돈독한 신의와 사랑의 이상적이고 영원한 모범으로서 그리스도와 교회와의 관계를 예시하고 있다.

> 아내들이여, 남편에게 순종하기를 주님께 순종하듯 하십시오. 그리스도께서 교회의 머리이듯 남편은 아내의 머리이기 때문입니다. 교회는 그리스도의 몸이며, 그리스도는 자기 몸인 교회의 구주이십니다. 그러므로 아내는 교회가 그리스도께 순종하듯 모든 일에 남편에게 순종해야 합니다.

하나님은 질서와 화평의 하나님이시다(고전 14:33). 그래서 하나님은 가정의 화평을 위해 남편을 아내의 머리로 세워 질서를 이루셨다. 이 같은 질서는 상하나 갑을이나 우열에 따른 것이 아니고, 어디까지나 태초 지음 받을 때 이루어졌던 창조의 순서에 따른 것이다.

그래서 아내들은 하나님의 질서에 순응하는 차원에서 자기 남편에게 순종해야 한다. 이때 남편에 대한 아내의 순종은 종속적인 굴복이 아니라, 교회가 그리스도께 그러하듯 베풀어진 희생과 사랑에 대한 자발적인 반응으로서의 순종이다. 아내에 대해 교훈한 다음, 바울은 남편에 대해서도 교훈한다.

> 남편들이여, 아내 사랑하기를 그리스도께서 교회를 사랑하셔서 교회를 위해 자신을 온전히 내어주심같이 하십시오. 그리스도께서 그렇게 하신 것은 교회를 물로 씻고 말씀으로 깨끗하게 하여 거룩하게 하기 위함이었습니다. 또한 교회로 하여금 한 점의 티나 주름이나 그와 같은 결점 없이, 거룩하고 아무 흠 없는 영광스러운 모습으로 자기 앞에 온전히 서게 하기 위함이었습니다. 이와 마찬가지로, 남편도 자기 아내를 자신의 몸인 것처럼 사랑해야 합니다. 진실로 자기 아내를 사랑하는 것은 곧 자기 자신을 사랑하는 것입니다.

물로 씻어 말씀으로 깨끗하게 하사 거룩하게 하시고

여기서 바울은 그리스도께서 교회를 물로 씻고 말씀으로 깨끗하게 하셨다고 말했는데, 그것은 회화적(繪畫的) 묘사다. 물이 우리 몸의 더러운 때를 씻어내듯, 하나님의 말씀이 교회를 더럽히는 온갖 불순물을 깨끗하게 제거하여 하나님 앞에 순전하고 거룩하게 세운다는 의미로 그렇게 말했다.

자기 몸을 미워하는 사람은 아무도 없습니다. 그리스도께서 교회를 위해 그렇게 하시듯, 누구나 자기 몸을 먹여주고 돌봐줍니다. 우리는 모두 그리스도의 몸에 딸려 있는 지체들입니다. "이러므로 남자는 자기 부모를 떠나 아내와 결합하여 둘이 한 몸이 되는 것입니다." 이 말씀에는 깊은 비밀이 담겨 있습니다. 잘 새겨들으십시오. 지금 나는 그리스도와 교회를 두고 이 말을 하고 있습니다. 그러므로 여러분은 각각 자기 아내 사랑하기를 자신의 몸을 사랑하듯 하고, 아내도 주님께 하듯 자기 남편을 존경하십시오.

바울은 창세기 2장 24절의 말씀을 인용하여 신랑 신부(남편과 아내)의 결혼을 그리스도와 교회의 관계에 비유했다. 그 까닭은, 결혼을 통해 남편과 아내가 한 몸으로 연합하듯, 그런 원리로 그리스도와 교회도 한 몸으로 연합하기 때문이다. 다시 말해 그리스도가 교회에 대하여 자신의 사랑을 나타내 보이고, 교회가 그리스도의 사랑에 반응하여 또한 진실한 사랑으로 응답할 때, 그것은 마치 결혼한 남편과 아내 사이에 존재하는 깊은 친밀함 및 한 몸 됨과 유사한 것이다.

6

하나님의 전신갑주를 입으라

진리의 허리띠에 의의 갑옷 갖추고
복음의 신발에 믿음의 방패 들고
구원의 투구에 말씀의 칼 잡고
성령 안에서 기도하며 싸워야 합니다

앞서 바울은 가정을 이루는 두 기둥인 남편과 아내를 두고서 '그리스도와 교회의 비유'를 통해 각자에게 적절한 교훈을 주었다(엡 5:22-33). 계속해서 바울은 이제 결혼으로 '한 몸'을 이룬 부부 사랑의 열매인 자녀를 두고서 부모와 자녀 사이의 올바른 관계에 대하여 언급한다. 나아가 당시의 시대 상황을 십분 반영하여, 주인과 종(노예) 사이의 올바른 관계에 대해서도 적절한 교훈을 준다.

자녀와 부모에 관하여 (6:1-4)

자녀들이여, 주님 안에서 부모에게 순종하십시오. 그것이 옳은 일입니다. "네 부모를 공경하라" 하신 말씀은 하나님의 보상 약속이 딸려 있는 첫째 계명으로서, "그리하면, 네가 만사에 잘 되고 땅에서 오랜 수명을 누릴 것이다" 하였습니다. 또 부모들이여, 여러분의 자녀를 자극하여 화나게 하지 말고, 오직 주님의 교훈과 훈계로 잘 양육하도록 하십시오.

십계명을 하나님께 대한 대신(對神) 계명(제1계명~제4계명)과 사람에 대한 대인(對人) 계명(제5계명~제10계명)으로 구분한다면, 제5계명인 '부모 공경'은 대인 계명 중 첫째 계명으로서, 그만큼 비중 높은 계명이기에 하나님은 만사형통과 오랜 수명의 복을 약속해 주셨다(신 5:16).

바울은 또 부모에게 권면하기를, 자녀를 자극하여 화나게 하지 말고 잘 양육하라고 했다. 그게 가능한 일일까? 대개 자녀를 화나게 하는 양육은 부모가 자녀의 인격이나 감정에 아랑곳없이 부모의 입장에서 무얼 요구하거나 강요할 때 생겨난다. 그래서 부모는 자신의 입장이나 바람이 아니라 오직 주님의 말씀으로 옳은 일과 그릇된 일을 잘 분별하도록 매일의 삶 속에서 자녀를 훈련시켜야 한다. 그런데 이 같은 훈련은 조급함이나 꾸중으로써가 아니라 꾸준한 사랑과 관심과 인내심과 용서 가운데서 이루어져야 한다(신 6:6-7).

종과 주인에 관하여 (6:5-9)

주인을 섬기는 종들이여, 여러분이 세상적인 주인에게 순종하기를 마치 주님께 하듯 두려움과 존경과 신실한 마음으로 하십시오. 사람을 기쁘게 하는 자들처럼 주인이 볼 때만 눈가림으로 잘 보이려고 하지 말고, 그리스도의 종답게 진실한 마음으로 하나님의 뜻을 행하십시오. 다시 말하지만, 사람에게 하듯 하지 말고, 주님을 섬기듯 온 마음을 다해 성실하게 주인을 섬겨야 합니다. 어떤 환경 아래에서도 선한 일을 하는 사람에게는, 그가 종이든 자유인이든, 주님께서 각각 그만한 보상을 해주신다는 것을 명심하십시오.

당시 로마제국에서 '종'은 대개 주인에게 예속된 '노예'였다. 그런데 여기서 바울은 노예 해방을 주장하지 않았다. 그리스도의 자유롭게 하는 복음이 주인과 종의 차별을 없애고 그리스도 안에서 한 형제가 되는 고상한 원리를 가르치고 있지만, 바울은 당시의 현실 질서를 신앙적으로 인정하고(롬 13:1), 비록 종이더라도 그리스도를 믿는 종답게 더욱 신실한 마음과 부지런한 자세로 주인을 섬길 것을 권면했다. 심지어 주님을 섬기듯 주인을 섬기라고 권면했다. 왜 그랬을까?

그렇게 하는 것이 결국엔 사람을 근본적으로 변화시켜 세월의 흐름과 함께 노예제도가 차차 사라지는 길임을 알았기 때문이다. 이처럼 바울은 제도의 급진적 개혁보다 사람의 근본적 변화에 초점을 맞추었다. 종에 이어 바울은 주인에 대해서도 권면한다.

> 종을 부리는 주인들이여, 지금 내가 종들에게 권면한 것과 같이 여러분도 그렇게 참되고 신실한 마음으로 자기 종을 대하십시오. 수하의 종들을 윽박지르지 마십시오. 그들의 진짜 주인이요 또한 여러분의 주인이신 분께서 하늘에 계신다는 사실과, 하늘에 계신 그분은 사람을 차별하지 않는다는 사실을 명심하십시오.

바울은 종들을 부리는 주인들에게 그 종들의 진짜 주인이 하늘에 계신 하나님이란 사실과 더불어, 또한 주인들 역시 하나님 앞에서는 '종'에 불과하다는 사실을 일깨워주었다. 그러면서 모든 종들과 주인들의 진짜 주인이신 하나님께서는 누구도 차별하지 않는다는 사실을 일깨워줌으로써 종을 부리는 주인의 자세가 어떠해야 마땅한지를 스스로 살펴보게 했다.

마귀의 세력과 싸워야 하는 성도의 영적 싸움 (6:10-20)

> 에베소 교회의 형제들이여, 나 바울이 이제 끝으로 당부를 드립니다. 여러분은 주님 안에서, 또한 주님의 강한 능력으로 모쪼록 담대해지십시

오. 마귀의 간사한 계략에 당당히 맞설 수 있도록 하나님의 갑주로 온몸을 무장하십시오. 우리가 진짜로 싸워야 할 대적들은 살과 피를 가진 인간들이 아닙니다. 우리의 진짜 대적들은 이 어둠의 세상을 지배하는 통치자들과 권력자들, 그리고 하늘에 있는 악한 영들입니다. 그러므로 여러분은 하나님의 갑주로 온몸을 완전히 무장하십시오. 그래야만 악한 날에 마귀의 세력에 맞서 능히 싸워 이길 수 있고, 또한 모든 일이 완성된 후에 굳건히 서 있을 수 있게 될 것입니다.

바울은 성도들이 하나님의 갑주(甲冑, 갑옷과 투구)로 전신을 무장한 채 정신을 바짝 차리고 힘써 싸워야 할 진짜 대적이 누구인지를 밝히 알려준다. 그 대적은 바로 죄악이 판치는 이 어둠의 세상을 지배하는 모든 세력인데, 바로 '마귀(사탄)의 세력'이다.

즉, 성도들은 어둠(죄악)의 마왕인 마귀와 그 마귀를 추종하는 모든 악한 세력들(악한 영들인 귀신들과 모든 불신 세력들)과 맞서 싸워야 하는 것이다. 계속해서 바울은 그런 마귀의 세력을 능히 물리칠 수 있는 하나님의 전신갑주를 소개한다. 그 무기들을 살펴보자.

그러므로 형제들이여, 이제 여러분은 굳건히 서서 진리의 허리띠로 허리를 동이고, 의의 갑옷 가슴막이로 가슴을 가리고, 발에는 복음을 널리 전할 수 있도록 평화의 신발을 신고, 또한 이 모든 것에 더하여 손에는 믿음의 방패를 들도록 하십시오. 그래서 그 방패로 악한 자가 쏘는 불화살을 막아 소멸시킬 수 있어야 합니다. 그리고 머리에는 구원의 투구를 쓰고, 무엇보다 성령의 검 곧 하나님의 말씀을 손에 꽉 쥐십시오. 어떤 경우에든지, 성령 안에서 하나님께 간구하고 기도하십시오. 이것을 위하여 항상 깨어 모든 일을 참고 견디면서 모든 성도를 위해 간구하기를 게을리하지 마십시오.

마귀(사탄) 및 그 추종자들과의 싸움이 영계에서 이루어지는 영적 싸움이듯 하나님의 전신갑주 역시 영적 차원의 무기다. 살펴보면, 허리띠 역할은 '진리'가 감당하고, 갑옷 가슴막이(호심경[護心鏡]) 역할은 '의'가 감당한다. 군화 역할은 '복음 전파'의 몫이고, 방패 역할은 '믿음'이 감당한다(이 믿음의 방패는 대적이 쏘는 모든 불화살을 능히 막아내고 소멸시킨다).

하나님의 전신갑주를 입으라!
(바울 당시 로마 군사의 전신갑주)

또한 투구 역할은 '구원'이 감당하고, 대적을 찔러 죽이는 검(칼)의 역할은 성령으로 역사하는 '하나님의 말씀'이 감당한다. 그리고 모든 경우에 다 통용되는 강력한 비밀 무기가 있는데, 그것은 곧 성령 안에서 하나님께 간구하는 '기도'다. 모든 일을 참고 견디는 인내 가운데 게으름 피우지 말고 부지런히 간구하는 기도야말로 마귀의 모든 세력을 확실히 물리칠 수 있는 치트 키(Cheat Key)이고 게임 체인저(Game Changer)다.

여러분, 또 나를 위해 기도해 주십시오. 기도하기를, 내가 입을 열 때마다 하나님께서 내 입에 말씀을 주셔서 아무 두려움 없이 복음의 비밀을 담대하게 전할 수 있게 해달라고 하십시오. 내가 그 일을 하다가 지금 쇠사슬에 매인 몸이 되었지만, 나는 어디까지나 하나님의 복음을 전하는 사신입니다. 그렇기에 내가 마땅히 해야 할 말을 두려움 없이 담대하게 선포할 수 있도록 모쪼록 나를 위해 기도해 주십시오.

바울은 에베소 교회의 성도들에게 자신을 위한 기도를 특별히 부탁했는데, 기도할 내용은 복음의 비밀을 널리 전하는 하나님의 사신(전권대사, ambassador)으로서 바울 자신이 그 사명을 다할 수 있게끔 간구해 달라는 것이었다. 죽든지 살든지, 오직 사명에 살고 사명에 죽는 위대한 복음 전도자로서의 마음자세가 잘 나타나 있다.

바울의 마지막 인사 (6:21-24)

에베소 교회의 형제 여러분, 나의 사랑하는 형제이며 주님의 신실한 일꾼인 두기고가 여러분에게로 나아가서 나의 현재 형편과 내가 하고 있는 모든 일들을 전부 알려줄 것입니다. 내가 두기고를 여러분에게 보내는 것은, 우리의 지금 형편을 여러분에게 알리려는 뜻도 있지만, 그보다는 두기고로 하여금 여러분을 격려하도록 하기 위해서입니다.

두기고는 로마에 거주하던 아시아 사람으로, 바울의 신실한 제자다. 그래서 그는 바울의 제3차 전도여행 때, 바울의 여정에 일정 부분을 동행하기도 했다(행 20:4). 바울은 그의 신실함을 충분히 인정하여 자신이 쓴 에베소서와 골로새서를 그의 손에 들려 에베소 교회와 골로새 교회에 각각 전달하도록 그를 파송하였다.

바울이 또한 두기고를 특별히 에베소 교회에 파송한 중요한 이유는 자신의 옥중 사정을 알려 에베소 교인들의 마음을 위로하고 격려하기 위해서였다. 당시 에베소 교인들은 바울의 투옥으로 인해 실의에 빠져 낙담하고 있었다. 그래서 바울은 자신이 로마에 와서 갇히게 된 연유는, 제국의 심장부인 로마에서 그리스도의 복음을 널리 전파하기 위한 오랜 계획의 실천이라는 사실을 알려 에베소 교인들을 위로하고 그들에게 용기를 심어주기를 원했다. 이제 바울은 마지막 문안인사로 편지를 마무리 짓는다.

> 하나님 아버지와 우리 주 예수 그리스도께서 믿음의 형제들에게 평강과 사랑을 내려주시기를 빕니다. 또한 우리 주 예수 그리스도를 변함없이 사랑하는 모든 사람들에게 하나님의 은혜가 항상 함께하기를 빕니다.

"사도님, 마침내 편지를 다 쓰셨군요. 수고 많으셨습니다. 그렇다면 그 편지를 누구의 손에 들려 에베소 교회에 전달하실 작정이십니까?"

에베소 교회의 성도들에게 보내는 바울의 편지가 마무리되자, 로마 옥중(셋집)을 수시로 드나들며 바울을 섬기고 있던 에바브라가 조심스레 묻는다.

"흠, 내 생각엔 두기고가 적당할 듯한데…, 그대 생각은 어떠하시오? 혹 다른 적당한 인물이라도 있소?"

"두기고라면 충분히 믿을 만합니다. 그는 로마의 모든 성도들에게 널리 인정받는 인물이지요. 참 좋은 생각이십니다."

에바브라까지 맞장구를 치자, 바울은 더는 다른 사람을 생각하지 않고 곧장 두기고를 불러 그에게 편지를 쥐어준다. 편지를 쥐어주면서, 바울은 이것저것 당부를 곁들인다.

"두기고, 에베소에 가거든, 내가 쓴 이 편지를 모든 성도들이 두루 돌아가며 읽게끔 하고, 또한 이곳의 내 사정을 좋은 말로 전하면서 그들을 위로하고 격려해 주게나. 먼 길에 수고가 참 많겠네. 자네를 위해 열심히 기도하겠네."

"사도님, 저를 믿고 맡겨주시니 감사합니다. 목숨 걸고 최선을 다해 임무를 완수하겠습니다. 아무 걱정하지 마시고, 사도님은 모쪼록 건강에 유념토록 하십시오."

두기고는 굳은 결의를 다진 채 바울의 편지를 봇짐 깊숙이 챙겨

도처의 교회들과 복음의 동역자들을 위하여 간절히 기도하는 바울

넣은 다음에 먼 길을 떠날 채비를 부지런히 서두른다. 그런 두기고를 바라보는 바울의 심정은 만감이 교차한다.

'에베소의 성도들이 내 편지를 읽고 빛의 자녀들답게 새 사람의 삶을 살아가는 계기가 된다면 그보다 좋은 일이 어디 있을까. 하나님의 전신갑주로 무장하여 어둠의 세력을 이기고 믿음의 터전 위에 굳게 서서 올바른 신앙생활을 유지해야 할 텐데…. 오, 주님, 저들을 굳게 붙잡아주시고 선한 길로 인도해 주소서!'

로마 옥중의 밤은 깊어만 가는데, 멀리 떨어져 있는 양떼를 향한 바울의 애타는 묵상기도는 끝날 줄 모른다.

빌립보서

주 안에서 항상 기뻐하라

피땀 흘리지 않고 보람을 알랴
나를 낮추지 않고는 희생 모르고
겸손의 발치에 닿을 수도 없네
사람 사는 일 어디서나 똑같네

어디엔들 시련 없고 다툼 없으랴
교회도 세상 영광과 이익 좇네
혼자 잘났다고 으스대니 슬프구나
바울은 주 앞에 무릎 꿇네

그리스도의 마음 품어야 하네
높고 높은 하늘 보좌를 떠나
십자가에 매달리기까지 낮아지신
그 겸손을 우리는 배워야 하네

그리스도의 지식 가져야 하네
다른 것은 헛되고 헛된 것
그리스도의 기쁨과 평강 누리며
기쁨과 감사 기도 드려야 하네

1

문안인사와 바울의 간증

내가 간절히 기대하는 소망은
살든 죽든 내 몸을 통하여
그리스도의 복음이 널리 전파되고
그리스도께서 영광받는 것입니다

서막

"아니, 이게 다 무엇이오?"

때는 주후 63년경, 장소는 바울이 로마 황제(가이사)에게 재판을 받기 위해 피의자 신분으로 가택연금 된 상태에서 2년 동안을 줄곧 대기하고 있던 로마 근교의 한 허름한 셋집, 하루는 로마 옥중의 바울을 방문한 빌립보 교회의 신실한 신자인 에바브로디도가 바울에게 무얼 쓱 내밀자 바울이 깜짝 놀라며 묻는 말이다.

"별거 아닙니다. 빌립보 교인들이 십시일반 거둔 헌금인데, 저를 통해 옥중의 사도님에게 전달하는 것입니다. 힘든 옥중생활에 조금이나마 보탬이 될까 해서요…."

"아이고, 이러시지 않아도 됩니다. 이 몸은 아무런 부족함이 없어요. 도리어 주님의 은총 가운데 모든 데에 충족함을 누리고 있답니다. 그러니 저보다는 더 어려운 다른 지역의 교회에게 전달하심이 마땅합니다."

빌립보서의 무대

"아, 아닙니다, 사도님! 저희 교인들이 사도님께 대한 감사와 사랑으로 기꺼이 모금한 작은 정성이니만큼, 부디 사양치 마시고 기쁘게 받아주시면 고맙겠습니다. 그래야 사도님께로부터 복음을 빚진 저희 교회도 조금이나마 마음이 편할 것 같습니다. 그러니…."

"허허, 정 그러시다면… 감사한 마음으로 받아들이도록 하겠습니다. 이리 고마울 수가…. 빌립보 형제들의 정성이 참으로 갸륵하군요."

빌립보 교인들의 갸륵한 정성의 손길을 끝내 물리치지 못해 바울은 감사한 마음으로 에바브로디도 편에 전달된 그들의 헌금을 받아들인다. 이후 에바브로디도는 곧장 빌립보로 돌아가지 않고, 바울이 연금된 셋집 근방에 계속 머물면서 옥중의 바울을 정성껏 섬기고 돌본다.

빌립보! 그리스(헬라) 북방인 마케도니아 지역에서 제일 큰 도시였던 빌립보는 로마와 아시아를 잇는 주요 군사도로인 에그나티아 가도에 위치했다. 이처럼 빌립보는 동서를 연결하는 요충지의 도시였기에 선교 전략상 매우 중요했다.

오늘날의 빌립보 유적지 (현재 지명 – 필리피[Philippi])

사도 바울은 제1차 전도여행 때에는 아시아 지역에서만 복음 사역을 했지만, 제2차 전도여행 때에 드로아 지역에서 환상을 통해 성령의 지시를 받고는 곧장 에게해(소아시아와 그리스 반도 사이에 있는 바다)를 건너 유럽 지역으로 건너갔다. 이때 유럽 지역에서 처음 전도한 사람이 자줏빛 옷감 장사를 하던 '루디아'였고, 그녀의 가정집을 거점으로 삼아 유럽 지역에 처음으로 세운 교회가 '빌립보 교회'였다(주후 51년경).

빌립보 교회는 개척 이래 크게 성장하였다. 갈라디아 지역의 교회들처럼 율법주의자들로 인한 소동이나 고린도 교회처럼 이교주의로 인한 갈등과 분란도 없었다. 오직 사랑과 믿음 가운데서 하나님을 신실하게 섬기며 성도들 상호 간에 친밀한 교제가 있는 건실한 교회였다.

그런 빌립보 교회가 자신들에게 복음을 전해준 믿음의 아버지 사도 바울이 로마 옥에 갇혔다는 소식을 듣고, 온 교인들이 정성을 다해 헌금하여 신뢰하는 에바브로디도 편에 전달한 것이다. 이때 헌금을 전해준 에바브로디도는 계속 바울 곁에 머물면서 자신의 몸을 돌보지 않고 바울을 지극 정성으로 보살핀 나머지, 중병에 걸려 죽을 지경에 처할 정도였다. 이 소식을 전해 들은 빌립보 교인들은 자신들의 선한 일이 도리어 바울에게 누(累)가 된 것에 대해 크게 미안한 마음을 가졌다. 머잖아 바울이 그런 소식을 접했다.

'아니, 빌립보 교인들이 내게 미안해할 일이 뭐가 있단 말인가. 에바브로디도는 그동안 내게 얼마나 큰 위안과 기쁨을 주었던가! 안 되겠다, 그들에게 편지를 써 보내어 나의 진솔한 심경을 전해야겠구나. 에바브로디도 편에 편지를 보내, 빌립보 교회의 형제들을 위로하고 격려해야겠다.'

바울은 마침내 펜을 들어 글을 쓰기 시작한다. 그 편지가 바로 '빌립보서'다. 바울의 옥중 신앙고백이 담겨 있는 빌립보서는 '기쁨'이란 단어가 16회 이상 강조되어 나타나는 '기쁨의 서신'이고, 바울과 빌립보 교회 사이에 맺어진 친밀한 교제와 헌신적인 봉사의 내용이 담겨 있는 '사랑과 친교의 서신'이다.

빌립보서는 바울이 로마 옥중에 있을 때(주후 61-63년경) 쓴 에베소서, 골로새서, 빌레몬서 등과 함께 '4대 옥중서신' 가운데 하나다. 그런데 에베소서가 '교회란 무엇인가'를 중점적으로 논한 교회론(教會論) 서신이고, 골로새서가 '그리스도란 누구인가'를 중점적으로 논한 기독론(基督論) 서신이라면, 빌립보서는 교리적 색채를 탈피한 바울의 개인적인 서신으로, 성도의 성숙한 삶의 원리를 제시한 실천론(實踐論) 서신이다. 바울은 본 서신을 통해 미숙을 성숙으로, 분열을 일치로, 고난을 기쁨으로 승화시킬 수 있는 위대한 능력의 비결을 확신 있게 전하고 있다.

빌립보 교회의 성도들을 향한 사도 바울의 문안인사 (1:1-2)

그리스도 예수의 종인 나 바울과 디모데는 그리스도 예수 안에 있는 빌립보의 모든 성도들과 감독들과 집사들에게 이 편지를 씁니다. 우리 아버지 하나님과 주 예수 그리스도께서 내려주시는 은혜와 평강이 여러분 모두에게 항상 함께 있기를 빕니다.

바울의 문안인사에서 초대교회의 기본적인 교회 직분을 알 수 있다. 평신도에 해당하는 성도(헬, 하기오스)는 '거룩한 자'란 뜻으로 그리스도를 믿는 일반 신자를 가리킨다. 감독(헬, 에피스코포스)은 신자들을 가르치고 양육하며 주관할 책임을 맡은 목사나 장로 같은 교회 사역자(교역자)를 가리키고, 집사(헬, 디아코노스)는 구제나 봉사 등 실제적인 측면에서 성도들을 위하고 교회를 섬기는 직분자를 가리킨다.

빌립보 교회의 성도들을 위한 바울의 기도 (1:3-11)

나 바울은 여러분을 생각할 때마다 나의 하나님께 감사를 드립니다. 또 여러분 모두를 위해 기도할 때마다 항상 큰 기쁨으로 간구합니다. 여러분이 그리스도의 복음을 처음 듣던 그날부터 오늘에 이르기까지, 여러분은 복음을 전하는 일에 나의 좋은 동반자 역할을 해주었기 때문입니다. 여러분 가운데 선한 일을 시작하신 하나님께서 그리스도 예수의 날까지 그 일을 온전히 이루어주실 것을 나는 확신합니다.

하나님께서 온전히 이루어주실 그 일은 믿는 자들 안에 내주하고 계신 성령으로 말미암아 그들을 온전히 구원하시는 일이다. 우리가 예수 그리스도를 믿고 그분을 구주로 영접했을 때 우리는 이미 구원받았다. 하지만 구원의 온전한 완성은 '그리스도 예수의 날' 곧 그리스도의 재림 때에 이루어진다.

내가 여러분 모두에 대해 그런 구원의 생각을 갖는 것은, 내가 내 마음속 깊은 곳에 여러분을 항상 품고 있기에 너무나 당연한 것입니다. 내가 갇혀 있을 때나 복음을 변호하고 증언할 때나 여러분은 언제나 나와 함께 하나님의 은혜를 나누었습니다. 내가 그리스도 예수의 심장으로 얼마나 여러분을 그리워하고 사모하는지는 하나님께서 내 증인이십니다.

예수 그리스도의 심장으로 너희를 사모하노라

심장(헬, 스플랑크나)은 '내장(內臟)'이란 뜻으로, 가슴속 깊은 곳에서 우러나오는 뜨거운 애정을 가리키는 말이다.

지금 내가 여러분을 위해 기도하는 것은, 여러분의 사랑이 모든 지식과 깊은 통찰력 속에서 더욱더 풍성해져서 여러분 모두가 무엇이 최선의 것인지를 스스로 잘 분별할 줄 알게 되는 것입니다. 그래서 그리스도 예수의 재림의 그날까지 한 점 흠 없이 순결하게 지냄으로써 여러분의 삶이 예수 그리스도로 말미암는 각양 의의 열매로 가득 채워져서 하나님께 영광과 찬양을 돌릴 수 있기를 바랍니다.

'의의 열매'는 주님께 의롭다고 칭함 받은 성도답게 실제적인 성화의 삶 속에서 자연스럽게 나타나는 '성령의 열매'(갈 5:22-23)와 '빛의 열매'(엡 5:9)를 가리킨다. 바울은 빌립보 교회의 성도들이 그런 열매 있는 삶을 살아가기를 기도했다.

복음을 위해 고난당한 바울 (1:12-30)

빌립보 교회의 형제들이여, 내게 닥친 여러 역경과 고난이 도리어 복음을 더욱 널리 전파하는 데 큰 도움이 되었다는 사실을 알아주시기 바랍니다. 그리스도 예수의 일로 내가 감옥에 갇혀 있다는 소문이 경비대 전체와 그 밖의 모든 사람들에게 널리 알려졌습니다. 이처럼 내가 감옥에 갇혀 있는 일 때문에 주님 안에 있는 많은 믿음의 형제들이 더욱 용기를 내어 우리 주님을 신뢰하는 가운데 한층 담대하고 두려움 없이 하나님의 말씀을 널리 전하게 되었습니다.

그렇다. 바울에게 닥친 환난이 도리어 복음 전파에 도움이 되고 진전이 되었다. 극렬 유대인들에게 고소를 당해 로마 감옥에 갇힌 몸이 되었지만, 그 일로 인해 바울은 도리어 제국의 심장부인 로마시(市)에서 로마 시민들과 로마 황제에게 복음을 전할 수 있게 되었던 것이다. 이처럼 때로는 부드럽게 부는 순풍보다 강렬하게 몰아치는 태풍이 배를 더욱 항구에 빨리 닿게 만들기도 한다.

가만히 살펴보면, 어떤 이들은 시기와 다툼에서 그리스도를 전파하고 또 어떤 이들은 좋은 뜻으로 그렇게 합니다. 좋은 뜻으로 그리스도를 전파하는 사람들은 주님께서 나를 이곳으로 보내신 것이 복음을 변호하기 위해서라는 사실을 깨닫고 사랑으로 그리스도를 전파합니다. 그러나 시기와 다툼으로 복음을 전파하는 사람들은 내가 감옥에 갇혀있는 동안 나에게 괴로움을 더하게 하려는 이기적이고 불순한 동기에서 그리스도를 전파합니다. 하지만 문제 될 것이 무엇입니까? 그릇된 동기에서 하든, 아니면 좋은 동기에서 하든, 중요한 것은 결국 그리스도의 복음이 사람들에게 전파되고 있다는 사실이 아닙니까! 그러므로 나는 그런 사실로 인하여 진심으로 기뻐하고 앞으로도 계속 기뻐할 것입니다.

바울의 말대로, 어떤 사람들은 시기와 다툼에서 그리스도를 전파했다. 그런 자들은 교회 내에서 바울파와는 다른 파당에 속한 자들로(고전 1:12), 사도 바울의 혁혁한 전도사역에 대해 시기심을 품은 자들이었다. 그들은 바울의 투옥을 기회 삼아 자신들의 존재를 드러내고 싶어 했다.

이 같은 잘못된 동기에서, 그들은 자신들의 열성적인 선교가 바울보다 낫다는 것을 드러내려고 적극적으로 복음을 전했다. 그렇게 하면, 옥중에 갇힌 바울이 조바심을 느껴 무척 괴로워할 줄 알았다. 하지만 정반대였다. 무슨 동기와 방도로 전파하든, 바울은 그리스도의 복음이 전파되는 그 사실 자체만으로 기뻐했다.

이처럼 바울은 순수하지 못한 동기로 복음을 전하는 자들에 대해서도 너그러운 태도를 보였다. 그들의 마음은 순수하지 못했지만, 그럼에도 불구하고 그들이 전한 것은 '그리스도'였기 때문이다. 전도사역에서 바울이 정말로 중요하게 생각한 것은, 전파하는 사람이 누구냐 하는 것이 아니고, 전파된 것이 그리스도냐 하는 점이었다. 이런 관점에서 바울은 그가 누구이든 거짓 복음을 전하는 자들에 대해서는 절대로 묵과하지 않았다.

> 여러분이 나를 위해 기도해주고 또한 성령께서 나를 도와주고 계시므로, 내가 겪는 이 모든 고난들이 결국엔 나의 구원을 온전히 이루는 데 큰 도움이 될 것이란 사실을 압니다. 그러므로 내가 간절히 기대하고 소망하는 바는 내가 어떠한 경우에도 부끄러움 당할 만한 일을 하지 않고, 예전과 같이 언제나 담대한 마음으로 내가 살든지 죽든지 내 몸을 통해서 오직 그리스도께서 영광을 받게 되는 것입니다. 그런 까닭은, 내게 있어서 사는 것이 그리스도이시니, 내가 그리스도를 위해 죽는 것도 또한 유익하기 때문입니다.

로마 황제 앞에서 이루어지는 본 재판을 앞둔 바울, 그는 자신을 고소한 극렬 유대인들의 여러 거짓 진술과 조작된 증거들이 인정을 받아, 만일 자신이 법정에서 유죄 판결을 받아 처형을 당한다고 해도, 그것이 그리스도를 위해 유익이 된다고 생각했다. 그리스도의 영광을 위해 기꺼이 죽음을 각오하고 있는 노사도의 결연한 자세를 보여주고 있다.

그렇지만 여러분, 내가 죽지 않고 육신을 입고 계속 살아가는 것이 나에게 수고의 결실을 가져다주는 보람된 일이라면, 내가 죽은 것과 사는 것 중에서 과연 어느 쪽을 선택해야 할지 잘 모르겠습니다. 진실로 나는 죽음과 삶의 둘 사이에 끼어 있습니다. 사실, 내 입장만 생각하면 내가 이 세상을 떠나 그리스도와 함께 사는 것이 훨씬 나을 것입니다. 그러나 여러분의 입장에서 생각하면 내가 육신을 입고 계속 이 세상에 머무는 것이 더 필요할 것입니다. 그것을 확신하기에, 나는 세상에 더 남아서 여러분의 믿음의 발전과 기쁨을 위해 여러분과 더불어 계속 일해야 할 것입니다. 그리하여 내가 얽매임에서 풀려나 다시 여러분을 방문하게 될 때, 그리스도 예수 안에 있는 여러분의 기쁨과 자랑거리가 나로 인해 흘러넘쳐나기를 빕니다.

확고한 부활 신앙을 가진 바울은 죽는 것을 전혀 두려워하지 않았다. 오히려 고난과 핍박의 연속인 현세의 삶보다 이 세상을 떠나 그리스도와 함께 있는 천국의 삶을 더 원했다.

그럴지라도 바울은 주님께 받은 자신의 사명이 무엇인지를 잘 알고 있었다. 이방인의 사도가 된 사명자로서 거짓 복음이 난무한 그 당시에 그리스도의 순수한 십자가 복음을 더욱 많은 이방인들에게 더욱 널리 더욱 깊이 전하는 것이었다(갈 2:8). 그 사실을 생각할 때, 바울이 죽지 않고 살아서 복음 전도자의 길을 계속 걷는 것이 빌립보 교회뿐만 아니라 전체 교회를 위해서도 훨씬 유익했다.

형제들이여, 여러분이 무슨 일을 겪든지 오직 그리스도의 복음에 합당하게 처신하십시오. 내가 여러분을 만나러 가든, 혹은 여러분을 떠나서 여러분에 관한 소식만 듣게 되든, 여러분은 하나의 성령으로 굳게 서서 복음의 신앙을 위해 한 사람처럼 매진하십시오. 여러분을 박해하는 자들이 어떤 짓을 하든지 조금도 겁내지 마십시오. 그런 박해가 있다는 것은, 박해를 가하는 자들에게는 자신들이 머잖아 멸망하게 될 것이라는 징조이고, 반대로 박해를 받는 여러분에게는 하나님에 의해 구원받게 될 것이라는 징조가 확실하기 때문입니다.

제2차 전도여행 중 바울과 실라가 빌립보에 처음 이르러 복음을 전했을 때, 그들은 복음을 전한다는 이유로 무고하게 매를 맞고 옥에 갇혔다(주후 51년경, 행 16:19-24). 그때로부터 대략 12년의 세월이 흘렀지만, 빌립보 교회의 신자들은 여전히 불신자들과 극렬 유대인들로부터 박해를 당하고 있을 가능성이 매우 높았다. 그래서 바울은 그리스도의 복음 때문에 박해를 받고 있을 빌립보 교회의 신자들을 생각하면서 그들에게 위로와 격려의 메시지를 보낸 것이다.

하나님께서는 그리스도 안에서 여러분에게 큰신 은혜를 베푸셨는데, 그것은 여러분이 그리스도를 믿는 것뿐만 아니라 그리스도를 위해 고난도 받게 하려는 것입니다. 그러므로 지금 여러분은 내가 받고 있는 고난과 똑같은 고난을 당하고 있습니다. 여러분은 지금껏 내가 복음을 전하다가 고난당한 것을 보았고, 지금도 내가 여전히 고난당하고 있다는 소식을 듣고 있습니다.

바울은 성도의 믿음이 하나님의 은혜인 것처럼 성도에게 닥치는 고난도 하나님의 은혜라는 사실을 일깨워준다. 그리고 그런 사실을 입증하는 실제적인 예로서 바울 자신이 지금 로마 옥중에 갇혀 고난당하고 있다는 점을 제시한다.

2

그리스도의 겸손

비뚤어지고 뒤틀린 세대에
불평이나 다툼 없이 살아가며
순결한 하나님의 자녀 되어
별처럼 세상에 빛을 비추십시오

그리스도의 겸손을 본받으라 (2:1-11)

사랑하는 형제들이여, 여러분이 그리스도 안에서 무슨 격려나 무슨 사랑의 위로나 무슨 성령의 교제나 무슨 자비나 무슨 긍휼을 베풀려거든, 한마음과 한뜻으로 같은 사랑을 가지고 하나가 되어 행함으로써 내 기쁨이 넘치게 해주십시오. 무슨 일을 하든지 다툼이나 허영으로 하지 말고, 오직 겸손한 마음으로 자기보다 다른 사람을 더 낫게 여기십시오. 또한 각자 자기 일만 돌보지 말고 다른 사람의 일도 관심을 갖고 돌봐주십시오.

바울은 빌립보 교회의 신자들을 향해 일치와 연합을 호소했다. 사랑으로 한마음과 한뜻을 품고 겸손으로 주님을 섬기고 교회에 충성하며 형제를 돌볼 것을 권면했다. 그러면서 성도의 일치와 연합을 방해하는 주요 요인으로 다툼과 허영을 지적했다. 이는 이기적인 고집이나 자기를 내세우고자 하는 허풍과 같은 것으로, 겸손과는 거리가 멀었다. 그래서 바울은 진정한 겸손을 나타내 보이신 분을 소개하면서 그분을 본받을 것을 권면한다.

무엇보다 여러분은 그리스도 예수께서 여러분에게 보여주신 자세를 본받도록 하시고, 그분의 마음을 품도록 하십시오. 그리스도께서는 본래 하나님과 똑같은 분이면서도 하나님과 똑같은 자리에 있지 않으시고, 도리어 자신을 온전히 비운 후에 종의 모습을 취하셔서 우리와 똑같은 사람이 되셨습니다. 이처럼 사람의 모습으로 이 땅에 오신 그리스도께서는 자기를 온전히 낮추셔서 십자가에 달려 죽으시기까지 아버지 하나님께 순종하셨습니다.

바울은 겸손의 최고, 최선의 모범으로 예수 그리스도의 사례를 제시한다. 예수님은 본질상 '성자(聖子) 하나님'이시다. 그래서 이 땅에 내려오시기 전에 예수님은 아버지 하나님과 완전한 동등됨의 영광을 누리셨다(요 17:24). 또한 이 땅에 사람의 모습으로 성육신하셨을 때조차도 예수님의 본성은 변함없이 그대로 하나님이셨다(요 5:18).

하지만 성육신하신 사람으로서 인류의 모든 죄를 자기 몸에 온전히 다 짊어지기 위해 예수님은 하나님으로서의 권세와 영광을 기꺼이 전부 내려놓으시고, 심지어 십자가에 매달려 죽으시기까지 자신을 낮추셨다. 이처럼 하늘의 영광스러운 하나님께서 땅의 비천한 사람이 되고, 나아가 사람으로서 최악의 수치와 형벌인 '십자가'를 지셨다는 것, 그 이상의 자기 낮춤과 겸손이 어디에 있으랴!

그리스도께서 십자가에 매달려 죽으시기까지 자신을 낮추어 순종하셨으므로, 아버지 하나님께서는 그리스도를 가장 높은 자리에 올려주시고, 그에게 모든 이름들 위에 뛰어난 이름을 주셨습니다. 그리하여 하늘에서나 땅 위에서나 땅 아래에 있는 모든 만물이 예수 그리스도의 이름

죽기까지 복종하신 예수 그리스도

앞에 무릎을 꿇고, 다 함께 입을 모아 예수 그리스도가 주님이심을 고백하게 하심으로써 아버지 하나님께 영광을 돌리게 하셨습니다.

바울은 극히 높아진 예수 그리스도의 이름 앞에 무릎을 꿇을 대상으로 하늘에 있는 영적 피조물(천사들)과 땅 위에 있는 자들(산 사람들)은 물론, 땅 아래 있는 자들(죽은 자들)까지도 포함시키고 있다. 죽은 자들은 장차 최후심판의 날에 예수 그리스도 앞에 완전히 굴복하게 될 것이다.

하나님의 자녀다운 삶 (2:12-18)

사랑하는 나의 형제들이여, 여러분이 항상 주님께 순종해 왔듯이 내가 여러분과 함께 있을 때뿐만 아니라 내가 없을 때에도 더욱더 주님께 순종함으로써 두렵고 떨리는 마음으로 여러분의 구원을 계속 이루어가도록 하십시오. 하나님께서는 여러분 안에서 활동하셔서 자신의 기쁘신 뜻에 따라 여러분으로 하여금 결정하게 하시고 또 실천하게 하시는 분이십니다.

'여러분의 구원을 계속 이루어가라'는 말은 사람의 노력으로 구원을 획득하라는 말이 아니다. 구원은 '오직 믿음으로' 얻는 것인데(롬 5:1), 예수 그리스도를 믿고 그분을 자신의 구주로 영접할 때 사람의 구원은 성령으로 이미 확증되었다(롬 8:16). 이런 전제하에서, 바울의 이 권면은 두 가지로 해석될 수 있다.

하나는, 개인적인 차원에서 구원받은 자답게 매일의 삶 속에서 그 증거를 나타내라는 뜻이다. 다른 하나는, 공동체적인 차원에서 구원받은 자들 곧 성도들끼리 서로 도와 교회를 올바로 세우고 교회의 영적 상태를 보다 개선시키라는 말이다. 바울은 계속 권면한다.

> 무슨 일을 하든지, 원망이나 다툼 없이 행하도록 하십시오. 그리하면 여러분은 비뚤어지고 뒤틀린 세대 속에서 흠 없고 순결한 하나님의 자녀가 되어 하늘에 빛나는 별처럼 세상에 빛을 발하게 될 것입니다. 또한 생명의 말씀을 굳게 붙잡도록 하십시오. 그러면 내가 복음을 위해 애써 달려온 것과 여러분을 위해 힘써 수고한 것이 헛되지 아니하여, 그리스도께서 다시 오실 그때에 내가 여러분으로 인해 정말 자랑스러워하게 될 것입니다.

바울은 빌립보 신자들을 향해 무슨 일을 하든지 '원망'이나 '다툼' 없이 행할 것을 권면했다. 이는 당시 교회 내에 어느 정도 그런 불미스러운 일이 있었음을 암시한다. 원망은 '마음속에 품는 악한 생각'을 뜻하는 말로, 예를 들면 구약시대에 출애굽한 이스라엘 백성이 하나님의 은혜를 망각한 채 광야에서 수시로 모세에게 불평을 터뜨린 일과 같은 것이다(출 16:8). 그리고 다툼은 '알력, 시비, 소송'을 뜻하는 말로, 교인들 간에 무슨 알력과 시비가 있어 세상 법정에 소송을 제기하는 것을 가리킨다.

빌립보 신자들이 이 같은 원망이나 다툼 없이 생명의 말씀을 굳게 부여잡고 신앙생활을 영위하면, 어그러진 세상에서 빛을 발하는 바람직한 삶을 살게 될 터인데, 그렇게 되면 그들에게 복음을 전한 바울의 수고가 헛되지 아니하여 주님의 재림 때에 큰 자랑거리가 될 것이다.

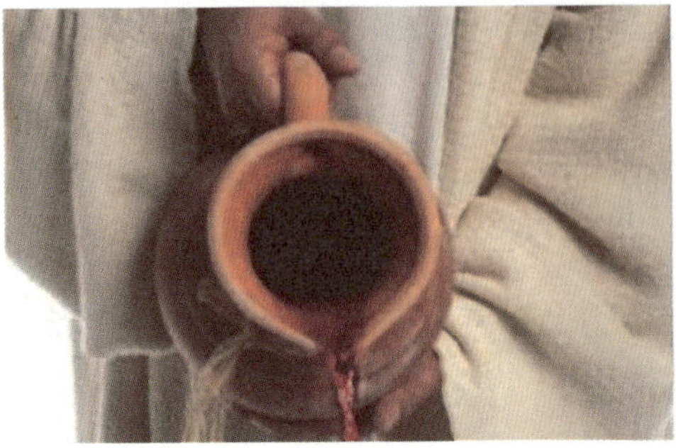

너희 믿음의 제물 위에 나를 전제로 드릴지라도 기뻐하노라

형제들이여, 여러분이 드리는 믿음의 제사 위에 설령 전제와 같이 내 생명의 피가 부어진다고 할지라도, 정녕 나는 기뻐하고 여러분 모두와 더불어 기뻐할 것입니다. 그러니 여러분도 이와 같이 기뻐하고, 나와 더불어 기뻐하십시오.

전제(奠祭)는 구약시대에 하나님께 제사를 드리는 4대 방법(번제, 요제, 거제, 전제) 가운데 하나로, 제물 위에 포도주를 부어드리는 방식을 일컫는다(출 29:40). 복음 전도자로서 바울은 포도주 대신 자기 생명의 피까지도 기쁘게 부어드릴 사명자의 자세를 가졌다.

디모데와 에바브로디도 (2:19-30)

주님께서 허락하신다면, 나는 디모데를 가까운 시일 안에 여러분에게 보내려고 합니다. 그가 다녀와서 여러분의 형편을 내게 전해주면, 내가 기운을 얻고 위로를 받을 수 있을 것입니다. 지금 나에게는 디모데만큼 여러분의 일에 진정으로 마음을 쓰는 사람도 없습니다. 모두가 자기 일에만 정신이 팔려 예수 그리스도의 일에는 관심이 없지만, 여러분도 아시다시피 디모데는 그렇지 않습니다. 그는 마치 자식이 아버지에게 하듯 내가 복음을 전하는 일에 나를 성심성의껏 도와주었습니다. 그러므로 내 형편이 파악되는 대로, 나는 디모데를 즉시 빌립보로 보낼 생각입니다. 그리고 디모데뿐 아니라 나 또한 가까운 시일 안에 여러분을 찾아갈 수 있게 될 것이라고, 주님 안에서 확신하고 있습니다.

디모데는 바울이 복음으로 힘써 양육한 그의 믿음의 아들 된 인물인데(고전 4:17), 이후 그는 바울의 복음 동역자가 되어 바울과 함께 전도여행을 다녔으며, 후일에는 에베소 교회의 목회자로 사역했다(딤전 4:12). 바울이 빌립보서를 쓸 당시에는(주후 63년경 초엽) 옥중에 갇혀 있는 바울을 성심성의껏 보필했으며, 바울의 대행자로 활동했다. 이처럼 바울에게 있어 디모데는 신실한 믿음의 아들로서 누구보다도 신뢰할 만했고 든든한 복음 동역자였다.

> 그리고 나는 내 형제이며 동역자이고 함께 그리스도의 군사 된 에바브로디도를 여러분에게 돌려보낼 필요가 있다고 생각합니다. 그는 내가 어려운 처지에 있을 때 나를 돕고 또 나의 필요를 공급해 주라고 여러분이 파송했던 여러분의 사신입니다. 지금 그는 여러분을 몹시 그리워하고 있고, 게다가 자기가 이곳 로마에서 병으로 고생했다는 소식이 여러분에게 전해진 것을 알고는 많은 걱정에 싸여 지냅니다. 사실, 그는 여기서 병치레를 하느라 거의 죽을 지경에 처하기도 했습니다. 그러나 하나님께서 그를 보살펴주셔서 이제는 회복되었는데, 이처럼 하나님께서는 그에게뿐만 아니라 나에게도 자비를 베푸셔서 슬픔 위에 또 슬픔이 겹치지 않도록 은혜를 베풀어주신 것입니다.

에바브로디도는 빌립보 교회의 지도자로, 로마 옥중의 바울을 돕기 위해 빌립보 교인들의 헌금을 바울에게로 가져온 하나님의 신실한 일꾼이었다. 이처럼 에바브로디도를 통해 바울과 빌립보 교회는 상호 친밀한 관계를 유지할 수 있었다.

그런데 그가 로마에서 위중한 병에 걸려 거의 죽을 지경에 처했고, 이 소식은 빌립보 교회와 바울에게 큰 근심이 되었다. 하지만 하나님의 긍휼로 에바브로디도가 병에서 회복되었고, 이제 그는 다시 빌립보 교회로 돌아갈 수 있게 되었다. 이 소식에 빌립보 교회가 큰 근심을 덜고 무척 기뻐한 것은 말할 필요도 없다. 그런 빌립보 교회의 기쁨을 생각하노라면, 바울 또한 근심에서 벗어나 크게 기쁠 수밖에 없었다. 바울은 이 같은 마음을 피력한다.

> 그런 이유로, 나는 서둘러 에바브로디도를 여러분에게 급히 돌려보내려 합니다. 여러분이 그를 만나 기뻐하는 모습이 눈에 보이는 듯합니다. 그렇게 함으로써, 나 역시 걱정을 한시름 덜게 될 것입니다. 그러므로 여러분은 주님 안에서 기쁜 마음으로 그를 영접해 주십시오. 그런 사람은 귀한 대접을 받아야 마땅합니다. 진실로 그는 그리스도를 위해 자기 몸을 아끼지 않고 일하다가 거의 죽을 지경에 처했을 뿐만 아니라, 멀리 떨어져 있는 여러분을 대신하여 자기 목숨조차 아끼지 아니하고 옥중에 갇힌 나를 도와 내 일을 힘껏 돌봐준 사람이기 때문입니다.

바울은 자신의 편지(빌립보서)가 완성되는 대로 지체하지 않고 곧장 중병에서 회복된 지 얼마 되지도 않은 에바브로디도를 서둘러 빌립보로 돌려보내려 작심했다. 그 까닭은, 빌립보 교인들이 중병에서 회복된 건강한 에바브로디도를 한시라도 빨리 만나봄으로써 근심과 좌절에서 벗어나 다시 활력 얻기를 바랐기 때문이다. 그리고 그런 빌립보 교인들로 인해 바울 자신도 걱정을 덜기 위함이었다.

3

푯대를 향한 달음박질

나는 예수께 붙잡혀
뒤에 있는 것들은 전부 잊고
내 앞에 놓여 있는 푯대를 향해
날마다 열심히 달려갈 뿐입니다

바울은 빌립보 교회로 돌아가는 에바브로디도 편에 자신이 쓴 편지 곧 빌립보서를 보내기로 작정하고, 빌립보 교회의 성도들에게 보내는 편지를 마무리하려고 펜을 다시 집어든다.

하나님에게서 비롯된 의 (3:1-11)

나의 형제들이여, 주님 안에서 기뻐하십시오. 이미 여러 차례 당부한 말입니다만, 여러분을 위해 조금도 번거롭게 여기지 않고 거듭해서 말합니다. 악을 행하는 개들을 조심하십시오. 포피를 베어 할례 시행한 것을 자랑하는 자들을 경계하십시오. 몸에 있는 살의 한 부분을 잘라낸다고 해서 하나님의 자녀가 되는 것이 결코 아닙니다. 하나님의 영 곧 성령으로 예배를 드리고, 그리스도 예수를 영광으로 여기며, 육체를 신뢰하지 않는 우리야말로 영적인 의미에서 참된 할례를 받은 자들입니다.

여기서 '악을 행하는 개들'은 이른바 '손할례당'(손으로 육체에 할례를 행한 무리들, 엡 2:11)이라고 불리는 '유대 율법주의자들'을 가리킨다. 그들은 교인들을 향해 주장하고 가르치기를, 누구든지 구원을 받기 위해서는 몸에 할례를 받고 율법을 지켜야 한다고 했다. 하지만 그런 가르침은 복음의 진리를 거스르는 거짓이고 악행이었다. 할례는 남자 생식기의 끝부분, 곧 귀두(龜頭) 부위를 덮고 있는 포피(包皮)를 베어내는 시술행위를 가리킨다.

사실 육체로 말하자면, 나야말로 자부심을 가질 만한 충분한 이유와 자격이 있습니다. 나는 율법에 따라 태어난 지 여드레 만에 할례를 받았고, 이스라엘 민족 가운데 베냐민 지파 소속이고, 히브리인 중의 히브리인이며, 율법으로는 바리새파 사람이고, 유대교의 열성으로는 그리스도의 교회를 심히 박해한 자이고, 율법의 의로 따지자면 아무 흠잡을 데가 없는 사람이었습니다.

주후 34년경 서른두 살 무렵 다마스쿠스 도상에서 부활의 주님을 만나 회심하기 전, 바울은 율법에 따라 충실하게 살아온 그야말로 흠잡을 데 없는 정통 히브리인(유대인)이었다. 당대 최고의 랍비(율법 선생)인 가말리엘의 문하생으로서 전도유망한 바리새파 소속의 유능한 젊은 인재였다. 그런 위상에 걸맞게, 바울

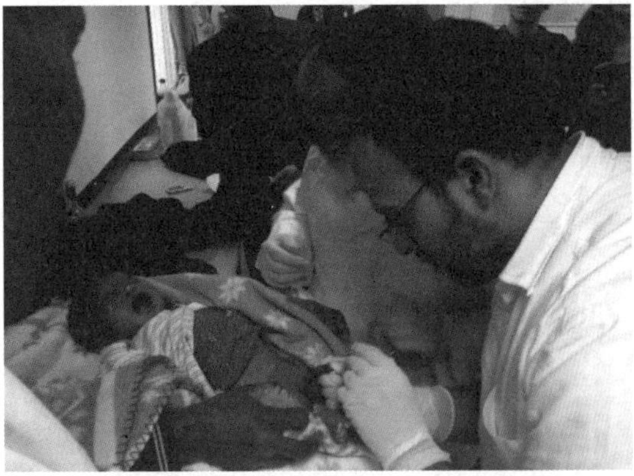

태어난 지 8일 만에 시행하는 유대인 남아의 할례

은 불타는 열정으로 누구보다 앞장서서 유대교를 훼손하고 있다고 여긴 그리스도인들을 심히 박해했다. 그러므로 바울이 고백한 대로, 유대인들의 입장에서 육체적으로(세상적으로) 보자면 바울은 그 누구보다도 자부심을 가질 만한 충분한 이유와 자격이 있었다.

> 그러나 이제 나는 이전에 나에게 이로웠던 모든 것들을 지금은 그리스도 때문에 전부 해로운 것으로 여기게 되었습니다. 이처럼 내가 이전에는 내게 이롭다고 여겼던 모든 것들을 이제는 전부 해로운 것으로 여기는 까닭은, 참으로 내 주 그리스도 예수를 아는 지식이야말로 가장 존귀하고 가치 있기 때문입니다. 그래서 나는 그리스도를 위해 모든 것을 버렸고, 심지어 이전에 내게 이로웠던 모든 것들을 쓰레기요 배설물로 여기게 되었습니다.

'예수 그리스도'라는 참된 보물을 알기 이전에는 세상의 육체적인 자랑거리들이 자신에게 이로운 것인 줄 알았지만, 회심한 이후에 '예수 그리스도'라는 참된 가치를 알게 되자 이전의 모든 육체적이고 세상적인 자랑거리들이 한낱 쓰레기요 배설물에 불과하게 되었다는 말이다. 참된 가치를 깨달은 자의 확신 있고 당당한 고백이다.

> 내가 이전의 세상적인 모든 것들을 아무 미련 없이 내버린 것은 이제는 내가 '그리스도'를 얻어 그분 안에서 살기 위해서였습니다. 그리하여 나는 율법에서 비롯된 나 자신의 의를 얻기 위해서가 아니라, 그리스도를 믿는 믿음으로써 얻는 의, 곧 그 믿음에 기초하여 하나님께로부터 비롯되는 의를 얻으려 합니다. 그렇습니다. 내가 원하는 것은 정녕 이것이니, 그것은 곧 그리스도를 바로 알고, 그분의 부활의 능력을 체험하며, 그분의 고난에 동참하고, 그분의 죽음을 본받아, 어떻게든지 나도 그분처럼 죽은 자들 가운데서 살아나는 부활의 영광에 이르는 것입니다.

지난날 바울은 자신에게 이롭다고 생각했던 세상적이고 육체적인 것들로써 하나님의 의를 획득하고 구원을 받는 줄 알았다. 하지만 그리스도를 만난 이후 '오직 믿음으로' 의롭게 되고 구원받는 줄 알고부터는, 전에 이롭다고 생각했던 것들이 도리어 세상 자랑과 교만이 되어 구원의 여정에 해(害)가 될 뿐임을 깨달았다. 그래서 바울은 이전의 세상 것들을 아무 미련 없이 전부 던져버리고, 이제는 모든 것을 '그리스도 중심으로' 생각하게 되었다. 그리스도의 능력, 고난, 죽음, 부활에 동참하는 것을 인생의 최고 가치와 최종 목표로 삼게 된 것이다.

푯대를 향한 달음박질 (3:12-16)

하지만 여러분, 그렇다고 해서 내가 그리스도에 관한 모든 것을 이미 얻었거나, 또는 내가 이미 완전하게 된 것은 아닙니다. 다만 나는 그리스도 예수께 온전히 사로잡혔기 때문에 오로지 '그리스도'라는 그 푯대를 향해 힘써 달려갈 뿐입니다. 형제들이여, 나는 그 푯대에 도달했다고 생각하지 않습니다. 다만 나는 뒤에 있는 것들은 전부 잊어버리고, 오직 앞에 있는 것들을 붙잡기 위해 날마다 노력할 따름입니다. 그리스도 예수 안에서 하나님께서 위로부터 나를 부르신 그 부르심의 상을 얻으려고, 내 앞에 놓여 있는 그 푯대를 향하여 날마다 최선을 다해 힘껏 달려갈 뿐입니다.

'푯대를 향하여'(헬, 카타 스코폰)는 '푯대를 똑바로 쳐다보고'란 말이다. 신자들이 똑바로 쳐다볼 푯대는 '예수 그리스도'다(히 12:1-2). 이는 경주자가 골인 지점을 똑바로 바라보고 달리는 것과 똑같다. 믿음으로 구원받은 신자는 이후 그리스도의 성품에 이르는 성숙한 신앙인이 되기 위해 매일 그리스도라는 푯대를 똑바로 쳐다보고 마치 경주자가 운동장에서 달음박질하듯 열심을 다해 신앙인의 삶을 살아가야 한다.

그리하면 마침내 하나님께 상을 받게 된다. 바울은 빌립보 신자들에게 이런 사실을 알려주고 있다.

그러므로 누구든지 믿음이 성숙한 신자들은 모두 이와 같은 경주자의 자세로 살아가야 합니다. 만일 여러분이 무언가 나와 다른 생각을 갖고 있다면, 하나님께서는 여러분에게 그것도 분명하게 보여주실 것입니다. 어쨌든, 믿음의 경주에서 우리 각자가 어느 단계에까지 이르렀든지, 모두가 자신의 단계에 맞추어 푯대를 향하여 그대로 계속해서 그 길을 힘껏 달려가도록 합시다.

하늘에 있는 시민권 (3:17-21)

형제들이여, 여러분은 다 함께 나의 본보기를 따르도록 하십시오. 그리고 여러분이 우리를 본받는 것처럼, 또한 우리가 여러분에게 제시한 본보기에 따라 살아가고 있는 사람들을 눈여겨보십시오. 내가 전에도 여러 번 당부했던 것처럼, 지금 또다시 여러분에게 눈물로 호소하는 바이지만, 많은 사람들이 그리스도의 십자가와 원수가 되어 살아가고 있습니다. 하지만 그런 사람들을 기다리고 있는 것은 오직 멸망뿐입니다. 그런 사람들은 자신들의 배를 하나님인 것처럼 여기고, 자신들의 수치를 도리어 영광으로 알며, 또 자신들의 마음속에 생각하는 것이라곤 오로지 땅에 속한 세상적인 일뿐입니다.

그리스도의 십자가와 원수가 되어 살아가고 있는 사람들은 앞서 바울이 '개들'로 칭했던 '유대 율법주의자들'을 가리킨다. 그들은 구원의 조건으로서 몸(육체)에다 행하는 '할례'를 주장함으로써 그리스도의 십자가 죽음을 헛되게 만들고 능멸했다.

그러나 여러분, 우리의 시민권은 하늘에 있습니다. 우리는 거기 하늘로부터 장차 오실 우리의 구원자 곧 주 예수 그리스도를 간절히 기다리고 있습니다. 장차 예수 그리스도께서 재림하실 그때에 그분께서는 온 세상 만물을 복종시킬 수 있는 놀라운 권능으로 우리의 비천한 몸을 변화시키셔서 자신의 영광스러운 몸과 같은 형상으로 변화시켜 주실 것입니다.

바울은 '시민권'에 관해 언급했다. 당시 로마제국 하에서 로마의 시민권은 대단한 자랑과 특권이었다. 그런 시민권은, 그가 누구에게 혹은 어디에 속했느냐에 따라 부여되었다. 이런 관점에서 바울은, 신자들은 '그리스도께 속한 자들'로서 하늘의 영광스런 시민권을 부여받은 위대한 천국 시민임을 일깨워주었다.

한편, 바울은 또한 장차 예수 그리스도의 재림 때에 이루어질 성도들의 '부활의 몸'에 관해서도 언급했다. 그때에 그리스도께서는 놀라운 권능으로 성도들의 비천한 몸을 변화시켜 그리스도의 영광스러운 몸처럼 영영 죽지 않는 영생의 몸으로 부활시킬 것이라고 알려주었다. 즉, 재림의 그날에 성도들의 육체는 영광스럽게 변화되어 더는 죽음을 맛보지 않는 신령한 부활의 몸으로 대체되는 것이다.

4

권고와 후원

여러분은 내 기쁨과 내 면류관,
모쪼록 주 안에서 굳게 서십시오
유오디아와 순두게에게 권면하니
두 분은 한마음을 품으십시오

사도 바울의 마지막 권면 (4:1-9)

내 사랑하고 사모하는 형제들이여, 또한 내 기쁨이요 내 면류관인 사랑하는 자들이여, 그러므로 부활의 소망을 갖고 모쪼록 주님 안에서 굳게 서십시오. 이제 나는 유오디아에게 권면하고 또 순두게에게 권면합니다. 두 분은 주님 안에서 서로 한마음을 품고 살아가도록 하십시오.

'유오디아'와 '순두게'는 빌립보 교회에서 영향력 있는 여신도들인데, 당시 둘 사이에는 심각한 말다툼이 있었고, 그로 인해 서로 반목하는 갈등 관계에 있었다. 본래 빌립보 교회는 자줏빛 옷감 장수인 여신도 루디아의 가정집에서 시작된 교회였기에, 교회 내에서 여성들의 역할이 컸다. 로마 옥중의 바울은 둘 사이의 그런 불편한 관계를 전해 듣고, 편지 말미에서 특별히 두 사람의 이름을 언급하면서 둘의 화해와 연합을 권면한 것이다.

그리고 나와 함께 멍에를 멘 신실한 여러분에게도 당부합니다. 여러분은 그 여인들을 힘껏 도와주십시오. 또한 내 곁에서 복음을 위해 열심을 다투어 가며 일하는 글레멘드를 비롯한 나의 여러 동역자들도 도와주십시오. 그들의 이름은 하늘나라 생명책에 기록되어 있습니다.

'생명책'은 하나님을 올바로 섬기는 경건한 의인들의 이름이 기록된 책으로, 하늘나라의 하나님께서 가지고 계신 생명과 구원의 책이다(사 4:3). 따라서 그 이름이 생명책에 기록된 자들은 영원한 생명과 구원을 누리지만(계 12:1), 그렇지 못한 자들은 영원토록 죽음과 멸망을 당한다(계 13:8).

주님 안에서 항상 기뻐하십시오. 내가 다시금 말합니다. 기뻐하십시오! 여러분은 자기보다 남을 먼저 생각하는 관용과 아량을 모든 사람에게 나타내 보이십시오. 주께서 가까우십니다. 또한 어떤 일이든 걱정하지 마십시오. 무슨 일을 당할지라도, 오직 기도와 간구로 여러분이 하나님께 바라는 것을 감사하는 마음으로 아뢰십시오. 그렇게 하면, 모든 인간적인 헤아림을 훨씬 뛰어넘는 하나님의 평강이 그리스도 예수 안에서 여러분의 마음과 생각을 지켜주실 것입니다.

'주께서 가깝다'(헬, 호 퀴리오스 엥귀스)는 말은 초대교회에서 주님의 재림을 소원하는 말인 '마라나 타'('주여, 오시옵소서', 계 22:20)의 변형 구절이다. 바울은 주님의 재림이 멀지 않았으므로 환난 중에 기뻐하고, 남에게 관용과 아량을 베풀며, 어떤 일에든 걱정하지 말고, 무슨 일을 당할지라도 감사하는 마음으로 하나님께 기도하고 간구하라고 권면한 것이다.

이처럼 '주님의 재림'은 초대교회의 신자들에게 멀리 있지 않고 가까이에 있는 참된 소망으로서, 신자들 간에 상호 유무상통하는 공동체

생활의 근간이 되었고, 모든 환난과 핍박을 견디며 인내하고, 나아가 순교까지 기꺼이 각오하는 중요한 이유가 되었다.

아무것도 염려하지 말고 너희 구할 것을 감사함으로 아뢰라

마지막으로 당부합니다. 사랑하는 형제들이여, 무엇이든 참된 것과 무엇이든 경건한 것과 무엇이든 옳은 것과 무엇이든 거룩한 것과 무엇이든 사랑스러운 것과 무엇이든 칭찬받을 만한 것이 있다면, 거기에 무슨 덕이나 칭송이 있든지 모쪼록 그런 선한 것들을 마음속에 생각하고 살아가도록 하십시오. 그리고 여러분은 내게서 배우고 받고 듣고 본 것을 실천하십시오. 그리하면 평강의 하나님께서 여러분과 항상 함께하실 것입니다.

마음속의 생각은 어떤 방식으로든 손발의 실천을 통해 나오게 마련이다. 따라서 성도들은 마음속에 참된 것, 경건한 것, 옳은 것, 거룩한 것, 사랑스러운 것, 칭찬받을 만한 것 등을 생각하면서 그런 것들을 삶 속에서 실천하며 살아가야 한다. 빌립보 교인들은 바울에게서 배우고 받고 듣고 본 것을 그대로 행하면 그런 삶을 살아갈 수 있었다.

사도 바울이 전하는 감사의 말 (4:10-20)

오늘날 여러분이 다시금 나에 대해 생각하고 관심을 보여주니, 나는 주님 안에서 크게 기뻐합니다. 여러분은 예전부터 나를 늘 생각하고 걱정해 왔었지만, 그것을 보여줄 기회가 없었습니다. 지금 내가 궁핍해서 이런 말을 하는 것이 절대로 아닙니다. 사실 나는 어떤 환경에서든 스스로 만족할 줄 아는 법을 터득했습니다. 그래서 나는 궁핍하면 궁핍한 대로, 넉넉하면 넉넉한 대로 만족하며 살아가는 법을 잘 압니다. 배부르든 굶주리든, 풍족하든 궁핍하든, 어떤 상황에 처하든 나는 스스로 만족하면서 살아가는 비결을 터득했습니다.

빌립보 교회는 옥중의 바울을 생각해서 에바브로디도 편에 자신들이 정성껏 모은 헌금을 보냈다. 바울은 그런 사실에 진심으로 고마움을 표하면서도, 사실 그보다는 어떤 환경 가운데서도 그리스도로 인한 은혜에 더욱 만족하고, 그 은혜 가운데서 자족(自足)의 풍요로움을 누리고 있다고 고백한 것이다.

여러분, 그러하기에 나는 내게 능력을 공급해주시는 그리스도 안에서 모든 일을 능히 감당할 수 있습니다. 그렇지만 여러분이 나를 위해 기도하고 또한 내게 물질적인 성의를 표시함으로써 나의 고난에 동참한 것은 참으로 잘한 일입니다.

바울은 자신이 어떠한 형편에 처하든 자신에게 능력(헬, 뒤나미스)을 공급해 주시는 그리스도께서 자신과 항상 함께하시므로 모든 일을 능히 감당할 수 있다고 고백했다. 자신에게 닥치는 모든 환난을 극복하는 비결은 '능력의 그리스도'임을 확신 있게 고백한 것이다.

따라서 바울은 자신에게 후원금을 공급해 준 빌립보 교인들의 성의가 자신에게 어느 정도 도움이 된 것은 사실이지만, 그보다는 그런 후원금을 통해 자신의 고난에 기꺼이 동참해 준 빌립보 교인들의 헌신이 훨씬 더 가치 있는 일이라고 칭찬한 것이다.

빌립보 교회 사람들이여, 여러분 모두가 잘 알고 있듯이 여러분이 그리스도의 복음을 처음 접하던 시절에, 내가 마케도니아를 떠나갈 때 나와 더불어 서로 도움을 주고받은 교회는 여러분 말고는 어떤 교회도 없었습니다. 또한 내가 데살로니가에 머물러 있는 동안에도, 여러분은 몇 번이나 내가 필요로 하는 것들을 보내주었습니다. 지금 나는 또 다른 선물을 구하고 있는 것이 아니라, 다만 여러분에게 실제적인 유익이 될 수 있도록 여러분의 장부가 풍성한 열매를 맺기를 구하고 있는 것입니다.

빌립보 교회의 성도들은 기도와 헌금으로 바울의 고난에 동참했다(빌 1:5). 전도여행 중의 바울이 고난과 역경에 처했을 때 빌립보 성도들은 바울을 위하여 힘껏 기도했고, 또한 바울이 경제적인 어려움을 겪고 있을 때에는 누구보다도 앞장서서 선교 헌금을 모아 바울에게 가져다주었다. 바울은 이런 사실에 진심어린 감사를 표하면서, 자신의 고난에 동참한 빌립보 성도들에게 하나님의 크신 은혜가 임하여 그들의 장부(帳簿)에 풍족한 열매가 있기를 기도하였다.

이제 더는 내 걱정을 하지 않으셔도 됩니다. 나는 지금 여러분에게 모든 것을 받아 넉넉합니다. 여러분이 에바브로디도 편에 보내주신 것들로 인해 아주 풍족합니다. 그것들은 참으로 하나님께서 기쁘게 받으실 만한 향기로운 제물입니다. 그러하기에 나의 하나님께서 그리스도 예수 안에서 영광 가운데 그분의 풍성하심을 따라 여러분의 모든 필요를 차고 넘치도록 풍족하게 채워주실 것입니다. 하나님 우리 아버지께 영원무궁토록 영광이 있기를 빕니다. 아멘!

편지를 끝맺는 문안인사 (4:21-23)

그리스도 예수 안에 있는 모든 성도들에게 우리의 안부를 전해주십시오. 나와 함께 있는 이곳의 형제들도 모두 여러분에게 안부를 전합니다.

> 로마교회의 모든 성도들이 여러분에게 안부를 전하며, 특히 로마 황제의 집안에 속한 사람들이 여러분에게 안부를 전합니다. 우리 주 예수 그리스도의 은혜가 여러분의 심령에 항상 함께하기를 빕니다. 아멘!

당시 로마 황제(가이사)의 집에도 그리스도인들이 있었다는 사실을 알 수 있다. 그들은 로마 황제의 궁전이나 집안에 고용된 관리들이나 노예들일 것이다. 바울이 로마에 오래 머무는 동안(주후 61-63년), 그가 전파한 그리스도의 십자가 복음이 당시 로마 황제였던 네로(Nero, 주후 54-68년)의 궁전과 집안까지 들어갔음을 알 수 있다. 이처럼 당시에 십자가 복음은 알게 모르게 제국의 모든 사람, 모든 장소에 서서히 그리고 힘차게 스며들고 있었다.

바울은 빌립보 교회에 보내는 편지 곧 '빌립보서'를 마무리한 다음, 급히 에바브로디도를 불러 편지를 건네준다.

"빌립보에 가거든, 내 편지를 모든 교인들이 두루 돌아가며 읽게 하고, 그들이 내 가르침대로 잘 따르도록 성심껏 지도해 주시게나."

"사도님. 아무 걱정하지 마십시오. 내 목숨보다도 사도님의 편지를 소중히 여겨 잘 전달하도록 하겠습니다."

에바브로디도를 떠나보내는 바울의 마음은 참으로 섭섭했다. 그러나 빌립보 교회의 지도자인 그를 언제까지 자기 곁에 붙잡아둘 수는 없었기에 이번 기회에 그의 손에 편지를 들려 떠나보낸 것이다.

어느덧 가택연금 된 바울의 로마 셋집에 붉디붉은 저녁노을이 찾아들었고, 석양에 비친 바울의 깊숙한 눈망울이 촉촉하게 젖었다.

'주님, 먼 길을 떠나는 에바브로디도의 여행길에 동행하셔서 그의 발걸음을 보살펴 주옵소서. 부디 그의 손에 딸려 보내는 내 편지가 빌립보 교회를 굳건한 말씀의 반석 위에 세우는 일에 쓰임 받게 하옵소서.'

골로새서

그리스도는 만물의 중심이고 으뜸

죄의 멍에 멘 채 끌려다니며
어둠 속에서 우왕좌왕하는 이들
누가 그들을 자유롭게 하는가
오직 예수 그리스도뿐이네

그분 앞에 무릎 꿇는 자들은
어둠에서 벗어나 복되게 살며
죽음에서 벗어나 영생 누리고
참된 진리의 길 걸어가네

이단의 무리들이 파고들어와
그리스도를 교묘하게 부정하는
온갖 나쁜 소식이 들려오자 바울은
골로새 교회에 편지를 보내네

세속의 흙탕물에 쓸려가는
거짓되고 허황된 이단을 떠나
믿음의 터 위에서 흔들리지 말고
십자가 복음 알라고 외치네

1

만물의 으뜸인 그리스도

그리스도는 교회의 머리 되시고
죽은 자들 중 맨 먼저 사신 분
하나님은 그 아들 그리스도의 피로
만물과 화해하여 화평 이룹니다

서막

바울이 로마 황제(가이사)의 재판을 기다리며 피의자 신분으로 로마 근교의 어느 셋집에서 가택연금의 옥중생활을 하고 있던 시기(주후 61-63년경), 하루는 저 멀리 소아시아의 골로새 성읍에서 올라온 에바브라가 바울을 찾아왔다. 그는 바울에게서 복음을 전해 듣고 회심한 바울의 제자로 골로새 교회를 세우고 일군 설립자였다. 당시 바울은 죄가 확정된 기결수 상태가 아니고 황제의 재판을 기다리고 있는 피의자 신분이었기에, 단지 로마 군사 한 명의 감시하에 자유롭게 사람들의 면회를 받을 수 있었다.

골로새는 당시 로마의 속주인 브루기아주(州)의 한 도시로서 소아시아 서남쪽의 류커스(Lycus) 계곡에 위치하고 있었다. 본래 이 도시는 소아시아에서 수리아(시리아)로 가는 동서 교통의 요충지로서 한창 번성했지만, 바울 당시에는 계곡 아래쪽에 위치한 두 도시(라오디게아,

골로새 교회가 있는 소아시아(현재, 터키) 내 골로새의 위치

히에라볼리)의 급속한 융성에 밀려 나날이 쇠퇴하고 있었다.

바울은 골로새를 방문한 적이 없었고, 따라서 그곳에 직접 교회를 세우지 않았다. 하지만 제3차 전도여행 중인 바울이 에베소의 두란노 서원에서 하나님의 말씀을 한창 가르칠 때(주후 54-57년경), 바울에게서 그리스도의 십자가 복음을 전해 들은 골로새 출신인 에바브라가 자기 고향에 교회를 설립하였다. 말하자면 바울은 자신의 제자이며 동역자인 에바브라를 통해 간접적으로 교회를 세운 것이다. 그런 교회가 바울이 로마 옥중에 갇힌 작금(주후 61-63년), 예수님이 그리스도이심을 부인하는 각종 이단 사상의 매서운 공격을 받고 있다는 것이다.

"안 되겠소! 내가 골로새 교회에 편지를 써 보내야겠소. 그래서 골로새 교인들에게 각종 이단 사상이 잘못되었다는 것을 밝히 드러내야겠소!"

"오, 그렇게 해주시면, 골로새 교회가 각종 이단 사상을 배격하고 하나님의 말씀 위에 올바로 서게 될 것입니다. 감사합니다, 사도님!"

그리하여 바울은 골로새 교회에 보내는 편지 곧 '골로새서'를 쓰기 위해 급히 펜을 들었다. 에바브라에게서 전해 들은 대로, 골로새 교인들을 미혹하는 각종 이단 사상을 물리치도록 예수님이야말로 구약의 선지자들에게서 줄곧 예언된 그 메시아(그리스도)이시고, 그리스도이신 예수님은 만물의 중심이고 으뜸이라는 사실을 강조하는 변증(辨證)의 서신을 써 보내기로 작심하였다.

앞서 주후 62년경 초엽에 에베소 교회에 써 보낸 편지 곧 에베소서가 '그리스도의 교회'에 초점을 맞춘 교회론 서신이라면, 그로부터 얼마 후인 주후 62년경 중엽에 써 보내는 골로새서는 '교회의 그리스도'에 초점을 맞춘 기독론(그리스도론) 서신이다. 과연 이 편지에는 예수님이야말로 하나님의 독생자이신 '그리스도'이시고, 그분 그리스도는 만물의 중심이고 으뜸이라는 기독론 사상이 명쾌하게 서술되어 있다.

이처럼 골로새서는 에베소서, 빌립보서, 빌레몬서와 더불어 바울이 로마 옥중에 갇혀 있을 때 쓴 '4대 옥중서신' 가운데 하나인데, 골로새 교회의 설립자인 에바브라에게서 교인들을 미혹하여 교회를 무너뜨리려는 각종 이단 사상의 발흥을 전해 들은 사도 바울이 그런 잘못된 사상을 배격하고 올바른 기독론을 정립함으로써 교회를 진리 말씀의 터 위에 굳게 세울 요량으로 기록하였다.

바울의 문안인사 (1:1-2)

하나님의 뜻에 따라 그리스도 예수의 사도가 된 나 바울과 형제 디모데는 골로새 지역에 있는 모든 성도들, 곧 예수 그리스도를 믿는 모든 신실한 형제들에게 이 편지를 씁니다. 우리 아버지 하나님께로부터 임하는 은혜와 평강이 여러분에게 항상 있기를 빕니다.

바울은 문안인사에서 디모데를 언급하였다. 바울이 써 보낸 편지들 중 골로새서 이외에도 고린도후서, 빌립보서, 데살로니가전서, 빌레몬서 등의 문안인사에서도 디모데가 언급된다. 이는 디모데가 도처의 지역 교회들에게 널리 알려진 신실한 하나님의 일꾼임을 보여주며, 동시에 바울의 최측근에서 바울의 동역자로서 함께 수고하고 있음을 보여준다. 여기서 바울은 디모데를 '형제'라고 소개하고 있지만, 성경 다른 곳에서는 '동역자'(롬 16:21) 또는 '아들'(고전 3:17)이라고 소개했다. 복음으로 낳고 양육한 '아들'이란 뜻이다.

헬라인 부친과 유대인 모친 사이에서 태어난 디모데는 어릴 때부터 어머니 유니게와 할머니 로이스에게서 신앙 교육을 받고 자라난 신실한 인물이다(딤후 1:5). 바울의 제2차 전도여행 중 루스드라에서 바울을 만나 그의 전도팀에 합류하였다. 그때 바울의 권유로 할례를 받은 디모데는 이후 바울과 줄곧 동행하면서 그의 최측근에서 바울을 도와 함께 전도사역에 매진하였다(행 16:1-3).

바울의 감사와 기도 (1:3-14)

우리가 여러분을 위해 기도할 때마다 우리 주 예수 그리스도의 아버지 하나님께 항상 감사를 드립니다. 그 까닭은, 그리스도 예수에 대한 여러분의 믿음과 모든 성도를 향한 여러분의 사랑에 대해 우리가 전해 들었기 때문입니다. 그러한 여러분의 신실한 믿음과 따뜻한 사랑은 여러분이 여러분을 위해 하늘에 쌓아둔 소망에서 샘솟는 것입니다. 그리고 그 소망은 여러분이 진리의 말씀인 복음을 전해 듣고 그 복음을 마음속에 받아들일 때에 이미 들었던 것입니다.

'하늘에 쌓아둔 소망'은 하나님께서 그리스도를 통해 이루어놓으신 구원과 영생에 대한 소망을 가리킨다. 이 소망은 성도가 그리스도를 믿는 근거가 되며, 나아가 믿음과 사랑의 원동력이 된다. 그러므로 바울은 여기서 믿음, 소망, 사랑이라는 성도의 3대 신앙요소를 골로새 교회에서 발견하고, 그 사실을 하나님께 감사한 것이다.

여러분에게 전해진 그 복음은 참된 것으로서, 여러분이 그 복음을 처음으로 전해 듣고 진리 안에서 하나님의 은혜를 깨달은 이래로 여러분 가운데서 자라나고 열매를 맺은 것처럼, 이제 온 세상에 퍼져나가서 더욱 성장하여 세상 도처에서 풍성한 열매를 맺고 있습니다. 여러분은 그 복음을 우리와 함께 하나님의 종 된 우리의 사랑하는 동역자 에바브라에게서 배웠습니다. 그는 여러분을 위해 일하는 그리스도의 신실한 일꾼으로서, 여러분이 성령 안에서 사랑의 삶을 실천하며 살아가고 있다는 소식을 우리에게 전해준 사람입니다.

현재 로마옥중에 갇힌 바울은 골로새 교회를 세우고 그곳 교인들을 가르친 에바브라에게서 교회에 관한 모든 소식을 전해 들었다는 사실과, 에바브라가 그들에게 전하고 가르친 그 복음이 참된 것이라는 사실을 말하고 있다. 사도 바울에게서 복음을 전해 들은 에바브라는 바울이 전하고 가르친 그대로 골로새 교인들에게 전하고 가르쳤기 때문이다.

우리는 여러분에 관한 소식을 전해 들은 그날부터 여러분을 위해 쉬지 않고 기도해오고 있습니다. 하나님께서 여러분에게 공급해 주시는 모든 영적인 지혜와 깨달음을 통해 하나님의 뜻에 대한 여러분의 지식이 여러분 모두에게 가득 채워지기를 간구합니다. 우리가 이렇게 기도하는 것은, 여러분이 주님의 뜻에 합당한 생활을 함으로써 모든 면에서 주님을 기쁘시게 할 수 있게 하려는 것입니다. 그리하여 여러분이 모든 선한 일에 풍성한 열매를 맺고, 또 하나님을 아는 지식에 있어 나날이 자라나게 되기를 바라는 것입니다.

바울은 골로새 교회의 신자들에게 범사에 주님을 기쁘시게 하는 비결이 무엇인지를 알려준다. 그것은 곧 '주님의 뜻에 합당한 생활을 하는 것'이라고 일러준다. 세상 풍속이나 사회의 전통적인 규범, 또는 세상 사람들의 일반적인 윤리나 가치관에 따라 생활하는 것이 아니고, 오직 주님의 뜻에 합당한 삶을 살아갈 때 비로소 주님께서 기뻐하실 것이라고 가르친 것이다. 왜냐하면 그런 삶은 모든 선한 일에 풍성한 열매를 맺을 뿐 아니라, 또한 하나님을 아는 지식이 나날이 자라나는 성숙한 신앙인의 삶이 될 것이기 때문이다.

아울러, 하나님의 영광의 권능으로부터 비롯되는 모든 능력으로 여러분이 지금보다 더욱 강하게 되어서, 모든 일을 기쁨 가운데서 끝까지 참고 견디기를 바라는 것입니다. 그리하여 빛의 나라에 속한 성도들이 받게 될 상속자의 자격을 여러분에게 부여해 주신 아버지 하나님께 감사를 드릴 수 있게 되기를 바랍니다. 진실로 우리 아버지 하나님께서는 우리를 흑암의 권세에서 건져내셔서 자신이 사랑하시는 아들인 그리스도의 나라로 옮겨주셨습니다. 그 결과, 우리는 그 아들 안에서 그 아들의 십자가 피로 말미암아 죄 용서함을 받아 구원을 얻게 되었습니다.

'흑암의 권세'는 세상에 대해 악한 영향력을 행사하고 있는 사탄의 파괴적인 힘을 가리킨다. 하지만 이 같은 사탄의 권세는 '빛' 되신 그리스도의 권세로 말미암아 무력화되었다. 그러므로 빛의 자녀 된 성도들은 그리스도 안에서, 그리스도의 권능을 힘입어 사탄의 세력을 능히 물리칠 능력을 충분히 공급받을 수 있다.

하나님의 아들이신 그리스도의 권위와 주권 (1:15-23)

그 아들 그리스도께 주목하십시오. 그분은 눈에 보이지 않는 하나님의 형상이시고, 모든 피조물보다 먼저 나신 분이십니다. 온 세상 만물이 그분 안에서, 그분으로 말미암아 창조되었습니다. 하늘에 있는 것들이나 땅에 있는 것들이나, 눈에 보이는 것들이나 보이지 않는 것들이나, 모든 보좌들이나 주권들이나 권력들이나 권세들을 막론하고, 온 세상의 모든 것들이 그분으로 말미암아 창조되었고, 그분을 위해 창조되었습니다. 진실로 그리스도께서는 만물 이전에 존재하시고, 만물은 그분 안에서만 그 존재를 유지합니다.

바울의 장엄한 기독론(그리스도론) 선포로, 그리스도와 만물 간의 관계를 밝히 보여주고 있다. 만물은 그리스도에게서(from), 그리스도로 말미암아(by), 그리스도를 위해(for) 창조되었다. 이는 그리스도가 창조의 원인이고 수단이며 목적임을 보여준다. 따라서 모든 창조물은 그리스도에 안에서(in) 비로소 그 존재 의의가 있다.

이처럼 하나님의 아들이신 그리스도는 우주에 존재하는 모든 피조물을 창조하셨을 뿐만 아니라, 유지시키시고 주관하시는 분이다. 이런 사실은 당시 그리스도를 떠나 천사를 숭배하던 골로새 교회 내의 이단 사상을 여지없이 깨뜨리고 있다(골 2:18).

또한 그리스도께서는 자신의 몸인 교회의 머리가 되십니다. 그분은 만물의 근본이시고, 죽은 자들 가운데서 맨 먼저 다시 살아나신 분이십니다. 그리하신 까닭은, 그분께서 친히 만물 가운데 으뜸이 되어 최고의 주권을 갖기 위해서였습니다. 하나님께서는 자신의 모든 충만함과 온전함이 그 아들 안에 머무르게 하시기를 기뻐하시고, 그 아들을 통하여 만물과 기꺼이 화해하셨습니다. 곧 하늘에 있는 것이나 땅에 있는 것이나 그 무엇을 막론하고, 온 세상의 모든 피조물이 십자가 위에서 죽으신 그 아들 그리스도의 피로 말미암아 하나님과 화해함으로써 참 평화를 이루게 된 것입니다.

하나님의 충만함과 온전함이 그 아들 곧 그리스도 안에 머물렀다는 것은, 하나님의 속성 및 인격이 어떤 흠결이나 모자람 없이 그리스도 안에 온전히 채워져 있다는 말이다. 요컨대, 그리스도는 본질상 '하나님'이라는 말이다(빌 2:6).

그리스도께서 십자가 피로 화평을 이루시다

이런 그리스도의 십자가 죽음이었기에, 그 보혈이 하나님과 모든 피조물을 능히 화해시킬 자격과 능력이 있었던 것이다. 이를 달리 표현하면, 그리스도의 십자가 보혈 외에는 세상의 그 무엇도 하나님과 모든 피조물을 결코 화해시킬 수 없다는 말이다.

사랑하는 골로새 교회의 형제들이여, 이전에 여러분은 하나님에게서 멀리 떠나 있었고 악한 행동을 일삼아 하나님과 원수가 되어 있었습니다. 그러나 이제는 하나님께서 그리스도의 육신의 죽음을 통해 여러분과 화해하셨습니다. 그리하신 까닭은, 하나님께서 여러분을 거룩하고 흠이 없고 책망받을 일이 없는 자들로 자신 앞에 온전히 세우기 위해서입니다. 그러므로 여러분은 모쪼록 믿음 안에 거하고 또 믿음의 터 위에 굳게 서서, 여러분이 들은 그 복음의 소망에서 절대로 떠나가지 말아야 합니다. 여러분이 들은 그 놀라운 복음은 하늘 아래에 있는 모든 피조물에게 널리 선포되었으며, 오늘날 나 바울은 그 복음을 전하는 일꾼이 되었습니다.

바울 자신이 에바브라에게 전한 그 복음 그대로, 에바브라가 골로새 교인들에게 전한 그 복음 곧 예수 그리스도의 십자가 복음을 잘 지켜,

작금 골로새 교회 내에서 온갖 이단 사상을 전하는 자들의 거짓된 가르침에 빠져들지 않기를 간절히 바라는 권면이다.

교회의 일꾼 된 바울 (1:24-29)

> 이제 나 바울은 여러분을 위해 고난받는 것을 기뻐할 뿐만 아니라, 또한 나의 몸으로써 그리스도의 몸 된 교회를 위해 그리스도의 남은 고난을 기꺼이 채워가고 있습니다. 나는 하나님의 말씀을 여러분에게 전하라고 하나님께서 내게 주신 소명에 따라 오늘날 여러분을 위해서 교회의 일꾼이 되었습니다.

그리스도께서 죄인들을 위해 당한 십자가 고난은 온전하고 충분했다. 따라서 어느 누구도 그리스도께서 이루신 온전한 구속사역에 무얼 보탤 수도 없고, 그럴 필요도 없다. 여기서 바울이 자기 몸으로써 그리스도의 남은 고난을 채운다고 말한 것은 복음 전도자로서 그리스도를 위해 기꺼이 고난당하고 있음을 의미할 뿐이다.

> 하나님께서는 이 심오한 비밀인 그리스도의 복음을 영원 전부터 모든 세대에게 비밀로 감추어오시다가, 이제야 성도들에게 밝히 드러내 보이셨습니다. 하나님께서는 이방인들 가운데 나타난 이 비밀의 영광이 얼마나 풍성한지를 자기 백성들에게 알리려고 하셨는데, 그 비밀은 여러분 안에 계시는 그리스도 곧 영광의 소망이신 그리스도이십니다.

오랜 세월 동안 감추어졌던 그 심오한 비밀은, 유대인이나 이방인을 막론하고 누구든지 오직 믿음으로 구원 얻는 법칙인 '복음'을 가리킨다. 그리고 그 복음의 핵심은 '그리스도' 곧 '그리스도의 십자가'이다. 바울은 이 같은 사실을 알린다.

오늘날 우리는 그 비밀인 '그리스도'를 선포하고 있습니다. 진실로 우리는 모든 사람이 그리스도 안에서 하나님 앞에 온전히 설 수 있도록 모든 지혜를 다해 그리스도를 가르치며 깨우치고 있습니다. 나 바울은 이 같은 일을 하도록 부르심 받은 하나님의 일꾼으로서 그 일을 위해 날마다 수고하는바, 내 안에서 힘 있게 일하시는 그분의 능력에 따라 모든 힘을 다해 애쓰고 있습니다.

바울은 자신이 맡은바 소명과 사명에 대해 분명히 인식하고 있었다. 그 일은 곧 하나님의 심오한 비밀인 예수 그리스도의 십자가 복음을 온 세상에 널리 전하고 가르치는 것이었다. 바울은 이 사명을 감당하는 일에 자기의 목숨조차 조금도 아끼지 않고 혼신의 노력을 기울여 최선을 다했다(행 20:22-24).

그리하여 죽음을 앞둔 자신의 마지막 편지인 디모데후서에서 사도 바울은 당당하게 고백할 수 있었다. "지금껏 나는 선한 싸움을 다 싸웠고 달려갈 길을 다 끝냈으며 나의 믿음을 굳게 지켰습니다. 그러므로 이제는 의의 월계관이 나를 기다리고 있습니다. 그날에, 의로운 재판장이신 주님께서 그 승리의 월계관을 나에게 씌워주실 것인데, 나에게뿐만 아니라 주님의 재림을 간절히 기다려온 모든 믿는 자들에게도 역시 그리하실 것입니다"(딤후 4:7-8).

2

거짓 교사들

그리스도를 주로 받아들인 여러분은
흔들림 없이 그대로 살아가십시오
헛된 철학이나 속임수에 속지 말고
그리스도의 말씀의 터 위에 서십시오

교회를 위한 바울의 수고 (2:1-5)

내가 골로새에 있는 여러분과 라오디게아에 있는 사람들을 위해서, 또한 개인적으로 직접 만나보지 못한 그곳의 많은 사람들을 위해서, 내가 얼마나 수고하며 애쓰고 있는지 여러분이 알기를 바랍니다. 내가 지금 이렇게 편지를 써 보내는 것은, 여러분 모두가 마음에 격려를 받아 사랑 안에서 하나가 되고, 그리하여 통찰력이 더욱 풍부해지고 깊어져서, 하나님의 오랜 비밀인 '그리스도'를 올바로 깨달아 알도록 하기 위해서입니다.

소아시아의 서남쪽에 있는 류커스 계곡에는 세 개의 교회가 있었다. 골로새 교회, 라오디게아 교회, 히에라볼리 교회가 그것들이다. 그런데 이들 세 교회는 바울이 직접 세운 교회들이 아니고, 바울의 제자이며 동역자인 에바브라, 빌레몬, 아킵보 등에 의해 세워졌다. 말하자면 바울의 제자들에 의해 간접적으로 세워진 교회들인데, 그런 만큼 바울의 직접적인 가르침이 절실한 교회들이었다.

바울은 이들 세 교회를 직접 방문한 적은 없었지만, 그곳 사람들이 그리스도의 사랑 안에서 하나님의 오랜 비밀을 바르게 깨달아 알기를 바라는 마음은 다른 교회들에 대한 마음과 조금도 다를 바가 없었다.

> 진실로 복음의 비밀인 그리스도 안에는 온갖 지혜와 모든 지식의 보물이 감추어져 있습니다. 내가 이런 말을 하는 것은, 아무도 그럴싸한 번드르르한 말로 여러분을 속이지 못하게 하기 위해서입니다. 비록 지금 로마 옥중에 있는 내가 몸으로는 여러분과 멀리 떨어져 있지만 영으로는 항상 여러분과 함께 있기에, 여러분이 규모 있게 생활하는 것과 또 그리스도를 믿는 믿음 위에 굳게 선 것을 보고는 무척 기뻐하고 있습니다.

당시에는 거짓 교사들이 골로새 교회를 비롯한 인근의 교회들 속으로 파고들어 이단 사상을 교묘하게 퍼뜨리고 있었다. 그러한 이단 사상의 공통점은 '그리스도'가 아니라, 그 외 다른 무엇을 구원의 조건으로 제시한다는 점이었다. 바울은, 구원은 그리스도 안에 감추어진 하나님의 비밀이라는 사실과 그리스도 안에 지혜와 지식의 모든 보화가 감추어져 있다는 사실을 일깨워줌으로써 '오직 그리스도'를 특별히 강조했다.

그리스도 안에서의 올바른 삶 (2:6-19)

> 형제들이여, 여러분은 이미 그리스도 예수를 주님으로 받아들였으니, 앞으로도 흔들림 없이 계속해서 그리스도 안에서 살아가도록 하십시오. 그리스도 안에 뿌리를 내리고 터전을 잡아, 그분께 가르침을 받은 대로 강한 믿음을 갖고 항상 감사하는 마음이 넘치는 생활을 하십시오. 어떤

사악한 자들의 헛된 철학이나 속임수에 속아 그들에게 포로로 잡히는 일이 없도록 삼가 조심하십시오. 그런 자들의 철학은 그리스도의 말씀에 근거한 것이 아니라 단지 인간의 사상에 기초하고 있는 것으로서 이 세상의 유치한 초등학문의 원리 위에 세워진 것입니다.

바울이 '세상의 유치한 초등학문'으로 규정한 개념에는 당시 두 가지 사상이 포함되어 있었다. 하나는, 초기의 영지주의(靈知主義) 사상으로, 초자연적인 영적 지식을 소유해야만 구원을 얻을 수 있다고 가르쳤다. 다른 하나는, 유대 율법주의 사상으로, 율법의 온전한 준수를 통해서만 구원을 얻을 수 있다고 가르쳤고, 구원의 조건으로 반드시 '할례'를 받아야 한다고 주장했다.

그러나 우리의 구원은 그리스도뿐입니다. 오직 그리스도 안에 온갖 충만한 신적인 성품이 육신의 형태로 머물고 있으며, 여러분은 그분 그리스도 안에서 충만함을 입었습니다. 진실로 그리스도는 모든 통치와 권세의 머리가 되시는 분이십니다. 그분 안에서 여러분은 죄 많은 육신의 몸을 베어내는 할례를 받았는데, 그 할례는 곧 사람의 손으로 이루어진 사람의 할례가 아니라 그리스도에 의해 이루어진 그리스도의 할례입니다.

'그리스도의 할례'는 몸에다 행하는 '사람의 할례'와는 대조되는 참 할례로서 곧 마음의 할례를 가리킨다. '마음의 할례'란 할례의 근본정신을 충실히 살리는 것으로, 새롭게 거듭난 언약의 백성답게 그리스도를 믿는 믿음으로 주님의 말씀을 마음속에 늘 새기고 그 말씀대로 거룩한 삶을 살아가는 것을 의미한다.

그리고 여러분은 세례를 받음으로써 그리스도와 함께 죽었고, 또한 죽은 자들 가운데서 그리스도를 살리신 하나님의 권능을 믿음으로써 그리스도 안에서 그리스도와 함께 다시 살아났습니다. 여러분이 전에는 죄와 할례받지 않은 육신의 욕망으로 인해 죽었지만, 하나님께서는 여러분을 그리스도와 함께 살리셔서 우리의 모든 죄를 용서해주셨습니다.

바울의 핵심 신학사상 가운데 하나는 '그리스도와 성도의 연합'이다. 세례를 받음으로써 거듭난 성도는 그리스도와 함께 십자가에 못 박혀 죽고, 또한 그리스도와 함께 죽은 자들 가운데서 다시 살아난 자들이다. 그러므로 장차 그리스도와 함께 천국에서 영생을 누릴 자들이다.

또한 하나님께서는 우리를 거슬러 대적하는 각종 율법의 조문들이 적혀 있는 빚 문서를 말끔히 제거하셨는데, 곧 그것을 십자가에 쾅쾅 못 박아 아주 없애버리셨습니다. 나아가 하나님께서는 모든 통치자들과 권력자들의 무장을 완전히 해제시키시고, 그들을 그리스도의 십자가 개선 행진에 내세워 많은 사람들의 구경거리로 삼으셨습니다.

성경은 하나님께 대적하고 성도들을 괴롭히는 영적 존재 곧 사탄(마귀)과, 또한 그런 사탄을 추종하는 타락한 천사들(귀신들) 곧 악한 영들의 존재에 대해 언급한다(엡 6:12). 이들은 이른바 공중의 권세를 잡고 있는 악한 통치자들이다(엡 2:2).

법조문과 통치자들과 권세들을 십자가로 이기셨느니라

그런데 그리스도께서 십자가에 죽으시고, 죽은 자들 가운데서 부활하심으로써 사탄의 모든 세력을 완전히 패배시키셨다. 그 모든 세력을 십자가의 깃발 아래 완전히 굴복시키신 뒤, 포로로 사로잡은 그들을 보혈의 밧줄로 꽁꽁 묶어 많은 사람들 앞에 전시함으로써 개선 행진의 구경거리로 삼으셨다.

그러므로 여러분은 먹고 마시는 일에 대해, 또한 종교적인 절기와 관련하여 초승달 축제나 안식일 문제 등에 대해, 아무도 여러분을 비난하며 정죄하지 못하게 하십시오. 이러한 것들은 전부 장차 올 것들에 대한 그림자에 불과할 뿐입니다. 그것들의 몸은 오직 그리스도 안에 있습니다.

음식물에 관한 율법의 모든 규례나 구약시대 때부터 준수하던 유대인들의 모든 절기나 성일 등은 단지 장차 오실 그리스도에 대한 그림자일 뿐이고, 그 모든 것들의 몸 곧 실체는 그리스도 혹은 그리스도와 관련된 것이라는 말이다. 따라서 그것들의 실체이신 그리스도가 임한 신약시대에는 오직 그리스도만 중요할 뿐, 그 외에 다른 것들로 인해 비난받거나 정죄당할 필요가 없다!

일부러 겸손한 체하면서 천사 숭배를 주장하는 자들에게 속아 넘어가서 여러분이 받을 상을 놓치는 일이 없도록 삼가 조심하십시오. 그런 자들은 자신이 본 환상을 고집하면서 교만한 마음으로 육신의 조잡한 생각을 부풀려서 말합니다. 따라서 그런 자들은 교회의 머리 되시는 그리스도께 붙어있지 않는 사람들입니다. 우리의 온몸은 머리 되시는 그리스도께 제대로 붙어 있어야 각 마디와 힘줄을 통해 영양을 공급받고, 그래서 서로 유기적으로 결합되어 하나님께서 자라나게 하시는 대로 올바르게 자라나게 되는 것입니다.

당시 골로새 교회에는 위선적이고 거짓된 겸손의 모습을 취하면서, 또는 자신이 보았다고 주장하는 환상을 통해 교인들을 미혹하고 그릇된 길로 인도하는 천사 숭배자들과 환상주의자들이 활약하고 있었다. 그런 자들은 교회의 머리 되시는 그리스도께 붙어 있지 않는 자들로서, 그리스도와는 아무런 상관이 없는 자들이었다.

그리스도를 통한 새 생활 (2:20-23)

형제들이여, 여러분은 그리스도와 함께 십자가에 못 박혀 죽음으로써 이 세상의 유치한 초등학문을 버렸는데도, 어찌하여 아직도 세상에 속한 것처럼 그런 헛된 규례들에 솔깃하여 그것들을 따른다는 말입니까? 아직도 "붙잡지 말라! 먹지 말라! 만지지 말라!" 하고 있으니, 이게 어찌된 일입니까!

세상의 초등학문은 타락한 세상에 속한 사람들의 온갖 사상과 가르침을 가리킨다. 따라서 세상의 초등학문으로는 결코 구원에 이르지 못하고, 오히려 사람을 교만하게 만들어 참된 구원과 영생의 진리를 깨닫는 데 큰 걸림돌이 된다.

세상의 초등학문은 전부 한때 쓰다가 버려지는 것들로서, 사람이 만든 규정과 교훈에 기초하고 있을 따름입니다. 이 같은 사람의 규정들은 스스로 만들어낸 것들을 숭배하고 경건을 꾸민다거나 겸손한 체한다거나 육체를 괴롭게 하는 데는 나름대로 쓸모 있는 지혜의 모양을 가질 수 있겠지만, 실제로 육신의 욕망을 절제하는 데에는 아무런 힘도 발휘하지 못합니다.

바울은 골로새 교인들에게 세상의 초등학문에 기초하고 있는 위선적인 거짓 교사들을 경계하라고 권면한다. 그들은 교회의 머리이시고 모든 것의 실체이신 그리스도를 떠나 천사숭배, 금욕, 할례 시행, 율법 준수 등 허망한 이단적 사상을 주장하고 가르치는 자들이다.

3

옛사람과 새사람

비뚤어지고 뒤틀린 세대에
불평이나 다툼 없이 살아가며
순결한 하나님의 자녀 되어
별처럼 세상에 빛을 비추십시오

타락한 옛 성품을 버리고, 위에 있는 하늘의 것들을 추구하라(3:1-11)

그러므로 형제들이여, 여러분은 그리스도와 함께 다시 살아났으니 이제는 위에 있는 하늘의 것들을 추구하십시오. 거기 하늘에는 그리스도께서 아버지 하나님의 오른편에 앉아 계십니다. 그리스도를 믿는 여러분은 위에 있는 하늘의 것들을 생각하고, 땅에 있는 세상의 것들에 마음을 두지 마십시오. 그 까닭은, 여러분은 이미 세상에 대해 죽었고, 이제 여러분의 생명은 그리스도와 함께 하나님 안에 감추어져 있기 때문입니다. 여러분의 생명이신 그리스도께서 다시 오실 때, 여러분도 그리스도와 함께 영광 가운데 나타나게 될 것입니다.

'위에 있는 하늘의 것들'과 '땅에 있는 세상의 것들'이 대비되었다. 그리스도를 믿는 자들은 마땅히 위에 있는 하늘의 것들을 추구해야 하는데, 그러한 것들로는 구원, 영생, 천국 소망, 사랑, 진리, 의로움 등 각종 빛의 열매와 성령의 열매들이 있다(갈 5:22-23; 엡 5:9).

반면, 그리스도를 믿지 않는 자들은 단지 눈에 보이는 땅에 있는 세상의 것들을 추구하는데, 그러한 것들로는 현세적이고 감각적인 육신의 탐욕과 정욕을 좇아 살아감으로써 당연히 나타나는 온갖 죄악의 열매들이다(롬 1:28-32).

그러므로 여러분은 땅에 속한 육신의 죄 많은 본성을 죽이십시오. 곧 성적인 부도덕, 더러움, 정욕, 악한 욕망, 탐욕 등을 땅에 묻어버리십시오. 탐욕은 우상을 숭배하는 것과 마찬가지입니다. 이런 것들 때문에, 하나님의 진노가 불순종하는 자들에게 내리는 것입니다. 사실, 여러분도 이전에 그런 것들 가운데 있을 때는 그런 것들에 파묻혀 살아왔습니다. 그러나 이제 여러분은 그 모든 악한 것들, 곧 분노와 증오와 악의와 비방 등을 여러분에게서 스스로 전부 제거해야 합니다.

그렇다면 우리는 어떻게 땅에 있는 지체 곧 '땅에 속한 육신의 죄 많은 본성'을 죽일 수 있을까? 타락한 육신의 세상적인 본성은 육신을 입고 있는 자들에게 너무도 강렬하게 작용하기 때문에 스스로의 의지로서는 죽일 수 없다. 그러나 믿는 자들과 함께 하시는 그리스도와 더불어 능히 극복할 수 있다.

우리가 그리스도를 더욱 의지하면 할수록 우리의 심령 안에 계시는 성령님이 더욱 우리에게 그리스도의 말씀을 좇아 살아갈 수 있는 힘과 능력을 공급해 주신다. 그렇게 자주 할수록, 세상적인 육신의 본성은 점차 사그라지게 되고, 마침내 그리스도 안에서 새롭게 피조된 새 사람이 우리의 본성을 지배하게 된다(고후 5:17; 골 3:10).

특히, 서로 거짓말을 하지 마십시오. 여러분은 옛사람을 그 타락한 행실과 더불어 훌훌 다 벗어버리고, 이제는 새 사람을 입으십시오. 새롭게 입는 이 새 사람은, 자기를 창조하신 하나님의 거룩한 형상을 따라 참된 구원의 지식에 이르도록 끊임없이 새롭게 자라가고 있습니다. 여기에는 헬라인이나 유대인, 할례 받은 자나 할례 받지 않은 자, 야만인이나 스구디아인, 종이나 자유인 간의 차별이 결코 있을 수 없습니다. 거기에는 오직 그리스도만이 모든 것이 되고, 모든 것 안에 그리스도만이 계실 따름입니다.

여기서 '야만인'은 당시 헬라어를 못하거나 헬라 문화를 받아들이지 않은 사람을 총칭하는 말이고, '스구디아인'은 주전 8세기 초엽에 코카서스(캅카스, 흑해와 카스피 해 사이에 있는 지역) 지방을 거쳐 중근동 지역으로 이동해 들어온 거칠고 난폭한 유목민족을 가리킨다. 그런데 이들조차도 오직 그리스도를 믿는 믿음으로써 새 사람을 입을 수 있고, 그 결과로 구원을 받을 수 있다는 사실은 나라와 민족, 혈통과 피부, 남녀노소나 빈부귀천의 차별이 전혀 없는 '구원의 보편성'을 잘 보여준다.

새 사람의 성품을 지녀라 (3:12-17)

여러분은 또한 하나님의 택하심을 받은 거룩하고 사랑받는 자들답게 여러분 스스로 자비와 친절과 겸손과 온유와 인내의 옷을 입도록 하십시오. 누가 누구에게 불평거리가 있더라도, 서로를 너그럽게 대하고 서로를 용서하도록 하십시오. 우리 주님께서 여러분을 용서하신 것처럼, 여러분도 주님을 본받아 그렇게 다른 사람을 용서하십시오. 그리고 무엇보다 이 모든 것들 위에 사랑을 더하십시오. 진실로 사랑이야말로 여러분 모두를 온전히 하나로 묶어주는 띠입니다.

바울은 사랑을 '띠'에 비유했다. 띠는 모든 의복을 하나로 묶어주고 모아주는 역할을 한다. 이처럼 사랑은 성도를 온전히 하나로 묶어주고, 또한 성도의 삶에 있어 모든 자비와 친절과 겸손과 온유와 인내의 옷을 단단히 연결시켜 주는 역할을 한다. 그래서 바울은 앞서 고린도 교회에 써 보낸 자신의 편지에서 사랑의 탁월함과 위대함을 노래했다. 이른바 '사랑 장'으로 불리는 고린도전서 13장에서다.

> 또한 그리스도의 평강이 항상 여러분의 마음에 깃들도록 하십시오. 이 평강을 누리며 살도록 여러분은 한 몸의 지체들로 부르심을 받았습니다. 여러분은 또한 무엇에나 감사하는 사람이 되십시오. 그리고 그리스도의 말씀이 여러분 가운데 풍성히 살아있도록 하십시오. 모든 신령한 지혜로써 서로 가르치고 권면하되, 진심으로 하나님께 감사하는 마음으로 그분을 향해 시와 찬미와 신령한 노래를 부르십시오. 그리고 말이든 행동이든 무엇 하든지 간에, 모든 것을 우리 주 예수 그리스도의 이름으로 하고, 그분을 통하여 아버지 하나님께 감사를 드리도록 하십시오.

특별히 '감사하라'(헬, 유카리스테오)는 말이 거듭 언급되고 있다. 이 말의 명사형인 '감사'(헬, 유카리스토스)는 '좋은'이란 뜻의 '유'와 '선물'이란 뜻의 '카리스'란 말이 결합된 형태로, 요컨대 '감사'는 '좋은 선물'이란 뜻이다. '감사'란 좋은 선물을 받은 사람이 마땅히 품어야 할 마음이라고 할 수 있다. 그렇다면 성도가 마땅히 감사해야 할 그 좋은 선물은 무엇일까?

바울은 이 편지의 앞부분인 골로새서 1장 12-14절에서 그 좋은 선물이 무엇인지를 분명히 밝혔다. "여러분으로 하여금 빛 가운데서 성도들이 받게 될 상속자의 자격을 부여해 주신 아버지 하나님께 감사를 드릴 수 있게 되기를

무엇을 하든지 모든 일에 하나님 아버지께 감사하라

바랍니다. 진실로 우리 아버지 하나님께서는 우리를 흑암의 권세에서 건져내셔서 자신의 사랑하시는 아들인 그리스도의 나라로 옮겨주셨습니다. 그 결과, 우리는 그 아들 안에서 그 아들의 십자가 피로 말미암아 죄 용서함을 받아 구원을 얻게 되었습니다"(골 1:12-14).

요약하면, 성도는 하나님의 은혜로 흑암(사탄)의 권세에서 건져냄을 받았을 뿐만 아니라 그리스도의 십자가 피로 죄 용서함을 받았고, 게다가 장차 빛의 나라인 그리스도의 나라를 기업으로 얻게 되는 상속자의 자격까지 부여받은 자들이므로, 이토록 '좋은 선물'에 대해 어찌 감사하지 않을 수 있겠느냐는 말이다.

새 사람을 입은 성도의 새 생활 (3:18-25)

아내들이여, 남편에게 순종하십시오. 이것이 주님 안에서 합당한 일입니다. 남편들이여, 아내를 사랑하십시오. 절대로 아내를 거칠게 대하는 일이 없도록 하십시오. 자녀들이여, 모든 일에 부모님께 순종하십시오. 이것이 주님을 기쁘시게 해드리는 일입니다. 어버이들이여, 그대들의 자녀들을 지나치도록 꾸짖음으로써 그들로 화나게 하지 마십시오. 자녀들이 낙심하는 일이 없도록 잘 보살펴야 합니다.

바울은 앞서 에베소 교회에 보내는 편지에서도 비슷한 권면을 했다. 거기서 바울은 그리스도께서 교회를 사랑하시고 그 교회를 위하여 자신을 희생한 것같이 남편이 자기 아내를 사랑하라고 권면했다(엡 5:25). 사실, 이 같은 사랑으로 인해 교회가 그리스도께 사랑으로 순종하듯, 아내가 남편에게 기꺼이 순종할 수 있는 것이다.

한편, 바울은 자녀의 순종에 대응하는 어버이의 의무에 대해서도 교훈했다. 어버이의 잘못된 훈계나 몰이해, 폭력 사용이나 지나친 질책 등으로 인해 자녀들이 반발하여 성을 내거나 또는 낙담하고 실족하는 일이 없도록 자녀 교육에 세심한 주의를 기울여야 한다고 권면했다. 바울의 권면은 이어진다. 이번에는 종과 상전에 관한 교훈이다.

> 종들이여, 모든 일에 있어 육신의 상전들에게 순종하십시오. 사람을 기쁘게 하는 자들처럼 상전의 눈앞에서만 잘 보이려고 하지 말고, 오직 주님을 두려워하는 가운데 진실한 마음으로 순종하십시오. 그러므로 무슨 일을 하든, 사람에게 하듯 하지 말고 주님께 하듯이 온 마음을 다해 일하십시오. 그리해야 하는 까닭은, 여러분은 장차 주님께로부터 유업의 상급을 받게 될 줄을 알기 때문입니다. 그렇습니다. 여러분은 여러분의 영원한 주님이신 그리스도를 섬기는 사람들입니다. 따라서 누구든지 주님 앞에서 불의를 행하는 사람은 자신이 행한 불의에 대해 합당한 대가를 치르게 될 것입니다. 우리 주님은 상전이든 종이든 절대로 외모를 보고 사람을 차별하는 일이 없습니다.

로마제국이 세상의 광활한 영토를 지배하던 주후 1세기의 바울 시대에는 시민들보다 종들이 훨씬 많았다. 물론, 교회 안에도 각자 자기 상전(주인)을 섬기고 있는 종들이 많았다. 그래서 종들에게 주는 바울의 권면이 길다. 요점은, 비록 세상에선 종(노예)의 신분이라 해도 영원한 주님 되시는 그리스도를 믿고 섬기는 신자답게, 또한 장차 하늘 유업(구원, 영생, 천국)의 상급을 받아 누릴 자답게, 땅 위에서 살아갈 때 육신의 상전(주인)에 대해서도 항상 신실한 자세를 견지하라는 것이다.

4

기도와 교제

여러분은 기도에 힘쓰고
감사하며 항상 깨어 있으십시오
또 담대히 복음을 전할 수 있도록
우리를 위해 기도하십시오

새 사람을 입은 성도의 새 생활 (4:1)

상전들이여, 여러분의 종들을 정당하고 공평하게 대하십시오. 여러분에게도 하늘에 주인이 계시다는 것을 꼭 명심하기를 바랍니다.

바울은 노예제도를 지지하거나 운명에 굴복하는 숙명주의자가 아니었다. 당시 바울의 관심은 어떤 '제도'에 있지 않고, '사람'에게 있었다. 그래서 '종들'에게는 주님께 하듯 신실한 마음으로 상전들에게 순종할 것을 권했고, '상전들'에게는 의와 공평을 종들에게 베풀라고 권고했다.

이처럼 바울은 제도를 개혁하기에 앞서 사람을 먼저 변화시키는 데 주력했다. 그것이 더욱 효과적이라고 생각했기 때문이다. 나아가 바울은 성도가 영적인 만족을 얻는 데는 제도나 환경의 변화가 꼭 필요한 것이 아니고, 오히려 제도나 환경을 자신에게 맞출 수 있음도 알았다. 이처럼 노예제도가 보편화된 주후 1세기의 로마제국이라는 시대적 상황에 맞추어 바울은 지혜로운 방법으로 복음을 전했다.

바울의 마지막 당부와 권면 (4:2-6)

기도에 힘쓰십시오. 감사하는 마음으로 기도하면서 항상 깨어 있도록 하십시오. 또 우리를 위해서도 기도해 주십시오. 기도할 때, 하나님께서 우리에게 전도의 문을 활짝 열어주셔서, 우리가 그리스도의 비밀을 담대히 선포할 수 있도록 해달라고 간구하십시오. 지금 나는 이 일 때문에 로마 옥중에 갇혀 있는 몸이 되었습니다. 그러니 내가 마땅히 해야 할 말로써 분명하게 복음의 말씀을 선포할 수 있도록 우리를 위해 기도해 주십시오.

바울이 깨달은 '그리스도의 비밀'은 이전 세대(구약시대)에는 알려지지 않은 하나님의 신비한 계시로서 곧 '복음'을 가리킨다. 복음의 핵심은, 오직 그리스도를 믿는 믿음으로써 유대인이나 이방인이나 아무런 차별 없이 구원을 받을 수 있다는 것이다.

교회 밖의 사람들 곧 불신자들에 대해서는 지혜롭게 처신하고, 모든 기회를 잘 활용하여 그들에게 복음을 전하도록 하십시오. 또한 여러분은 소금으로 음식 맛을 내는 것처럼 언제 어디서나 은혜가 넘치는 말을 하도록 하십시오. 그러면 여러분은 각 사람에게 때에 맞는 적절하고 마땅한 대답을 할 수 있게 될 것입니다.

소금은 음식물의 맛을 내게 할뿐더러 그것을 부패하지 않도록 잘 보존한다. 이처럼 믿는 자들의 말과 행동도 다른 이들에게 좋은 맛처럼 본보기가 되어야 하고, 그래서 선한 영향력을 끼쳐야 한다.

사도 바울의 마지막 인사 (4:7-18)

이곳 로마에 있는 내 모든 사정과 형편은 우리의 사랑하는 형제인 두기고가 여러분에게 잘 알려드릴 것입니다. 그는 주님 안에서 사랑하는 형제이고, 신실한 일꾼이며, 나 바울과 함께 그리스도의 종 된 사람입니다. 내가 그를 여러분에게 보내는 것은, 그의 편에 우리의 형편을 여러분에게 알리고, 그로 하여금 여러분을 위로하고 격려하도록 하기 위해서입니다. 또 충실하고 사랑받는 우리의 형제인 오네시모도 함께 보냅니다. 오네시모는 여러분과 같은 고향인 골로새 사람입니다. 두기고와 오네시모 같은 이들이 이곳의 사정을 여러분에게 자세히 알려줄 것입니다.

'두기고'는 로마에 거주하던 아시아 사람으로, 바울을 통해 회심한 바울의 신실한 제자이며 동역자다. 드로비모와 함께 바울의 제3차 전도 여행에 동행한 적이 있었고(행 20:4), 바울이 쓴 '에베소서'와 '골로새서'를 에베소 교회와 골로새 교회에 각각 전달하기 위해 파송된 인물이다.

'오네시모'는 골로새 교회의 신실한 성도인 빌레몬의 종으로, 일찍이 주인에게 죄를 짓고 로마에 도피하고 있던 중 바울의 전도를 받아 회개하고 신자가 된 후 바울을 시중들던 사람이다. 바울은 그를 이전 주인인 빌레몬에게로 돌려보내면서, 자신의 서신인 '빌레몬서'를 통해 그를 변론해 주었다.

지금 나와 함께 감옥에 갇혀 있는 아리스다고 및 바나바의 생질인 마가가 여러분에게 안부를 전합니다. 내가 이미 당부한 대로, 마가가 그곳 골로새로 가거든 부디 따뜻하게 맞아주기 바랍니다. 또 '유스도'라 불리는 '예수'도 여러분에게 문안인사를 드립니다. 할례받은 유대인 할례파 가운데 오직 이들만이 나와 함께 하나님 나라를 위해 일하는 동역자들로서, 이들은 참으로 내게 큰 위로가 되어주었습니다.

바울이 지금 자신과 함께 감옥에 갇혀 있다고 언급한 아리스다고, 마가, 유스도라 불리는 예수는 실제로 바울처럼 로마 셋집에 연금된 상태에 있다는 의미가 아니라, 자신과 마찬가지로 그리스도의 고난에 동참하고 있다는 은유적 의미로 이해하는 것이 좋다.

이들 세 사람은 모두 율법에 따라 할례를 받은 유대인들로서 이른바 '할례파'에 속한 사람이지만, 할례파(혹은 할례당) 사람들이 주장하는 것처럼 할례를 구원의 조건으로 내세우지 않고 복음에 충성한 사람들이었다.

> 또 여러분과 같은 고향 사람인 그리스도 예수의 종 에바브라도 여러분에게 문안인사를 드립니다. 그는 언제나 여러분을 위해 기도합니다. 여러분이 하나님의 뜻 가운데서 더욱 성숙해져서 보다 온전한 확신 위에 굳게 서도록 그는 힘써 기도하고 있습니다. 나는 에바브라가 여러분을 위해서, 또 라오디게아 및 히에라볼리에 있는 성도들을 위해서 힘에 넘치도록 많이 수고하고 있다는 것을 자신 있게 증언합니다.

얼핏 생각하면 두기고, 오네시모, 아리스다고, 마가, 유스도, 에바브라, 그리고 기타 여러 이름들의 등장은 기독교 교리와 실천을 다루는 공개서신 속에 불필요한 것처럼 보인다. 하지만 그들이 거기 있기에, 우리는 성경 저자가 특정한 시공간 속에서 특정한 사람들에게 편지를 쓰고 있다는 현장감을 느낄 수 있게 된다. 동시에 성경이 오늘날의 우리처럼 여러 문제를 갖고 있는 사람들을 위해 쓰인 것임을 알게 되고, 성경이 시대를 초월하는 하나님의 진리 말씀인 것을 깨닫게 된다.

> 또 사랑하는 의사인 누가도 여러분에게 안부를 전하고, 데마도 여러분에게 문안인사를 드립니다. 라오디게아 지역에 있는 형제들에게, 또 눔바와 그녀의 집에서 모이는 가정교회에도 나의 안부를 전해주십시오. 골로새 교회의 성도들이 내가 쓴 이 편지를 다 읽고 난 후에는 라오디게아 교회의 성도들도 읽을 수 있게 해주십시오. 그리고 여러분도 라오디게아

오늘날 라오디게아 유적지(왼쪽)와 히에라볼리 유적지(오른쪽)

교회로부터 오는 편지를 전달받아 읽도록 하십시오. 그리고 아킵보에게 전해주기를, 주님께 받은 직분을 유의해서 충실히 수행하라고 하십시오.

바울은 자신의 편지를 교회들이 돌려가며 읽도록 했다. 초대교회에서 사도의 가르침이 담긴 편지는 신적 권위가 있었다. 그래서 골로새 교회에 써 보낸 편지는 라오디게아 교회에도 유효했다. 게다가 두 교회는 서로 가까운 거리에 있었다.

한편 '라오디게아로부터 오는 편지'는 바울이 라오디게아 교회에 써 보낸 서신을 가리키는데, 이 편지는 오늘날 전해져오고 있지 않다. 이 서신 외에도 바울은 고린도 교회에 여러 통의 편지를 써 보냈지만(고후 2:4), 두 통의 편지(고린도전서와 후서) 이외에는 분실되었다. 이 같은 바울의 편지들이 분실되어 성경에 기록되지 않은 이유는 오직 하나님만이 아신다.

이제 마지막으로 나 바울은 이 서신에다 나의 친필로 여러분에게 안부를 전합니다. 여러분은 내가 예수 그리스도의 복음을 전하는 전도의 일로 감옥에 갇혀 있다는 사실을 항상 기억하십시오. 하나님의 은혜가 여러분과 늘 함께하기를 빕니다. 아멘!

오늘날에도 그런 경향이 있지만, 당시에 대부분의 저명인사들은 편지를 써 보낼 때 종종 자신의 서기로 하여금 내용을 받아 적도록 하고, 편지를 마무리 지을 때 당사자가 친필로 직접 문안인사를 적곤 했다. 바울도 그런 관례를 따랐다(살후 3:17). 특히 바울의 친필은 사도의 권위를 빙자한 다른 가짜 편지들을 방지하고, 편지의 내용에 한층 권위를 더해주었다.

바울이 친필로 문안인사를 하다

"에바브라, 지금 막 골로새 교회에 보내는 내 편지가 마무리되었네. 누가 이 편지를 골로새 교회에 전달하는 것이 좋겠소?"

"제 생각엔… 두기고가 어떻겠습니까? 그는 몇 달 전 에베소 교회에 보내는 사도님의 편지도 무사히 잘 전달하지 않았습니까."

"그렇지, 두기고! 그 형제라면 믿고 보낼 만하지. 그에게 자꾸 어려운 부탁을 해서 미안하지만, 이번에도 그 형제에게 부탁해 봐야겠소."

"다른 일도 아니고, 사도님의 편지를 교회에 전달하는 것은 워낙 중차대하고 의미 있는 일인지라, 두기고 형제는 기꺼이 부탁에 응할 겁니다. 아니, 도리어 자신을 믿고 맡기는 것에 대해 감사하게 생각할 겁니다."

"허허허, 그래 주었으면 좋겠네. 그럼, 두기고 형제에게 연락하여 나를 면회하도록 주선 좀 해주시게나. 서두르시게."

때는 주후 62년경 초엽, 장소는 바울이 로마 황제(가이사)의 재판을

오늘날 터키에 세워져 있는 '골로새 가는 길' 표지판

기다리던 동안 가택연금 된 로마 근교의 어느 허름한 셋집, 바울은 에베소 교회에 편지를 써 보낸 지 대략 3-4개월 후에 이번에는 골로새 교회에 써 보내는 편지를 마무리한 다음, 그 편지를 두기고의 손에 들려 보낸다.

비록 바울의 몸은 로마 옥중에 매어 있지만, 그의 마음은 로마제국 도처에 산재되어 있는 그리스도의 교회들과 그곳의 성도들에게 항상 가 있었다. 그리하여 주님께 양떼를 맡은 바울은 끊임없는 서신들을 통해 부지런히 옥중목회(獄中牧會)를 하고 있는 것이다. 주님께 부여받은바 사명에 살고 사명에 죽는 사도 바울의 신실하고 충성된 모습을 엿볼 수 있다.

데살로니가전서

그리스도의 재림과 성도의 부활

성도들이 하나둘 세상을 뜨자
교회가 온통 슬픔에 잠기는구나
천국에서 새로운 만남 있을 테니
주 오시는 그날을 소망하네

핍박 속에서도 믿음으로 견뎌
부활과 재림에 대한 소망 품어라
그리스도가 재림하실 그때면
성도들의 부활이 있네

그리스도 안에서 죽은 자 일어나고
살아남은 자들도 하늘로 들리우네
모두 구름 속으로 끌어올려져
공중에서 주를 영접하리라

죽음은 결코 영원한 이별이 아니니
성도들은 울거나 슬퍼하지 마라
서로 위로하고 위로받으며
항상 깨어 성결의 본을 보여라

1

모범적인 신앙

모진 고난에도 불구하고
기쁨으로 가르침 받고 실천하므로
마케도니아와 아가야 온 지방까지
여러분을 통해 말씀이 퍼집니다

서막

“디모데, 어서 오게! 그래, 데살로니가 교회는 어떠하던가? 그곳 성도들은 또 어떠하고? 어서 말 좀 해보게.”

주후 51년경, 바울의 나이 50세쯤, 제2차 전도여행(행 15:40-18:22) 중인 바울은 지금 고린도에 머물고 있다. 맨 처음 바울 일행이 수리아(시리아)의 안디옥 교회에서 제2차 전도여행을 떠날 당시엔 제1차 전도여행(행 13:2-14:7) 때 개척한 소아시아(오늘날 터키 지역)의 여러 교회를 돌아보고 보살필 심산이었다. 그러나 그런 일정을 소화하던 중 바울은 드로아에서 밤중에 환상을 보았는데(행 16:9), 그것은 한 마케도니아 사람이 그 지역으로 건너와 자신들을 도와달라고 요청하는 환상이었다.

이에 바울은 성령에 이끌려 소아시아의 서북단 항구도시인 드로아에서 배를 타고 오늘날 유럽 지역인 마케도니아 땅(현재 그리스, 유고슬라비아, 불가리아, 알바니아 지역)으로 건너갔다. 이후 바울은 빌립보에서

데살로니가전서의 무대

성공적으로 전도사역을 수행하였고, 이어 암비볼리와 아볼로니아를 거쳐 데살로니가에 이르렀다. 이때 바울의 전도 팀은 바울을 비롯하여 실라와 디모데였다.

데살로니가에서도 바울 일행은 성공적으로 전도사역을 수행하여 많은 결실을 맺었고, 교회를 세웠다. 하지만 오래지 않아 극렬 유대인들의 배척과 박해가 극심하여 바울 일행은 데살로니가를 떠나 한밤중에 인근의 베뢰아로 피신했다. 베뢰아에서도 바울 일행은 힘써 전도함으로써 많은 결신자를 얻었다. 그런데 이 같은 소식을 듣고, 데살로니가의 극렬 유대인들이 베뢰아까지 몰려와 바울을 죽이려 했다. 바울은 디모데와 실라만 그곳에 남겨두고 혼자서 아테네(아덴)로 피신했다.

얼마 후에 실라와 디모데는 아테네에서 다시 바울과 합류했는데, 바울은 급하게 떠나온 데살로니가 소식이 궁금하여 디모데를 그곳으로 다시 보내 교회 소식을 알아보고 급히 돌아오도록 했다. 아테네에서 디모데를 애타게 기다리던 바울은 디모데의 귀환이 지체되자 할 수 없이 전도여행의 일정에 따라 아테네를 떠나 고린도로 내려갔다. 그리고 그곳 고린도에서 마침내 마케도니아로부터 돌아온 디모데를 만나 무척이나 궁금해하고 애타하던 그곳 교회 소식을 접할 수 있었다.

"사도님, 데살로니가 교회의 형제님들은 여러 핍박과 환난 가운데서도 그들의 믿음을 잘 지키며 신앙생활을 잘 유지하고 있습니다. 하지만 말입니다, 어떤 형제들은 사도님의 가르침을 오해하여 주님의 재림이 당장 이루어질 줄 알고 모든 일손을 놓은 채 무위도식하고 있습니다. 뿐만 아니라, 어떤 형제들은 주님의 재림을 보지 못하고 먼저 세상을 떠난 가족이나 교우들로 인해 무척이나 슬퍼하며 낙담하고 있습니다."

"그래요? 그것 참 문제구려. 흠… 잘 알겠네! 이제 내가 교회의 사정을 알았으니 그들에게 편지를 써 보내야겠소."

그리하여 바울은 급히 펜을 들었다. 데살로니가 교회의 신실한 믿음생활에 감사의 뜻도 표할 겸, 주님의 재림과 성도의 부활에 관한 올바른 교훈도 줄 겸해서 편지를 쓰기로 작정한 것이다.

때는 제2차 전도여행 중인 주후 51년경으로, 바울이 고린도에서 사역하고 있을 무렵이다. 이 시기에 데살로니가 교회에 써 보낸 첫 번째 편지 곧 '데살로니가전서'는 바울이 쓴 13통의 편지, 이른바 '바울서신' 가운데 맨 처음으로 쓴 편지다.

바울의 문안인사 (1:1)

사랑하는 형제들이여, 바울과 실루아노와 디모데는 하나님 아버지와 주 예수 그리스도 안에 있는 데살로니가 교회의 성도들에게 이 편지를 씁니다. 주님의 은혜와 평강이 여러분과 항상 함께하기를 빕니다.

본서의 수신 지역인 데살로니가는 오늘날 그리스 북부에 위치한 아름다운 항구도시인데, 바울 당시엔 로마의 속주인 마케도니아도(道)의 수도로서 로마와 아시아를 잇는 주요 군사도로인 에그나티아 가도가 그 도시를 관통하고 있던 교통의 요충지였다. 이 같은 지리적 이점 때문에, 데살로니가는 일찍부터 발전하여 주후 1세기의 바울 당시엔 인구가 대략 20만 명에 달하여, 사람들은 데살로니가를 '마케도니아의 어머니'라 부르기도 했다.

이곳 데살로니가의 주민들은 일찍이 알렉산더 대왕의 이주정책으로 로마인과 헬라인뿐만 아니라 유대인 및 여러 다양한 민족들이 혼재해 있었다. 따라서 유대인의 회당도 일찍부터 세워져 있었는데, 제2차 전도여행 때 이곳에 도착한 바울은 그곳 회당을 중심으로 그리스도의 복음을 힘껏 전파하여 많은 결신자들을 얻었고, 그 결과 데살로니가에 버젓이 교회를 세울 수 있었다. 지금 바울은 그곳 데살로니가 교회에 편지를 쓰면서 먼저 성도들에게 문안인사를 하고 있는 것이다.

한편, 문안인사에 등장하는 '실루아노'는 헬라어 '실라'의 라틴식 이름이다(행 16:25). 그는 일찍부터 예루살렘 교회에서 널리 인정받던 선지자로서(행 15:32), 바울의 제2차 전도여행 때 바울을 도와 빌립보, 데살로니가, 베뢰아, 고린도 사역에서 크게 공헌하였다. 말년에는 데살로니가 교회의 감독으로 활동했다고 전해진다.

데살로니가 교인들의 신실한 믿음생활 (1:2-10)

우리는 우리의 모든 기도 가운데 여러분을 언급하면서, 여러분 모두로 인해 항상 하나님께 감사를 드립니다. 그것은, 우리가 여러분의 신실한 믿음의 행위와 사랑의 수고 및 우리 주 예수 그리스도를 향한 소망의 인내를 우리 하나님 아버지 앞에서 기억하기 때문입니다. 하나님의 사랑을 받은 형제들이여, 우리는 여러분이 하나님께 택하심을 받았다는 사실을 잘 알고 있습니다.

데살로니가 성읍에는 일찍부터 유대인들이 이주하여 회당을 짓고 터를 잡고 있었다. 따라서 이곳은 다른 지역보다 유대인들의 텃세가 유난히 심한 곳인데, 바울은 제2차 전도여행 중에 여기서 전도사역을 펼치다가 극렬 유대인들의 난동으로 생명의 위협을 느껴 한밤중에 급히 몸을 피해야 할 정도였다(행 17:5-10).

그런 험악한 지역에 세워진 데살로니가 교회에서 신자들이 신앙생활을 영위해 나간다는 것은 지극히 힘든 일이었다. 동족인 유대인들을 비롯하여 불신 이방인들의 따돌림과 조롱과 협박을 견뎌야 했고, 생업의 어려움을 감수해야 했으며, 심지어 목숨의 위협까지도 감내해야 했다. 그럼에도 불구하고 데살로니가 교회의 신자들은 소망 가운데 인내하며 신실한 믿음을 견지하고 있었다. 바울은 그런 점에 깊은 감사와 고마움을 표한 것이다.

> 그러하기에 우리가 여러분에게 전한 그리스도의 복음이 여러분에게 단지 말로써만 아니라 능력으로, 성령으로, 큰 확신으로 여러분의 마음속에 깊숙이 닿았던 것입니다. 우리가 여러분 가운데 함께 있었을 때, 여러분을 위해 우리가 어떻게 처신하였는지는 여러분이 잘 알고 있습니다. 그래서 여러분은 모진 핍박과 고난에도 불구하고, 성령께서 주시는 기쁨으로 우리가 전한 하나님의 말씀을 잘 받아들여 우리를 본받고 또한 주님을 본받는 자들이 되었습니다. 그리하여 오늘날 여러분은 마케도니아와 아가야 지역에 살고 있는 모든 믿는 자들의 모범이 되었습니다.

당시 데살로니가 교회의 성도들은 복음을 배척하는 극렬 율법주의자들인 유대인들에게서 핍박을 받고 있었다. 그들은 바울을 '율법의 파괴자'로 규정하고, 데살로니가의 다른 주민들을 선동하여 바울의 복음을 믿고 따르는 성도들을 음해하고 매질하며 감금하는 등 온갖 횡포를 일삼았다. 한편, '아가야'는 로마제국의 행정구역 이름으로, 오늘날

오늘날 그리스의 마케도니아9마게도냐) 지역과 아가야 지역

그리스의 남반부에 해당되는데 당시의 수도는 '고린도'였다.

이처럼 여러분에게서 시작된 주님의 말씀이 여러분을 통해 마케도니아와 아가야 온 지역에 널리 퍼지게 되었습니다. 그리하여 하나님을 향한 여러분의 신실한 믿음생활에 관한 소문이 도처에 두루 알려지게 되었습니다. 이런 사실을 두고는 우리가 더 이상 구구하게 말할 필요가 없습니다.

진실로 마케도니아와 아가야 지역의 성도들은 우리를 두고서 이야기합니다. 우리가 여러분을 방문했을 때 여러분이 어떻게 우리를 환대했는지, 또한 여러분이 어떻게 우상을 버리고 하나님께로 돌아와 살아계신 참된 하나님을 섬기게 되었는지를 서로 이야기합니다. 뿐만 아니라, 그들은 또한 하나님께서 죽은 자들 가운데서 살리신 그 아들, 곧 다가올 하나님의 진노에서 우리를 건져주실 예수 그리스도께서 하늘로부터 이 땅에 오실 날을 여러분이 얼마나 애타게 기다리고 있는지에 대해서도 서로 이야기합니다.

바울은 디모데에게서 전해 들은 대로 작금 데살로니가 교인들이

처한 여러 상황에 대해 언급하고 있다. 특히 그들이 우상을 버리고 참된 하나님께로 돌아온 사실을 칭찬했다. 당시 헬라-로마는 온갖 신들을 섬기는 다신교 사회였다. 그래서 데살로니가 주민들도 많은 신들을 섬겼다. 전쟁과 사랑의 신, 땅과 바다의 신, 쾌락과 분노의 신, 천국과 지옥의 신 등등.

이처럼 고대 헬라인들과 로마인들은 될 수 있는 한 각종 신들을 첨가했다. 하지만 지금 데살로니가 교회의 교인 된 신자들은 바울이 전한 복음을 통해 오직 한 분이신 참된 하나님을 만나게 되었을 때, 과감하게 모든 우상을 떠나 하나님께로 돌이켰다. 바울은 그 사실을 칭찬하고 있다.

2

바울의 전도 사역

저는 여러분께 복음 전할 때
아첨이나 탐욕이나 가식 없이
자녀를 돌보는 어버이 심정으로
따뜻하게 사랑으로 전합니다

바울의 데살로니가 전도사역 (2:1-16)

형제들이여, 여러분은 우리가 여러분을 방문한 것이 결코 헛된 일이 아니었음을 잘 알 것입니다. 여러분도 알다시피, 여러분에게로 가기 전에 우리는 빌립보에서 모진 고난을 당하고 심한 모욕을 겪었습니다. 하지만 하나님의 도우심으로 우리는 심한 반대를 무릅쓰고 담대하게 여러분에게 나아가 하나님의 복음을 여러분에게 전했습니다.

바울 일행은 데살로니가에서 전도하기 바로 직전에 빌립보에서 복음을 전하다가 그곳의 주민들에게 고발을 당하여 매질을 당하고 발에 차꼬가 채워진 채 감옥에 갇히는 고난을 겪기도 했다(행 16:19-24).

여러분을 향한 우리의 권면에는 어떠한 불순한 동기나 악한 목적이 없으며 어떠한 속임수도 전혀 없습니다. 우리는 오직 하나님께 임명받고 위탁받은 복음 전도자로서 말하고 일했습니다. 우리가 그렇게 한 것은,

우리의 전도가 사람을 기쁘게 하려는 것이 아니라 우리의 마음속 깊은 곳까지도 속속들이 살펴보시는 하나님을 기쁘시게 해드리려는 것입니다.

바울은 다마스쿠스(다메섹) 도상에서 부활의 예수님을 만났고(행 9:3-5), 예수님께로부터 '이방인의 사도'로 부르심을 받아(갈 2:8), 이방인들에게 예수 그리스도의 복음을 증언할 자로 위탁받았다(행 9:15-16).

여러분도 잘 알다시피, 우리가 복음을 전할 때는 언제 어디서든 입에 발린 아첨의 말을 하지 않았고, 또한 탐욕을 감추고 가식적으로 행동한 적도 없습니다. 이런 사실은 하나님께서 우리의 증인이 되십니다. 또한 그리스도의 복음을 전하는 우리는 여러분에게서든 혹은 다른 누구에게서든, 사람에게서는 어떤 칭찬도 구하지 않았습니다.

하나님에게서 복음을 위탁받은 사명자로서 사람의 눈치를 보거나 사람의 칭찬을 바라지 않고, 오직 하나님 앞에서 한 점 거짓 없이 신실하고 진실하게 복음을 전했다는 말이다. 사명자의 청렴하고 떳떳한 자세를 엿볼 수 있다.

우리는 그리스도의 사도로서 마땅한 권위를 주장하여 여러분에게 짐을 지워 드릴 수도 있었습니다. 하지만 우리는 그렇게 하지 않았고, 도리어 자기 자녀를 돌보는 어머니의 심정으로 여러분을 따뜻하고 부드럽게 대했습니다. 우리는 이토록 여러분을 극진히 사랑하여 여러분에게 하나님의 복음을 나누어주는 데 그치지 않고, 우리의 목숨까지도 여러분을 위해 기꺼이 내어줄 정도였습니다. 그것은 참으로 여러분이 우리에게 사랑받는 자들이 되었기 때문입니다.

하나님께 '복음'을 위탁받은 사도들은 그리스도의 복음을 전하고 가르치는 과정에서 사도의 권위를 마땅히 행사하고 주장할 수 있었다.

첫째, 복음에서 이탈한 교인들을 훈육하고 징계할 수 있었다. 둘째, 가르침을 받는 교인들로부터 의식주와 관련된 물질적 지원을 받을 수 있었다. 일찍이 예수님도 제자들을 파송하시면서 이 같은 사실을 인정하셨다(막 6:7-11).

천막 제조의 일을 하며 복음을 전한 바울

형제들이여, 우리가 데살로니가에서 여러분과 함께 있을 때 얼마나 힘든 수고와 고초를 겪었는지 여러분은 충분히 기억하고 있을 것입니다. 그때 우리가 여러분에게 하나님의 복음을 전할 때, 어느 누구에게도 폐를 끼치거나 짐을 지우지 않기 위해 밤낮으로 땀 흘리며 일했습니다. 또한 우리가 믿음의 형제들인 여러분 앞에서 얼마나 경건하고 의롭고 흠 없이 처신했는지는 여러분이 증인이고 또 하나님께서도 증언하실 것입니다.

바울은 자신의 사도 권리를 사용하지 않았다. 사도로서 바울은 복음을 위해 전적으로 일한 대가를 마땅히 받아야 했지만, 복음의 훼방꾼들은 바울이 돈 때문에 일한다고 비난할 것이기 때문에, 바울은 복음 전파에 아무런 장애가 없도록 의식주에 관한 자신의 사도권을 기꺼이 포기함으로써 아예 비난과 오해의 소지를 원천적으로 없애버렸다. 대신에 바울은 자신의 생계를 위해 땀 흘리며 천막 만드는 일을 했다(행 18:3).

여러분도 잘 알다시피, 우리는 마치 아버지가 자기의 사랑하는 자녀에게 하듯이 여러분 한 사람 한 사람을 그렇게 대하여 성심껏 격려하고 위로하고 권면했습니다. 그리한 까닭은, 여러분을 부르셔서 자기 나라와 그 영광에 들어가게 하시는 하나님 앞에서, 여러분 각자가 합당하게 살아가도록 하기 위해서입니다. 우리가 항상 하나님께 끊임없이 감사드리는 것은, 여러분이 우리에게서 하나님의 말씀을 받을 때에 사람의 말로 받아들이지 아니하고, 있는 그대로 실제 하나님의 말씀으로 받아들였다는 사실입니다. 참으로 그 말씀은 믿는 여러분 가운데서 지금 힘차게 살아 역사하고 있습니다.

우상숭배의 오랜 관습에서 돌이켜 이제는 하나님을 섬기는 데살로니가 교인들의 충격적인 삶의 변화는, 그들에게 전한 사도들의 말이 사람의 말이 아니라 하나님의 말씀이라는 사실을 보여주는 생생한 증거였다. 그런 초자연적인 결과는 사람의 말로써는 불가능하고, 오직 하나님의 말씀으로써만 가능하기 때문이다.

형제들이여, 지금 여러분은 유대 땅에 있는 하나님의 교회처럼 되어가고 있습니다. 유대인들에게 박해를 받는 그곳 유대의 교회들과 마찬가지로, 여러분도 여러분의 동족에게서 똑같이 고난을 겪고 있기 때문입니다. 유대인들은 주 예수님과 하나님의 선지자들을 죽이고, 또한 우리를 내쫓았습니다. 이처럼 그들은 하나님께 거슬러 대항하고, 모든 사람에게 원수가 되고 있습니다. 그들은 또 우리가 이방인들에게 복음 전하는 것을 적극적으로 훼방하여, 이방인들이 구원받을 수 있는 길을 가로막고 있습니다. 이렇게 그들은 자기들의 죄를 높이 쌓았으므로 마침내 하나님의 진노가 그들에게 내리고 말았습니다.

복음의 핵심은 이러하다. 하나님의 아들이신 예수님은 인류의 구원자 되시는 메시아(그리스도)이므로, 누구든지 그분 예수님을 믿으면 구원을 얻는다는 것이다. 하지만 유대인들은 예수님을 메시아로 인정하지 않았고, 또한 율법을 모르는 이방인들에게는 구원이 없다고 보았다. 그래서 그들은 필사적으로 복음을 훼방하고 대적했다.

바울의 유일한 자랑과 기쁨 (2:17-20)

> 형제들이여, 우리가 잠시 동안 여러분을 떠나 있지만, 그것은 단지 얼굴일 뿐이고 우리의 마음은 잠시도 여러분을 떠난 적이 없습니다. 이제 우리는 여러분의 얼굴도 다시 볼 수 있게 되기를 간절히 바라고 있습니다. 그래서 우리는 여러분에게로 나아가려 했고, 특히 나 바울은 몇 번이나 여러분에게로 나아가려 했지만, 그때마다 사탄이 우리를 가로막았습니다.

성경에 기록되지 않았으므로, 사탄이 어떻게 바울의 계획을 가로막았는지 그 정확한 내용은 알 수 없다. 하지만 바울이 여러 차례 데살로니가 방문 계획을 세웠지만, 그때마다 예기치 못했던 급작스런 일로 빈번히 무산되었음을 알 수 있다.

> 우리 주 예수께서 다시 오실 재림의 때에, 그분 앞에서 우리의 소망이나 기쁨이나 자랑의 면류관이 무엇이겠습니까? 바로 여러분이 아니겠습니까? 정녕 그러합니다. 여러분이야말로 진실로 우리의 영광이요 기쁨입니다.

그리스도의 재림의 날에 주님 앞에 자랑스럽게 내놓을 수 있는 유일한 것은 목숨 바쳐 복음을 전한 결과로 마침내 얻게 된 '전도의 열매' 곧 우상에게 돌이켜 하나님을 섬기게 된 성도들뿐이라는 말이다. 마지막 날에, 오직 그것만이 주님 앞에 떳떳하게 내놓을 수 있는 위대한 전리품이고, 진실로 주님은 그것만을 기쁘게 인정해주실 것이다.

3

디모데 파송

동역자 디모데를 여러분에게 보내니
그를 통해 위로받고 굳건하십시오
믿는 자들에게는 환난이 있으므로
시련 닥친다고 낙담하지 맙시다

제2차 전도여행 중이던 바울 일행(바울, 디모데, 실라)이 데살로니가에서 복음을 전했을 때였다. 바울 일행은 유대인들의 극렬한 훼방과 박해로 생명의 위협을 느껴 한밤중에 인근의 베뢰아로 급히 피신해야 했다. 그런데 그곳 베뢰아까지 유대인들이 따라와 전도사역을 훼방하였다. 그래서 바울은 부득이 혼자 베뢰아를 떠나 아테네(아덴)로 내려갔고, 얼마 후에 디모데와 실라가 바울과 합류했다. 그때 바울과 디모데가 나눈 대화다.

"아무래도 마음이 안 놓이는군. 디모데, 자네가 데살로니가에 돌아가 그곳 교회의 사정 좀 알아보고 와야겠어. 그렇게 좀 해주겠나?"

"네, 사도님! 그리하겠습니다. 언제 떠날까요?"

"고맙네, 날이 밝는 대로 곧장 짐을 챙겨 떠나도록 하게나. 극렬 유대인들의 훼방과 핍박이 아주 심하니, 부디 몸조심하게나."

이렇게 바울과 실라는 아테네에 그대로 남았고, 디모데는 데살로니가 교회의 사정을 알아보며 그들을 위로하고 격려하려고 그곳으로 떠났다. 지금 바울은 그런 사실을 편지에 쓰고 있다.

디모데를 데살로니가에 파송함 (3:1-10)

그러므로 형제들이여, 그때 우리는 더는 참을 수 없을 정도로 여러분의 사정이 궁금해서 우리만 어쩔 수 없이 아테네에 그대로 남아있기로 하고, 우리의 형제요 그리스도의 복음을 전하는 하나님의 일꾼인 디모데를 여러분에게로 보냈습니다. 그를 여러분에게 다시 보낸 까닭은, 그로 하여금 여러분의 믿음을 굳건하게 하고 또 격려하게 하여, 온갖 시련 가운데서도 어느 누구도 흔들리는 일이 없도록 하기 위한 것입니다. 여러분도 잘 알다시피, 우리 믿는 자들 모두는 이 같은 여러 환난과 핍박을 당할 수밖에 없습니다.

불신 세상에서 성도가 복음을 믿고 신앙생활을 유지하려면 그리스도를 위해 환난과 핍박을 필연적으로 겪을 수밖에 없다는 사실을 일깨워준다(요 16:33). 바울은 데살로니가 교인들에게 그런 점을 일깨워줌으로써 현재의 고난에 대해 낙심하지 말고 마음을 굳게 먹으라고 권면하고 있다.

우리가 여러분과 함께 있을 때, 우리 모두는 복음 때문에 장차 박해를 겪게 될 것이라고 누차 여러분에게 말했었는데, 여러분이 알다시피 과연 그런 일이 지금 일어나고 있습니다. 이런 이유로, 나는 불안감 때문에 더는 참을 수가 없어서 여러분의 믿음을 알아보려고 디모데를 여러분에게로 보낸 것입니다. 그리한 까닭은, 행여 미혹하는 자가 나타나 여러분을 꾀어 시험에 빠뜨림으로써 지금까지 여러분을 위해 땀 흘린 우리의 모든 노력을 헛수고로 만들지 못하게 하려는 것입니다.

복음을 믿고 받아들인 자들은 환난과 핍박을 겪을 수밖에 없다고 바울은 가르쳤다. 그렇다. 하나님은 성도들에게 환난이 임하는 것을 허용하시는데, 그분은 믿는 자들 안에서 자신의 더 고상한 계획을 이루시기 위해 그들의 고통스러운 경험을 사용하신다.

그래서 신앙인의 삶에 닥치는 모든 핍박과 환난은 우리의 인격을 세우고 우리의 믿음을 성장시킨다. 복음 때문에 겪는 그런 핍박과 환난은 우리가 온실 속에서는 결코 배울 수 없는 생생하고 값진 진리를 가르친다. 심지어 예수님조차도 그분이 받으신 핍박과 고난으로 인해 아버지 하나님께 순종하시는 원리를 배우셨다(히 5:8).

> 그런데 지금은 디모데가 우리에게로 돌아와서, 여러분의 믿음과 사랑에 대한 좋은 소식을 전해주었습니다. 아울러 여러분이 우리에 대해 언제나 좋은 추억을 간직하고 있고, 또 우리가 여러분을 보고 싶어 하는 것만큼이나 여러분 역시 우리를 무척이나 보고 싶어 한다는 것을 말해주었습니다. 그러므로 형제들이여, 이제 우리는 모든 고난과 박해 속에서도 여러분의 신실한 믿음으로 인해 큰 위로를 받았습니다. 진실로 여러분이 주님 안에 굳게 서 있다고 하니, 그것만으로도 우리가 이제 숨통이 트여 살 것 같습니다.

당시 고린도에 머물고 있던 바울은 데살로니가를 다녀온 디모데를 만나 그에게서 좋은 소식을 들었다. 데살로니가 교인들이 환난과 핍박 가운데서도 신실한 믿음생활을 유지하고 있다는 것, 또한 자신들에게 복음을 전해준 바울 일행에 대해 좋은 추억을 간직한 채 무척 보고 싶어 한다는 소식을 들었다. 디모데를 만나기 전까지 노심초사, 전전긍긍하던 바울은 이 같은 소식에 큰 위로를 받았고, 전도자의 보람과 기쁨을 느꼈다.

형제들아, 너희 믿음으로 말미암아 내가 위로를 받았노라

우리가 하나님 앞에서 여러분으로 인해 기뻐하는 모든 기쁨, 곧 여러분이 우리에게 안겨준 그 모든 기쁨에 대하여 우리가 어떻게 다 하나님께 감사를 드릴 수 있겠습니까! 다만 우리는 속히 여러분을 다시 만나 얼굴을 마주 볼 수 있기를, 또한 만나서 여러분의 믿음에서 부족한 부분을 보충해 드릴 수 있기를 밤낮으로 간절히 기도할 따름입니다.

데살로니가 교인들에게 보내는 바울의 편지를 살펴보면, 그들은 열심 있는 신실한 신앙생활로 바울에게 큰 기쁨을 주었다. 그렇지만 그들에겐 믿음에 있어 보충받아야 부분도 있었다. 그것은 예수님의 재림에 관한 지식이나 성도의 규모 있는 생활 등에 관한 것이다. 그런 부분에 대해서는 아직 초보적 신앙 상태에 머물러 있었다.

데살로니가 성도들을 위한 바울의 간절한 기도 (3:11-13)

하나님 우리 아버지와 우리 주 예수께서 친히 우리의 길을 활짝 열어주셔서, 우리가 여러분에게 나아갈 수 있는 길을 속히 열어주시기를

> 빕니다. 또한 우리가 여러분을 사랑하듯, 주님께서 여러분 서로 간에 나누는 사랑에 더하여, 여러분이 모든 사람에게 베푸는 사랑까지도 넘치도록 풍성하게 해주시기를 빕니다. 그리하여 주님께서 여러분의 마음을 굳세게 하셔서 우리 주 예수 그리스도께서 자신의 모든 성도와 함께 이 땅에 다시 재림의 때에 여러분 모두가 하나님 우리 아버지 앞에서 거룩하고 흠 없는 모습으로 떳떳하게 설 수 있게 해주시기를 간절히 빕니다.

재림의 때에 예수님과 함께 강림할 '모든 성도'는 누구일까? 여기서 '성도'는 '거룩한 자들'이란 뜻으로, 일차적으로는 '천사들'을 가리킨다. 성경은, 천사들을 예수님의 재림 때에 함께 강림할 자들로 언급하고 있다(막 8:38; 살전 4:16).

하지만 그들은 또한 '이미 죽은 신자들'을 가리킬 수도 있다. 그렇다면 바울의 이 말은, 이미 죽은 신자들이 예수님의 재림 때에 즉각 부활하고 휴거하여 공중에서 주님을 영접한 후에 예수님 및 천사들과 더불어 위로부터 강림하게 된다는 사실을 보여준다(살전 4:14).

4

주의 재림의 날

죽은 성도들 때문에 슬퍼하지 마십시오
하늘에서 나팔소리와 함께 주가 임하시면
먼저 죽은 자들이 일어나고 이어 우리도
이끌려 올라가 공중에서 주를 만납니다

지금까지 바울은 지난날 데살로니가에서 전도 사역하던 때를 회상하면서 그때 일어난 일들에 관해 언급하였다(1-3장). 이제 바울은 당시 데살로니가 교인들의 최대 관심사였던 '그리스도의 재림'과 '성도의 부활'이라는 주제를 중심으로 미래의 일들에 관해 편지를 쓰기 시작한다(4-5장).

하나님을 기쁘시게 해드리는 성도의 삶 (4:1-12)

그러므로 데살로니가 교회의 형제들이여, 마지막으로 여러분에게 부탁하고 당부합니다. 우리는 여러분에게 여러분이 마땅히 행할 것과, 어떻게 마땅히 하나님을 기쁘시게 해드릴 것인지에 대해 힘껏 가르쳤습니다. 그래서인지 이제는 여러분이 우리에게서 배운 대로 행하고 있다고 하니, 앞으로도 변치 말고 더욱 힘써 그렇게 계속 행하도록 하십시오.

데살로니가 사역 때, 바울은 힘껏 십자가 복음과 기독교 신앙에 관해 가르쳤다. 그러므로 이제는 자신에게 가르침을 받은 대로 삶 속에서 실천하라고 권면한 것이다.

> 우리가 주 예수 그리스도의 이름과 권한으로 여러분에게 어떤 명령들을 주었는지는 여러분이 잘 알고 있습니다. 여러분을 향한 하나님의 뜻은 모쪼록 여러분이 거룩하게 되는 것입니다. 곧 음란한 행위를 멀리하고, 각자 깨끗한 마음과 존경하는 태도로 자기 아내를 기뻐 사랑할 줄 알고, 하나님을 알지 못하는 이방인들처럼 더러운 욕정에 빠지지 말고, 또 그런 일로 외도하여 이웃의 아내를 범함으로써 형제에게 해를 끼치지 말라는 것입니다. 그리 행해야 하는 까닭은, 이전에 우리가 여러분에게 누차 말하고 경고한 대로, 우리 주님께서는 그러한 모든 악한 행위에 대하여 무거운 징벌을 내리시는 분이기 때문입니다.

하나님은 믿는 자들에게 거룩함을 요구하시는데, 그것은 하나님께서 거룩하시기 때문이다. 거룩하신 하나님의 백성 된 자로서 거룩하신 하나님과 교제하기 위해서는 반드시 거룩해야만 했다. 그런 거룩함을 유지하기 위해 가장 대표적으로 힘써 행해야 하는 일은 모든 음란과 욕정으로부터 깨끗하게 되는 것이다.

> 하나님께서 우리를 자신의 백성으로 부르신 것은, 우리로 부정한 삶을 살게 하기 위해서가 아니라 거룩한 삶을 살게 하기 위해서입니다. 그러므로 누구든지 이 같은 교훈을 저버리고 부정한 삶을 사는 자는 사람을 저버리는 것이 아니라 여러분에게 성령을 주신 하나님을 저버리는 것입니다.

여기서 '부정한 삶'이란 특별히 앞서 4장 5절에서 언급한 바대로 이웃의 아내를 범하는 불륜과 같이 이방인들의 더러운 욕정과 색욕을 따라 살아가는 삶을 가리키는 말이다. 성도의 몸은 거룩한 영 곧 성령을 모신 성전인 만큼, 그런 자신의 몸을 성적인 타락으로 더럽혀서는 안 된다(고전 6:12-20).

하나님의 뜻은 이것이니 너희의 거룩함이라

형제 사랑에 대해서는 여러분에게 더 이상 따로 권면할 필요를 느끼지 않습니다. 여러분 스스로가 '서로 사랑하라'는 하나님의 가르침을 받아서 그대로 잘 실천하고 있기 때문입니다. 실제로 여러분은 온 마케도니아 지역에 있는 모든 형제에게 진실한 사랑을 베풀고 있습니다. 그러므로 형제들이여, 우리가 여러분에게 원하고 당부하는 것은 앞으로도 변함없이 더욱 풍성한 사랑으로 계속해서 그렇게 행하는 것입니다.

'형제 사랑'(헬, 필라델피아)이란 그리스도를 믿는 믿음으로 말미암아 그리스도 안에서 한 형제 된 성도들 사이의 친밀한 사랑의 교제를 말한다. 데살로니가 교회는 이 같은 형제 사랑에 관해서는 아주 모범적인 교회였다.

우리가 전에도 여러분에게 거듭 말했지만 조용한 묵상생활을 하시고, 자기가 맡은 일에 전념하는 가운데 자기 손으로 직접 일하면서 땀 흘리며 살아가도록 하십시오. 그렇게 살면, 교회 밖의 불신자들도 여러분이 그렇게 살아가는 모습을 보고 존경심을 품을 것이며, 또한 여러분은 경제적으로도 누구에게 폐를 끼치지 않고 살아갈 수 있을 것입니다.

당시 데살로니가 교인들 중에는 임박한 종말사상에 사로잡힌 자들이 있었다. 주님의 재림이 머잖아 곧 있다고 믿어, 자신의 일터에서 땀 흘리며 일하지 않고 규모 없이 게으르고 무질서하게 살아가는 자들이 있었다. 그런 자들을 향한 바울의 권면이다.

주님의 재림과 죽은 자들의 부활 (4:13-18)

형제들이여, 우리는 여러분이 자는 자들의 문제에 대해서 알지 못하기를 원치 않습니다. 그것은, 부활의 소망을 갖지 못한 세상 사람들처럼 죽은 자들에 대해 여러분이 너무 슬퍼하지 않게 하려는 것입니다. 우리는 예수님께서 죽으셨다가 다시 살아나신 것을 믿습니다. 이와 같이 하나님께서는 재림의 날에 예수님 안에서 자는 자들을 예수님과 함께 데리고 오실 것을 믿습니다.

여기서 '자는 자들'은 곧 '죽은 자들'을 가리키는 완곡어법이다. 믿는 자들에게 있어 죽음은 잠시 자는 것 이상의 심각한 의미를 지닌 것은 아니므로 이처럼 '잔다'라는 표현을 사용한 것이다.

한편, 재림의 때에 예수님은 이미 죽은 신자들과 더불어 강림하시는데, 여기 '예수님 안에서 자는 자들'은 이미 죽어 예수님과 함께 있는, 다시 말해 그동안 낙원에 있었던 신자들의 영(靈)을 가리킨다(고후 5:8). 예수님의 재림 때, 낙원에 있던 이들 신자들의 영이 그리스도와 함께 강림하여 부활의 신령한 몸과 연합되는 것이다. 그리스도의 재림과 성도의 부활에 관한 바울의 놀라운 계시의 말은 계속 이어진다.

우리는 주님께서 우리에게 직접 일러주신 대로 여러분에게 그대로 전합니다. 주님께서 재림하시는 날까지 우리 살아남아 있는 자들도 이미 무덤 속에 잠들어 있는 자들보다 결단코 앞서지 못합니다. 그날에 주님께서 큰 호령과 천사장의 소리와 하나님의 나팔소리와 함께 친히 하늘로부터 내려오실 터인데, 그때에 그리스도 안에서 이미 죽은 자들의 몸이 먼저 일어나고, 그런 다음에 아직 땅 위에 살아남아 있는 우리가 그들과 함께 구름 가운데로 이끌려 올라가 공중에서 주님을 영접하게 될 것입니다. 그리하여 우리는 영원히 주님과 함께 있을 것입니다. 그러므로 여러분은 이런 말들로 서로를 위로하고 격려하십시오.

주께서 친히 하늘로부터 강림하시리라

바울은 예수님의 재림과 성도의 부활에 관한 놀라운 비밀을 알려준다. 예수님의 재림 때에 부활의 순서는 이러하다. 먼저 죽은 자들의 부활이 있고 난 다음에, 뒤이어 거의 동시적으로 산 자들의 부활이 있다. 이때 '그리스도 안에서' 죽은 자들과 산 자들의 부활 곧 믿는 자들의 부활은 영생을 위한 부활이고, '그리스도 밖에서' 죽은 자들과 산 자들의 부활 곧 불신자들의 부활은 영벌을 위한 부활이다.

또한 예수님의 재림 때 믿는 자들의 신령한 부활의 몸은 하늘로 이끌려 올라가 공중에서 재림의 주님을 영접하게 되는데, 이는 이른바 '휴거'(携擧, Rapture)로 알려진 사건이다.

고대 세계에서는 귀인이 어떤 성읍을 방문하면, 성읍의 지도자들과 백성들이 성 밖으로 마중 나가 그를 영접한 후에 호위해서 성읍 안으로 돌아가는 관습이 있었다. 이처럼 그리스도의 재림 때에도 부활한 신자들이 땅 위로 올라가 공중에서 주님을 영접한 후에 함께 지상으로 돌아오는 광경을 묘사한 것이다.

5

재림의 시기와 성도들의 삶

주의 날이 한밤에 도둑같이 올 테니
때를 모른다며 무사태평하지 마십시오
평안하다 하면서 방심할 때
해산의 진통처럼 큰 재난이 닥칩니다

"저런! 생전에 예수님께서 가르치시기를, 재림의 날은 천사들조차 모르고 오직 하늘의 아버지 하나님만 아신다고 하시지 않았던가!"

데살로니가를 다녀온 디모데에게서 그곳 교인들의 소식을 전해 듣고 바울은 참으로 안타까웠다. 디모데가 바울에게 전한 소식은 이러했다. 데살로니가 교인들은 환난과 핍박 중에서도 믿음생활은 신실하게 영위하고 있지만, 그들 중 더러는 주님의 재림이 곧 있다고 믿고는 일손을 놓은 채 규모 없는 생활을 하고 있으며, 더러는 주님의 재림을 보지 못하고 먼저 죽은 교우들로 인해 지나치게 슬퍼하고 있다는 것이었다.

이 소식을 전해 들은 바울은 주님의 재림과 관련하여 올바른 종말의 신앙관을 가르쳐주고 있다. 편지는 계속 이어진다.

종말의 때를 대비하라 (5:1-11)

형제들이여, 앞서 말한 바 주님의 재림 때에 일어날 놀라운 광경과 관련해서 그런 일들이 일어나는 재림의 때와 시기에 관해서는 여러분에게 더 쓸 것이 없습니다. 여러분도 잘 알다시피, 주의 날은 마치 밤중에 도둑이 몰래 침입하는 것처럼 그렇게 올 것이기 때문입니다. 사람들이 "평안하다, 안전하다" 하고 말하면서 마음 놓고 지내고 있을 때, 마치 아이 밴 여인에게 해산의 진통이 오는 것처럼 큰 재난의 순간이 갑자기 닥칠 것인데, 사람들은 결코 그것을 피하지 못할 것입니다.

'주의 날'은 구약시대에는 '여호와의 날'로도 묘사되었다. 이 말은 하나님께서 마침내 행동을 개시하는 날로서, 의인을 구원하고 악인에게 심판을 베푸는 날이었다(암 5:18). 신약시대에 이르러 이 말은 '그리스도의 재림'을 가리키는 말이 되었는데, 그때와 시기를 그 누구도 알 수 없는 '주의 날'은 구원의 날임과 동시에 심판의 날이다. 즉, 신자들에겐 구원의 날이고, 불신자들에겐 심판의 날이다. 그래서 바울은 말한다.

형제들이여, 여러분은 어둠 속에 있지 않기 때문에 여러분에게는 재림의 그날이 도둑처럼 갑자기 닥치지는 않을 것입니다. 여러분은 모두 빛의 자녀들이고 낮의 자녀들입니다. 우리는 어둠이나 밤에 속한 자들이 아닙니다. 그러니 우리는 다른 세상 사람들처럼 잠들어 있지 말고, 정신을 바짝 차려 항상 깨어 있도록 합시다. 잠자는 사람들은 밤에 자고, 술 마시는 사람들도 밤에 마시고 취합니다. 그러나 우리는 낮에 속한 사람들이므로, 정신을 바짝 차리고 믿음과 사랑의 갑옷 가슴받이로 무장하고 구원의 소망을 투구로 삼읍시다.

앞서 바울은 '잔다'는 말을 '죽는다'를 가리키는 말로 사용했다(살전 4:13-15). 하지만 여기서는 영적으로 정신을 차리지 못하고 있는 상태, 곧 하나님의 뜻을 깨닫지 못하는 영적 불감증 상태를 가리킨다.

또한 바울은 믿는 자들을 '낮에 속한 자들'이라고 묘사했는데, 이 말은 '잔다'는 비유의 연장선상에서 이해될 수 있다. 대체로 사람들은 밤에는 잠을 자고 낮에는 정신을 차리고 일하기 때문에, 믿는 자들이 '낮에 속했다'는 것은 영적으로 깨어 있는 상태를 가리키는 말이다.

> 하나님께서 우리를 불러 세우신 것은, 그리스도의 재림의 날에 진노를 당하게 하시려는 것이 아니라 오직 우리 주 예수 그리스도로 말미암아 구원을 얻게 하시려는 것입니다. 또한 그리스도께서 우리를 위해 피 흘려 죽으신 것은, 우리가 잠들어 있든 깨어 있든 우리를 그리스도와 함께 살게 하시기 위해서입니다. 그러므로 여러분은 지금 그렇게 잘하고 있는 것처럼, 서로 간에 격려하고 또 서로를 세워주십시오.

하나님께서 성도를 불러 세우신 목적과 그리스도께서 성도를 위해 피 흘려 죽으신 목적이 무엇인지를 다시금 일깨워준다. 그것은 그리스도의 재림 때 성도가 잠들어 있든(즉, 이미 죽은 상태이든), 아니면 깨어 있든(즉, 아직 살아 있든), 모두가 부활하여 구원과 영생을 얻도록 하기 위함이다. 그러므로 그리스도의 재림 전에 죽었다고 하여 낙담하거나 슬퍼할 필요가 하등 없다.

사도 바울의 마지막 권면과 당부 (5:12-22)

> 데살로니가 교회의 형제들이여, 여러분에게 마지막으로 권면하고 당부합니다. 여러분 가운데서 수고하는 중에 주님 안에서 여러분을 지도하고 훈계하며 이끄는 분들을 존중해 주십시오. 그들의 사역을 귀하게 여겨 그들을 사랑으로 존귀하게 여기십시오. 또 여러분은 서로 화목하게 지내십시오.

데살로니가 교인들을 지도하고 훈계하며 이끄는 자들은 당시 교회 내에서 영적으로 성숙한 상태에 있는 감독이나 장로들을 가리킨다.

대체로 바울은 자신이 세운 교회에 감독이나 장로를 세워 교인들을 돌보며 가르치도록 했다(딤전 3:1-7; 딛 1:5-9). 그리고 바울은 교인들에게 권면하고 당부하기를, 교회에서 교인들을 지도하고 가르치는 감독이나 장로들을 존경하고 그들의 권위에 순복하라고 했다.

> 형제들이여, 여러분에게 또 권면합니다. 여러분 가운데 게으른 자들이 있거든 그들에게 경각심을 불러일으키고, 낙심한 자들에게는 위로와 격려를 베풀며, 연약한 자들을 도와주고, 모든 사람에 대해 되도록 많이 참으십시오. 누구도 악을 악으로 갚지 마십시오. 도리어 서로에게와 모든 사람에 대해서 항상 선한 일을 베풀도록 애쓰십시오.

바울은 악을 악으로 갚지 말라고 권면했다. 이처럼 성경은 악인에게 악행을 당했더라도 개인적인 복수를 허락하지 않는다. 우리는 누구에게든 언제까지나 다만 사랑을 실천할 뿐이고, 원수 갚는 일은 전적으로 하나님의 몫이기 때문이다(롬 12:19). 절대 공의로우신 하나님은 때가 이르면 모든 악행에 대해 반드시 심판하실 것이다.

> 항상 기뻐하십시오. 끊임없이 기도에 힘쓰십시오. 어떤 처지에 놓여 있든, 모든 일에 감사하는 마음을 가지십시오. 이것이 그리스도 예수 안에서 여러분에게 바라시는 하나님의 뜻입니다. 그리고 성령의 불을 끄지 마십시오. 예언을 멸시하지 마시고, 모든 예언에 분별력을 갖고 언제나 선한 것만을 굳게 붙들도록 하십시오. 또한 악은 어떤 종류일지라도 흉내조차 내지 마십시오.

바울은 믿는 자들을 향한 하나님의 뜻을 세 가지로 요약했다. 첫째, 항상 기뻐하는 것. 둘째, 끊임없이 기도하는 것. 셋째, 모든 일에 감사하는 것. 다시 정리하면 이렇다. 기뻐하되, 항상! 기도하되, 끊임없이! 감사하되, 모든 일에!

바울은 또 성령의 불을 끄지 말라고 명했는데, 믿는 자들이 성령의 불을 끄는 방식에는 두 가지가 있다. 하나는 성령의 능력과 성령의 활동을 인정하지 않음으로써 그 불을 끄는 것이고, 다른 하나는 성령의 일을 인간적이고 세속적인 방식으로 이끌어나감으로써 그 불을 끄는 것이다.

바울은 데살로니가 교인들이 그들 가운데서 성령께서 일하시도록 그들의 마음을 활짝 열어주기를 바랐다. 그래서 그들이 성령의 각종 은사들을 잘 활용하여 교회를 굳건히 세워주기를 원했다.

아울러 바울은 예언에 대해서도 훈계했는데, 당시 데살로니가 교회에는 예언에 대해 두 극단적인 현상이 있었다. 하나는 모든 예언을 분별없이 전부 받아들이는 현상이었고, 다른 하나는 모든 예언을 의심하고 멸시하는 현상이었다. 그래서 바울은 적절한 충고를 주었다. 예언을 멸시하지 말되, 모든 예언을 무조건 다 받아들이지 말고 잘 헤아려서 선한 것만을 취하라고 했다.

편지를 끝맺는 사도 바울의 마지막 인사 (5:23-28)

평강의 하나님께서 친히 여러분을 온전히 거룩하게 해주시고, 여러분의 영과 혼과 몸을 우리 주 예수 그리스도께서 다시 오실 때까지 아무 흠 없이 완전하게 지켜주시기를 빕니다. 여러분을 부르신 분은 신실하시므로 그분께서 또한 반드시 그렇게 이루어주실 것입니다.

여기서 바울은 '영'과 '혼'과 '몸'에 대해 말하고 있는데, 이는 인간이 영(헬, 프뉴마)과 혼(헬, 프쉬케)과 몸(헬, 소마)으로 구성되어 있다는 말이 아니다. 성경은 전반적으로 인간을 몸과 혼(창 2:7; 마 6:25) 또는 몸과 영(전 12:7; 고전 5:3, 5)으로 '혼(魂)'과 '영(靈)'을 혼용하고 있다.

그러므로 여기 바울의 표현은 단지 인간의 '전(全) 인격'을 강조하여 지칭한 말이다.

볼에 가벼운 입맞춤을 하는 오늘날 유대인의 문안인사

형제들이여, 우리를 위해 기도해 주십시오. 거룩한 입맞춤으로, 모든 성도들에게 서로 인사를 나누십시오. 나 바울이 주님의 이름으로 여러분에게 명합니다. 나의 이 편지를 모든 형제들과 서로 돌려가며 읽도록 하십시오. 우리 주 예수 그리스도의 은혜가 여러분과 항상 함께하기를 빕니다. 아멘!

주후 1세기의 바울 시대에, 유대인 회당에서 서로 가볍게 껴안고 볼이나 수염에 입을 맞추는 입맞춤은 반가움과 존경의 인사였다.

따라서 초대교회의 신자들도 분명 이 같은 관습을 따라 했을 터인데, 특별히 신자들 상호간의 사랑뿐 아니라 주님께 대한 사랑의 표시이기도 하다는 점에서 '거룩한 입맞춤'으로 간주되었다.

'흠, 하고 싶은 말을 다 썼으니, 이젠 편지를 마무리 짓고 곧바로 데살로니가 교회에 보내야겠구나. 부디 내 편지가 교회에 큰 도움이 되어 환난과 핍박 가운데 있는 형제들에게 위로와 격려가 되고, 또한 그리스도의 재림과 성도의 부활에 관해 올바로 깨닫는 계기가 되어야 할 텐데….'

이리하여 (성경에 밝혀진 편지들만 기준으로 했을 때) 바울이 생전에 교회들과 동역자들에게 써 보낸 총 13통의 편지들 가운데 맨 처음 편지가 마무리되었다. 최초의 편지(데살로니가전서)를 마무리한 바울은 자신의 편지가 데살로니가 교인들에게 큰 도움이 되기를 주님께 간절히 빌면서 둘둘 말아 봉인했다. 그리고 교회에서 널리 인정받고 가장 믿을 만한 신실한 사람에게 그 편지를 건네주어, 되도록 빠른 시일 내에 데살로니가 교회에 전달하도록 조처했다.

'흠, 잘 전달한 뒤 빨리 돌아와 교회의 반응을 전해주었으면….'

지금 바울은 제2차 전도여행(주후 50-52년경, 행 15:40-18:22) 중으로 아가야주(州)의 수도인 고린도에 머물고 있다. 디모데, 실라 등의 동역자들과 함께 고린도에 그대로 머물며 계속 전도사역을 감당하면서 초조한 마음으로 데살로니가 교회의 반응을 기다리고 있었다. 그런 바울의 애타는 마음에 아랑곳없이 세월은 하루하루, 한 달 두 달, 무심하게 흐르고 있었다.

데살로니가후서

올바른 재림관으로 성결한 삶을 살라

내 편지 잘못 읽은 자들이 어리석구나
주의 재림은 인내로 기다려야 하고
가난을 이기는 길은 피땀 속에 있는데
재림을 핑계로 방종과 게으름에 빠지네

주의 재림은 근면한 자들의 것,
땀 흘려 성실히 일하는 것이야말로
주의 은총과 넉넉한 양식 거두는데
거짓된 가르침에 미혹당하네.

형제들은 각자 일터로 돌아가거라.
영생 진리의 길은 가깝고도 멀지만
성경의 글자 하나라도 제대로 읽어
일하면서 주의 재림을 기다려라.

주의 재림 기다리는 자는 명심해라.
하늘만 쳐다보지 말고 일터로 나가
성실과 인내와 믿음으로 산다면
주의 재림은 그런 이의 몫이 되리라.

1

고난의 의미

여러분은 심한 환난과 핍박 속에서
모든 것 견디며 믿음 지키므로
하나님 나라에 들어갈 자격 있어
안식으로 보상받을 것입니다

서막

데살로니가 교회에 첫 번째 편지(데살로니가전서)를 써 보내고 난 뒤 대략 4-5개월이 흘렀을 즈음, 마침내 바울은 그토록 애타게 기다리던 교회의 사정과 교인들의 반응을 전해 들을 수 있게 되었다. 바울의 편지를 전달한 형제가 임무를 무사히 마치고 다시 고린도로 돌아왔기 때문이다.

"사도님의 편지를 읽고 그곳 형제님들이 큰 위로와 격려를 받고 더욱 신실한 신앙생활을 다짐하는 분위기입니다. 또한 그리스도의 재림과 성도의 부활에 관해서도 더욱 확실한 신앙을 갖게 되었습니다."

"오호, 그것 참 듣던 중 반갑고 기쁜 소식이구려. 오, 주님! 감사합니다."

바울은 크게 한시름 놓은 듯 활짝 편 얼굴로 주님께 감사를 드렸다. 그런데 소식을 전하던 형제가 근심스러운 기색이 띠며 조심스럽게 말한다.

오늘날 그리스의 데살로니가 풍경

"하지만 사도님, 문제가 있습니다. 사도님의 편지 글에 그리스도의 재림의 광경이 생생하게 묘사되어 있지 않습니까? 그런데 그걸 악용하고 선동하는 일부 사람들이 있습니다. 그들은 재림의 임박함만을 크게 강조하여 교인들을 흥분시키고 두려움에 빠뜨리고 있습니다. 심지어 어떤 이들은 주님의 재림이 어느 곳에 이미 임했다고 떠벌리기까지 합니다. 그래서 교인들 중에는 생업에 손을 놓고 무위도식하는 자들까지 생겨났습니다. 어쩌면 좋을까요?"

마음 같아선 당장에라도 데살로니가에 달려가서 그런 자들을 내쫓고 교인들에게 올바른 가르침을 주고 싶었지만, 바울은 그럴 수 없었다. 고린도 사역을 도중에 관둘 수도 없는 일이었다. 또 다시 그들에게 편지를 써 보내 그들을 올바로 가르치고 훈계할 도리밖에 없었다.

때는 주후 52년경 초엽, 바울의 나이 50세 안팎, 장소는 제2차 전도여행 중의 고린도, 데살로니가 교회에 써 보낸 첫 번째 편지 곧 '데살로니가 전서'에 대한 그곳 교회의 반응과 사정을 자초지종 전해 들은 바울은 다시금 그곳 교인들을 올바로 가르치기 위해 펜을 들어 두 번째 편지를 써 보내기로 마음먹는다. 이른바 '데살로니가후서'다.

두 번째 편지는 첫 번째 편지를 써 보낸 이후로 대략 4-5개월가량이 흐른 시점에 쓴 것으로, 바울이 교회들과 여러 동역자들에게 써 보낸 총 13통의 편지 가운데 순서상 두 번째로 쓴 편지다.

데살로니가 교회를 향한 사도 바울의 문안인사 (1:1-2)

바울과 실루아노와 디모데는 하나님 우리 아버지와 주 예수 그리스도 안에 있는 데살로니가 지역의 교회에 이 편지를 보냅니다. 하나님 우리 아버지와 주 예수 그리스도께로부터 임하는 은혜와 평강이 여러분에게 항상 있기를 빕니다.

'실루아노'는 헬라어 '실라'의 라틴식 이름이다. 예루살렘 교회의 지도자 가운데 한 사람으로, 사도 바울의 제2차 전도여행 팀에 디모데와 함께 합류했다. 그래서 당시 제2차 전도여행 중 아가야주(州)의 수도인 고린도에 머물고 있던 바울은 자신과 함께 있던 두 동역자의 이름도 함께 넣어 편지를 보내고 있다.

핍박과 환난 가운데 있는 데살로니가 성도들을 위로하고 격려함 (1:3-12)

형제들이여, 우리는 여러분을 생각할 때마다 하나님께 감사를 드리지 않을 수 없습니다. 우리가 그처럼 하나님께 감사드리는 것이 마땅한 까닭은, 여러분의 믿음이 날이 갈수록 더욱 자라나고 있고, 또한 서로에 대한 여러분의 사랑이 날로 더욱 풍성해지고 있기 때문입니다. 그러므로 우리는, 여러분이 심한 핍박과 환난 가운데서도 모든 것을 참고 견디면서 믿음을 굳건히 지키고 있다는 사실로 인해 하나님의 여러 교회에 여러분을 널리 자랑하고 있습니다.

데살로니가후서의 무대

이 편지를 쓰면서 바울은 자신이 데살로니가에서 전도할 때 겪었던 박해를 기억했다. 그때 복음에 적대적인 극렬 유대인들과 불신 주민들이 합세하여 자신과 교인들을 가혹하게 핍박했던 것이다(행 17:1-9).

바울 일행이 떠난 이후, 갓 태어난 데살로니가 교회는 그런 불신자들의 핍박과 환난을 견뎌야만 했다. 그곳 신자들은 자신들의 신앙 때문에 매를 맞고 감옥에 갇히고 생계의 위협을 받았을 것이다. 그럼에도 불구하고 그곳 신자들은 믿음을 잘 지키면서 사랑 가운데 살아가고 있었다.

여러분이 겪고 있는 모든 일은 하나님의 심판이 공의롭게 행해지고 있다는 증거입니다. 왜냐하면 여러분은 그런 고난과 핍박으로 인해 하나님 나라에 들어갈 합당한 자격을 갖추게 될 것이기 때문입니다. 맞습니다. 여러분은 참으로 그 나라를 위해 지금 온갖 고난을 겪고 있습니다. 진실로 하나님께서는 공의로운 분이시므로 지금 여러분에게 고난을 주는 자들에게는 장차 고난으로 갚아주실 것이고, 고난을 겪고

> 있는 여러분과 우리에게는 장차 안식으로 보상해주실 것입니다. 그렇게 보상을 베푸시는 일은, 주 예수께서 능력 있는 천사들을 거느리고 하늘로부터 불꽃 가운데 나타나실 재림의 그때에 반드시 이루어질 것입니다.

바울은 신자들이 겪는 핍박이 하나님의 공의로운 심판의 증거라고 말했다. 신자가 핍박을 받을 때, 그것은 핍박하는 자들의 악함을 드러내는 것이고, 그들의 악함은 장차 하나님의 공의로운 심판이 있을 것임을 암시하는 분명한 증거가 된다는 뜻이다. 그래서 바울은 장차 재림의 때에 핍박하는 자들에게는 하나님의 형벌이 있을 것임을 경고하는 한편, 핍박받은 신자들에게는 안식이 있을 것임을 일깨워줌으로써 핍박과 환난 중에 있는 데살로니가 교인들을 위로하고 격려했다.

> 주 예수께서 재림하시는 그날에 하나님께서는 하나님을 알지 못한 자들과 우리 주 예수의 복음에 순종하지 않은 자들에게 두려운 형벌을 내리실 것입니다. 그런 자들은 주님 앞에서 추방되고, 주님의 영광스러운 능력에서 떨어져나가 영원한 멸망의 형벌을 받게 될 것입니다. 또한 그날에 주께서는 주님의 거룩한 백성들 가운데서 영광을 받으시고, 주님을 믿는 모든 사람들 가운데서 찬양을 받으실 것입니다. 여러분은 우리가 전하는 주님의 증언을 믿었으니, 그 복된 대열에 참여하게 될 것입니다.

주님께서 재림하시는 날, 주님께서는 크고 흰 보좌에 앉으셔서 땅 위에 살았던 모든 사람들에 대하여 최후 심판을 행하신다(계 20:11). 그때에 복음을 배척한 모든 불신자들은 영원한 멸망의 형벌을 받아 지옥으로 떨어지게 되고, 복음을 받아들인 모든 신자들은 영원한 복락의 장소인 천국으로 들어가 영생의 복을 누리게 된다.

그러므로 우리는 항상 여러분을 위해 기도합니다. 기도할 때에 우리는, 여러분이 하나님의 부르심에 합당한 자녀로 살게 해주시고, 또한 여러분의 모든 선한 뜻과 믿음으로 행하는 여러 일들이 주님의 능력으로 다 이루어지게 해달라고 간구합니다. 그렇게 되어서, 우리 하나님과 주 예수 그리스도의 은혜로 우리 주 예수의 이름이 여러분 가운데서 영광을 받으시고, 여러분 또한 그리스도 안에서 영광 받게 되기를 바랍니다.

고린도에 있는 바울은 비록 자기 몸은 데살로니가에서 멀리 떨어져 있지만 데살로니가 교회를 위한 쉼 없는 기도를 통해 늘 그곳의 교인들과 하나로 연합되어 있었다. 데살로니가 교인들을 위한 바울의 기도 제목들은 이러했다.

첫째, 하나님께 부르심을 받은 자들답게 그분의 합당한 자녀로 살아갈 수 있도록. 둘째, 하나님의 능력으로 데살로니가 교인들이 모쪼록 믿음의 선한 삶을 살아갈 수 있도록. 셋째, 주님과 데살로니가 교인들이 상호 간에 영광을 얻을 수 있도록.

2

거짓 그리스도

예수 다시 오시는 그 일에 대해
우리에게서 받은 예언이나 편지를 인용하여
주의 날 왔다 해도 동요하지 말고
마음을 다잡고 속지 말아야 합니다

거짓 그리스도의 출현 (2:1-12)

데살로니가 교회의 형제들이여, 우리 주 예수 그리스도께서 다시 오시는 일과, 또 우리가 그분 앞에 다시 모이게 될 일에 대하여 여러분에게 간곡히 당부를 드립니다. 누군가 예언의 영으로나, 말로나, 우리에게서 받았다고 하는 편지로나, 또는 어떤 형태로든지 간에, 주님의 날이 벌써 임했다고 주장한다고 할지라도, 그런 사람의 말에 쉽게 마음이 흔들리거나 절대로 흥분하지 마십시오.

순진하고 어리석게도, 데살로니가 교회 내의 일부 교인들은 거짓 교사들의 거짓 가르침에 미혹되어 그리스도의 재림의 날이 이르렀다고 생각했다. 당시 여러 환난과 핍박 중에 있던 데살로니가 교인들은 자신들이 겪고 있는 박해가 그리스도의 재림 직전에 있을 큰 환난으로 간주하여, 그리스도의 재림이 이미 시작되었다는 거짓 교사들의 가르침에 쉽게 미혹되었다.

주님의 재림을 주장하는 자들이 어떤 방식으로 무슨 말을 하더라도 여러분은 그런 자들에게 속아 넘어가지 마십시오. 그 까닭은, 주님의 날이 임하기 전에 먼저 배교하는 일이 대대적으로 일어날 것이고, 불법의 사람 곧 멸망의 아들이 출현할 것이기 때문입니다. 그런 일이 있기 전에는 주님의 날이 임하지 않을 것입니다. 그 불법의 사람은 소위 '신'이라고 일컬어지거나 예배의 대상이 되는 모든 것들을 다 배격하고, 자신을 스스로 한층 높여 그 모든 것들 위에 군림할 터인데, 마침내 그자는 하나님의 성전에 앉아서 자신을 '하나님'이라고 주장할 것입니다.

여기 언급된 '불법의 사람'은 신자들을 핍박하여 그들로 하여금 기독교 신앙을 배교하도록 적극적으로 미혹하는 배교의 핵심 주동자를 가리킨다. 그는 '사탄'(마귀)의 하수인인 '적그리스도'를 가리키는데(요일 2:18), 일명 '멸망의 아들'이고 '대적하는 자'다. 그가 '멸망의 아들'인 것은 신자들로 하여금 배교를 하게 함으로써 결국엔 그들을 멸망으로 이끌기 때문이고, 또한 '대적하는 자'인 것은 예수 그리스도를 반대하는 자이기 때문이다.

한편, '적그리스도'는 하나님을 부정하고, 그분의 아들이신 예수 그리스도를 대적하며, 하나님을 믿는 신자를 미혹하고 박해하는 자를 가리킨다. 성경은 그를 '거짓 그리스도'(마 24:24), '불법한 자'(살후 2:8), '짐승'(계 20:10) 등으로 묘사하고 있다. 이런 적그리스도의 출현 및 활동은 재림의 뚜렷한 전조인데, 주님의 재림 때에 완전히 멸망당한다.

그런 '불법의 사람'이 출현할 것이라는 사실에 대해서는 내가 여러분과 함께 있을 때에 여러 번 일러두었건만, 지금 여러분은 내가 그렇게 말한 것을 기억하지 못합니까? 여러분도 알다시피, 그자가 지금은 막고

누가 어떻게 하여도 너희는 미혹되지 말라

있는 분 때문에 아직 나타나지 못하고 있지만, 자신의 때가 되면 마침내 그 모습을 드러낼 것입니다. 이 불법의 세력이 나타날 기미는 이미 사방에서 보이고 있습니다. 그런데도 그자가 아직 나타나지 못하고 있는 까닭은, 아직은 나타나지 못하도록 그자를 막고 있는 분의 힘이 강력하게 작용하고 있기 때문입니다.

불법의 사람 곧 적그리스도가 미리 나타나 활동하지 못하도록 지금 강력한 힘으로 '막고 있는 분'은 교회를 보호하시고 성도를 지도하시는 '성령님'이시다. 이미 데살로니가 교인들은 환난과 핍박을 당할 때에 '성령님'을 의지하도록 바울에게서 여러 차례 권면을 받았기 때문에, 성령께서 악한 세력을 막아주고 계시는 분임을 충분히 알고 있었다.

그러나 때가 되면 이 사악한 불법의 사람이 마침내 여러분 앞에 출현할 것입니다. 그러나 주 예수께서 머잖아 재림하셔서 불꽃 같은 입김으로 그자를 제거하실 것인데, 재림의 영광스러운 광채로 그자를 완전히 멸망시키실 것입니다. 이 불법의 사람 곧 멸망의 자식이 출현한 것은 사탄의 조종에 따른 것으로, 그자는 세상에서 온갖 기이한 일과 표징과 거짓 기적을 행하면서 모든 불의와 악행으로 멸망 받을 자들을 미혹하여 속일 것입니다. 이처럼 사람들이 그자의 미혹에 속아 멸망 받게 되는 까닭은 자신들을 구원하여 줄 진리를 사랑하지 않았고, 그래서 그 진리를 받아들이지 않았기 때문입니다.

'불법의 사람' 또는 '멸망의 자식'으로 불리는 사탄의 하수인인 '적그리스도'가 그리스도의 재림 직전에 마침내 나타나 활동할 때에 진리를 사랑하지 않는 자, 곧 그리스도의 복음을 받아들이지 않는 자들은 모두 그자의 미혹에 빠져 멸망에 이르게 된다는 말이다.

사람들이 진리를 사랑하지 아니하여 그 진리를 받아들이지 않은 이유로, 하나님께서는 미혹의 영을 그들에게 보내셔서 그들로 하여금 거짓을 믿게 하신 것입니다. 하나님께서 그렇게 하신 까닭은 진리를 믿지 않고 악을 기뻐하는 모든 자들에게 그들의 행위에 따른 합당한 심판을 내리시기 위함입니다.

하나님은 어느 누구를 미혹하여 거짓 것을 믿도록 이끄시는 분이 결코 아니다. 다시 말해, 하나님은 믿기 원하는 자를 일부러 믿지 못하도록 미혹하시지 않는다. 다만, 믿기를 거부하는 자들은 결국 믿지 못하게 되는데, 이처럼 사람들이 자신들의 자유의지로 하나님 믿기를 거부할 때 하나님은 그들의 완악한 마음을 그대로 허용하셔서 결국 그들 스스로 거짓 것에 미혹되도록 내버려두시는 것이다.

사도 바울의 권면과 감사 (2:13-17)

주님의 사랑을 받는 형제들이여, 우리는 여러분을 생각할 때마다 항상 하나님께 감사드리지 않을 수 없습니다. 하나님께서는 여러분을 구원하시려고 처음부터 여러분을 택해 주셔서 성령으로 거룩하게 하시고, 또한 진리를 믿을 수 있도록 여러분을 인도해 주셨기 때문입니다. 그렇게 되게 하시려고, 하나님께서는 우리의 복음을 통해 이처럼 여러분을 부르셔서 우리 주 예수 그리스도의 영광을 여러분과 함께 나누도록 역사하셨습니다.

바울은 데살로니가 교회의 신자들을 향해 하나님께서 처음부터 그들을 택해 주셨다고 말했다. 여기서 '처음부터'(헬, 아프 아르케스)란 말은 '(천지가 창조되기도 전인) 영원 전부터'란 의미다(엡 1:4).

이처럼 하나님의 구원은 사람들의 공로나 반응에 따라 시시각각 이루어지는 것이 아니고 오래전에 예정된 것이다. 그래서 구원은 하나님의 전적인 은혜요 선물이다. 이처럼 하나님은 구원받을 자들을 택하시고(선택), 때가 되면 그들을 부르시어 의롭다 하시고(칭의), 그렇게 의롭다 하신 자들을 마침내 영화롭게 하신다(영화, 롬 8:30). 구원의 순서를 보다 구체적으로 살펴보면 일반적으로 8단계가 있다.

① **소명**(召命) : 하나님의 공식적인 부르심이다. 이런 소명 안에는 하나님의 미리 아심(예지)과 미리 정하심(예정), 그리고 창세 이전에 택하심(선택)이 포함되어 있다.

② **중생**(重生) : 하나님께 부르심을 받은 자가 성령으로 거듭나서 새로운 피조물로 다시 사는 것을 가리킨다.

③ **회심**(回心) : 과거의 죄악 된 삶에서 돌이켜 신앙의 삶을 살아가려는 성향을 가리킨다. 중생이 '새 탄생'이라고 한다면, 회심은 '새 출발'이다.

④ **칭의**(稱義) : 하나님께 의롭다고 칭함 받는 것을 가리킨다. 이는 죄인의 신분이 의인의 신분으로 법률상 공식적으로 인정받는 행위다.

⑤ **양자**(養子) : 이제는 변화된 의인의 신분으로 하나님의 법적 자녀로 입적됨을 가리킨다.

⑥ **성화**(聖化) : 하나님의 거룩하심을 닮아가는 신앙 성숙의 과정을 일컫는다. 중생, 칭의, 양자가 즉각적인 신분상의 변화라면, 성화는 점진적인 심령과 삶의 변화다.

⑦ **견인**(堅忍) : 하나님께 부르심을 받아 구원의 길로 들어선 성도는 신앙 삶에서 일시적인 퇴보는 있을지라도 그리스도의 중보 사역과 성령의 내주하심으로 인해 궁극적으로 구원의 대열에서 떨어져 멸망하는 일이 없음을 가리킨다.

⑧ **영화**(榮華) : 구원 서정의 최종 단계로서, 성도의 영육이 죄와 죄책으로부터 완전히 해방되어 천국의 영원한 복락의 자리에 이르는 미래적 구원을 가리킨다.

그러므로 형제들이여, 모쪼록 여러분은 믿음 위에 더욱 굳게 서서 우리가 여러분에게 편지나 말로 전한 가르침을 잘 간직하고 지키십시오. 우리를 사랑하셔서, 우리에게 영원한 위로와 선한 소망을 주시는 하나님 우리 아버지와 우리 주 예수 그리스도께서 친히 여러분의 마음을 위로하시고, 여러분의 모든 선한 일과 말을 굳게 붙드셔서 여러분 모두를 굳세게 해주시기를 빕니다.

3

기도를 부탁하다

형제들은 우리를 위해 기도하십시오
주의 말씀이 세상에 속히 전파되도록
불의하고 악한 자들에게서 벗어나
복음 전도자들을 위해 기도하십시오

데살로니가 신자들에게 기도를 부탁하는 사도 바울 (3:1-5)

형제들이여, 마지막으로 당부합니다. 우리를 위해서 기도해 주십시오. 우리가 여러분과 함께 있을 때처럼 주님의 말씀이 세상에 속히 전파되어서 널리 존중받고 영광스럽게 될 수 있도록, 또 우리 모두가 불의하고 악한 자들의 손에서 벗어나 그들의 악한 궤계에서 건짐받을 수 있도록 우리 복음 전도자들을 위해 특별히 기도해 주십시오.

바울은 마치 다이너마이트 같은 기도의 폭발적인 능력에 관해 누구보다 잘 알았다. 그래서 데살로니가 교회의 신자들에게 기도를 부탁한다. 구체적으로 기도 제목까지 일러준다. 첫째, 사도들이 전하는 주님의 말씀이 널리 전파되어 영광스럽게 될 수 있도록. 둘째, 사도들이 복음을 전할 때 모든 대적자들의 악한 궤계에 걸려 넘어지지 않고 건짐받을 수 있도록.

우리를 위해 그런 기도가 필요한 까닭은, 모든 사람이 다 믿음을 가진 신실한 자들이 아니기 때문입니다. 진실로 우리 주님께서는 신실하신 분이시므로 여러분을 강하게 하실 것이고, 모든 악한 자들로부터 여러분을 안전하게 보호해 주실 것입니다. 그리하여 우리는, 여러분이 우리의 가르침을 잘 실천하고 있으며, 또한 앞으로도 계속 잘 실천해나갈 것이라는 사실을 주님 안에서 확신합니다. 주님께서 여러분의 마음을 붙들어주셔서, 하나님의 사랑과 그리스도의 인내에 이르도록 인도해 주시기를 원하고 빕니다.

여기서 바울은 복음 전도자들과 교회의 신자들이 모든 악한 자들의 손에서 건짐받아 견고하게 신앙생활을 유지하는 비결을 세 가지로 제시하고 있다. 그것은 곧 ① 성도들의 기도 ② 그리스도의 신실하심(미쁘심) ③ 하나님의 사랑이다.

땀 흘려 수고하기를 싫어하는 자들의 게으름에 대한 경고(3:6-15)

형제들이여, 주 예수 그리스도의 이름으로 여러분에게 명령합니다. 여러분은 게으른 형제들을 멀리하고 또 우리에게 받은 가르침대로 살지 않는 사람들을 물리치십시오. 우리의 본보기를 따라 산다는 것이 어떤 것인지는 여러분이 스스로 잘 알고 있습니다. 여러분과 함께 있을 때 우리는 조금도 게으름을 피운 적이 없고, 아무에게서도 값을 치르지 않고 거저 양식을 얻어먹은 일도 없습니다. 도리어 우리는 어느 누구에게도 짐이 되거나 폐를 끼치지 않으려고 밤낮으로 땀 흘려 수고하면서 힘껏 일했습니다.

바울은 자신의 생계를 위해 손수 천막 만드는 일을 했다(행 18:3). 전통적으로 유대 랍비들은 율법을 가르친 대가로 돈을 받지 않았으므로 대부분은 스스로 생계를 책임졌다. 이를 위해 그들은 한 가지 이상의

내가 수고하고 애써 아무에게도 폐를 끼치지 아니하였노라

생업 기술을 습득했는데, 가말리엘의 문하에서 율법을 수학할 때 바울은 일찍부터 장막 만드는 기술을 배웠다. 그 이유는, 바울의 고향인 길리기아 지역은 천막 재료인 염소털 천이 유명했기 때문이다. 아무튼 이 기술로 인해 바울은 자신을 돌봐줄 교회가 없는 지역에서 사역할 때는 스스로 생계를 해결하면서 자비량 전도의 기틀을 마련할 수 있었다.

> 우리가 복음을 전하면서도 땀 흘려 일한 것은, 여러분에게 대접받을 권리가 우리에게 없기 때문이 아닙니다. 다만 우리는 여러분에게 부지런함의 본을 보여서 여러분으로 하여금 우리를 본받도록 하기 위함이었습니다. 여러분과 함께 있을 때 우리는 이미 여러분에게 거듭 명령하기를 "일하기 싫어하는 사람은 먹지도 말라!" 하였습니다. 그런데도 지금 내 귀에 들려오기를, 여러분 가운데 어떤 사람들은 게으름을 피우면서 아무 일도 하지 않은 채 남의 일에 참견이나 하면서 일만 만들고 있다고 합니다. 그런 사람들에게 내가 주 예수 그리스도의 이름으로 강력하게 충고하고 명령합니다. 묵묵히 일해서 자기가 먹을 것은 자기 손으로 스스로 벌도록 하십시오!

바울이 교회 내의 게으른 교인들에 대해 그토록 준엄하게 경계한 까닭은 이러하다. 첫째, 그들의 게으른 생활은 성경의 가르침을 거스르는 행위로 다른 사람들에게 나쁜 영향을 끼치는 죄악 된 삶의 태도이기 때문이다. 둘째, 그들로 인해 다른 교인들이 더욱 많은 짐을 떠맡아야 되고, 그것은 교회의 재원을 빨리 고갈시킬 뿐만 아니라 교인들 간의 갈등과 불평불만의 원인이 되기 때문이다. 셋째, 실제적인 삶 속에서 보이는 교인들의 게으름은 불신자들에게 기독교의 참됨과 본질에 대한 왜곡된 인식을 심어주게 되기 때문이다.

또한 형제들이여, 선한 일을 행하다가 도중에 낙심하지 마십시오. 누구든지 이 편지에서 내가 당부한 것들을 따르지 않는 사람이 있다면 특별히 그런 사람을 경계하고, 그런 사람과는 사귀지 마십시오. 그래서 그 사람으로 하여금 스스로 부끄러움을 느끼도록 하십시오. 하지만 그런 사람을 원수처럼 여기지는 말고, 어디까지나 형제로 여겨 진심으로 권면하고 충고하십시오.

바울은 자신의 가르침을 따르지 않는 교인들을 경계하고 그런 사람들과는 사귀지 말라고 충고했다. 한 교회에서 다른 교인과 사귀지 말라는 충고는 언뜻 이해되지 않는다. 하지만 여기서 '사귀다'는 말은 '함께 섞이는 것'을 뜻한다. 이런 섞임은 나쁜 영향을 받을 수 있기에 금한 것이다. 하지만 이 같은 바울의 가르침은 교회 공동체 밖으로 내쫓는 '출교'를 뜻하지 않는다. 다만 가르침에 대한 순종을 이끌어내기 위한 선도의 차원일 뿐이다.

바울의 마지막 인사와 축복 (3:16-18)

평강의 주님께서 친히 모든 방면에서 여러분에게 항상 평강 내려주시기를 빕니다. 진실로 주님께서 여러분 모두와 함께 하시기를 바랍니다. 이제 나 바울은 친필로 여러분에게 문안인사를 드립니다. 이 같은 친필은, 내가 쓴 모든 편지의 표식이므로 내가 이렇게 손수 마지막 인사말을 나의 친필로 쓰는 바입니다. 우리 주 예수 그리스도의 은혜가 여러분

나 바울은 친필로 문안하노니

모두에게 항상 함께하기를 빕니다.

바울은 시력이 무척 좋지 않았기 때문에 자신의 서신을 종종 동역자들에게 대필시키곤 했다. 하지만 마무리 부분의 몇 줄은 대필시키지 않고 바울 자신이 직접 작성하였다. 그렇게 함으로써 그 편지가 바울 자신의 저작임을 입증해 주는 일종의 서명을 한 셈이었다. 이로 볼 때 초대교회 당시에 바울의 이름을 도용한 거짓 서신들이 교회 내에 많이 돌아다니고 있었던 듯하다.

바울은 숨을 크게 몰아쉬며 가만히 펜을 놓는다. 데살로니가 교회에 보내는 두 번째 편지 곧 '데살로니가후서'가 완성된 것이다.

바울이 편지를 쓴 장소는 제2차 전도여행 중 수개월째 머물고 있던 아가야주(州)의 수도 '고린도'다. 그때 바울의 나이는 50세 안팎, 32살 무렵의 혈기왕성하던 시절에 다마스쿠스(다메섹) 도상에서 부활의 주님께로부터 이방인의 사도로 부르심을 받고 회심한 지 어언 18년이 흐른 때다.

극구광음(隙駒光陰), 달려가는 말을 문틈으로 보는 것과 같이, 세월이 참 빠르게 지나갔다. 땅끝까지 나아가 복음을 전하라는 주님의 명령에 따라 복음을 전할 데는 아직도 여기저기에 많이 남아있는데, 세월은 언제까지나 기다려주지 않고 복음 전도자 바울의 애타는 마음을 아는지 모르는지 그저 무심히 흘러가고 있었다.

디모데전서

믿음의 선한 싸움을 싸우라!

어려서부터 외할머니와 어머니에게서
기독교 신앙을 배우고 익힌 디모데는
전도 여행 중이던 사도 바울을 만나
굳센 믿음을 다지네.

바울의 목양 교회를 물려받은
디모데는 몸이 약하네.
이 틈을 노려 대적들이 흔들자
에베소 교회는 모진 시련을 겪네.

이단 교리들이 혀를 널름거리고
거짓 교사들이 예리한 이를 보일 때
믿는 자들에게 좋은 본이 되라며
바울은 디모데에게 목회의 길 가르치네.

바울의 목회 가르침 따르는 디모데는
진리의 터 위에 교회를 세우네.
그리스도 예수의 십자가 복음으로
교회의 든든한 초석 다져나가네.

1

믿음의 선한 싸움

내 아들 디모데에게 명령 내리니
예언 따라 선한 싸움 싸우고
굳센 믿음과 선한 양심을 가져라
사람들은 이런 것들을 저버리네

서막

'흐음, 지금쯤 디모데는 에베소 교회를 잘 돌보고 있는지 궁금하구나. 그리고 디도는 크레타 교회를 잘 섬기고 있는지…. 주님께서 그들을 굳게 붙들어주셔서 각자 맡은바 목회 사명을 잘 감당해야 할 터인데….'

바울의 노파심이 깊다. 주후 64년경, 로마 감옥에서 풀려난 바울이 마케도니아 지역을 두루 돌아다니며 전도사역을 감당하고 있을 때였다. 성경의 마케도니아(마게도냐)는 오늘날 그리스 북쪽에 위치한 '발칸 반도' 지역으로, 이곳에 바울이 제2차 전도여행 때 개척한 빌립보 교회, 데살로니가 교회, 베뢰아 교회 등이 있었다.

'그래, 우선 에베소 교회의 디모데에게 편지를 써 보내야겠다. 목회 경험이 부족한 젊은 디모데에게 꼭 필요한 말들을 해주어야 하겠어….'

바울은 펜을 들어 디모데에게 편지를 쓰기 시작한다. 바울에게 있어 디모데는 아주 각별하다. 듬직한 믿음의 아들이고 신실한 복음의 동역자

로마 감옥에서 석방된 이후에 떠난 사도 바울의 마지막 전도여행

다. 제2차 전도여행 때(주후 50-52년경, 행 15:40-18:22) 바울은 루스드라 성읍에서 디모데를 만나 그를 자신의 전도 팀에 합류시킨 뒤 그에게 할례를 행했다. 그의 아버지가 헬라인이었으므로, 유대인들에게 괜한 트집을 잡히지 않기 위해 그렇게 한 것이다(행 16:1-3). 그 이후로 디모데는 제2차 전도여행 때부터 줄곧 바울과 동행하면서 신앙의 훈련을 꾸준히 쌓았다.

그러던 중 제3차 전도여행을 마친 바울이 유대인들의 고발로 피의자 신분이 되어 로마 황제(가이사)에게 재판을 받기 위해 로마 근교의 셋집에 가택연금 된 상태로 2년 동안 대기하고 있을 때(주후 61-63년경), 디모데는 가까운 거리에서 수시로 면회하며 바울을 지극 정성으로 섬겼다. 결국 바울을 고발한 유대인들의 재판 불참석으로 바울은 가택연금(옥중생활)에서 풀려나 디모데, 디도, 누가 등과 함께 다시금 전도여행에 나설 수 있게 되었다. 그게 이른바 '제4차 전도여행'으로 바울에게 마지막 전도여행이 되었다. 이때 바울의 나이는 대략 62세 안팎이었다.

로마 감옥에서 풀려난 사도 바울은 자신이 지난날 복음을 전하고 교회를 세웠던 소아시아(오늘날 터키 지역), 마케도니아(오늘날 그리스

북부 지역), 아가야(오늘날 그리스 남부 지역) 등의 교회를 다시금 돌아볼 요량이었다. 그리고 기회가 되면 평소의 숙원이었던 서바나(스페인) 전도를 감행하고 싶었다. 그런 마음으로 전도여행을 하던 중에 에베소에 이르자, 바울은 이곳에 디모데를 남겨두기로 작정한다. 에베소 교회를 돌보는 일이 아주 중요했기 때문이다.

당시 소아시아 지역의 중심도시인 에베소는 시리아(수리아)의 안디옥, 이집트(애굽)의 알렉산드리아와 더불어 지중해 동부에 위치한 3대 국제도시 중 하나로서, 인근에 여러 교회(라오디게아, 히에라볼리, 골로새 교회 등)를 아우르고 있었다.

"디모데, 자네는 이곳 에베소에 남아 교회를 돌보아 주게나. 이 교회가 얼마나 중요한지는 새삼 말하지 않겠네."

"사도님, 끝까지 동행하지 못해 미안합니다. 사도님의 뜻을 받들어 힘껏 교회를 잘 섬기고 돌보겠습니다."

그리하여 제2차 전도여행 이후로 10년이 훌쩍 넘도록 줄곧 함께했던 디모데를 에베소에 남겨두고 바울 일행은 마케도니아 방면으로 발걸음을 옮겼다. 때에 디모데는 60세가 훌쩍 넘은 바울에게 아들뻘 같은 나이인 30세 중반, 큰 교회를 목회하기엔 젊고 어린 나이였다. 그래서인지 디모데를 향한 바울의 노파심은 깊다.

'아니다, 내가 이렇게 염려만 하고 있을 게 아니라 디모데에게 편지를 써 보내 그의 목회에 실제적인 도움을 주어야겠다….'

바울은 마케도니아 지역을 두루 돌아다니며 전도여행을 하던 중에 따로 시간을 내어 편지를 쓰기 시작한다. 아마도 빌립보 성읍에서 쓴 듯하다. 바울이 에베소 교회를 돌보고 있던 디모데에게 써 보낸 두 통의 편지(디모데전서, 디모데후서)와 크레타(그레데) 교회를 돌보고 있던 디도에게 써 보낸 한 통의 편지(디도서)를 모두 아울러 '목회서신'(牧會書信)이라 부른다.

이 세 통의 서신들 속에는 교회 내의 여러 문제가 두루 언급되면서 교회의 감독과 직분자들의 자격, 이단 사상에 대한 경계, 교인들의 신앙 성숙 등 목회에 관한 제반 사항들이 구체적이고도 실제적으로 제시되고 있기 때문이다.

디모데를 향한 사도 바울의 문안인사 (1:1-2)

우리의 구주이신 하나님과 우리의 소망이신 그리스도 예수의 명령에 따라 그리스도 예수의 사도가 된 나 바울은, 믿음 안에서 나의 참된 아들이 된 디모데에게 이 편지를 씁니다. 하나님 아버지와 그리스도 예수 우리 주께서 베푸시는 은혜와 자비와 평강이 그대와 항상 함께 하기를 빕니다.

바울에게 있어 디모데는 각별했다. 단순히 아랫사람이 아니었고, 함께하는 복음 동역자 그 이상이었다. 디모데는 바울이 '믿음 안에서' 낳고 기른 영적인 아들이었다. 이는 디모데가 어버이 같은 바울의 사역과 삶을 통해 아주 가까이서, 그리고 직접적으로 지대한 영향을 받아 그리스도인으로서, 그리고 복음 전도자 또는 교회 목회자로서 신실하고 성숙한 삶을 살게 되었음을 뜻한다.

거짓 교훈에 대한 바울의 경고 (1:3-11)

내가 마케도니아로 떠나갈 때 간곡히 일러둔 대로, 그대는 에베소에 계속 머물러 있도록 하십시오. 그 까닭은, 그대가 에베소 교회를 돌보면서 아무라도 다른 교훈을 가르치지 못하도록 명령하고, 또한 교인들로 하여금 헛된 신화와 끝도 끝도 없는 족보 이야기에 마음을 빼앗기는 일이 없도록 지도하게 하려는 것입니다. 그런 것들은 믿음 안에서 이루어지는 하나님의 신비한 경륜을 깨닫는 데는 아무런 유익이 되지 못하고 도리어 아무짝에도 쓸모없는 헛된 논쟁만 불러일으킬 뿐입니다. 그러므로 그대가 교회에서 가르치고 명령하는 목적은, 성도들로 하여금 그런 쓸모없는 모든 것에서 떠나게 하여, 오직 깨끗한 마음과 선한 양심과 거짓 없는 믿음에서 우러나오는 사랑으로 살아가게 하려는 것입니다.

당시 에베소 교회의 교인들을 혼란하게 만든 '다른 교훈들'에는 이런 것들이 있었다. ① **영지주의**: 특별한 영적 지식을 소유한 소수의 사람들만이 구원을 받는다는 사상. ② **이원론 사상**: 모든 사물을 두 차원으로 나누어 생각하는 사상으로 영은 선하되 몸은 악하고, 하나님은 선하되 세상과 물질은 악하다는 가르침. ③ **혈통주의**: 신화와 족보를 내세우고 자랑하는 것. ④ **율법주의**: 율법의 완벽한 준수로 인해 구원을 받을 수 있다는 가르침.

이 같은 온갖 다른 교훈들에 대해 바울의 가르침은 이러했다. 구원은 어떤 영적 지식이 아니라 오직 믿음을 통한 하나님의 은혜에 기초한 것이며, 하나님의 창조는 본질상 모두 선한 것이고, 신화와 족보는 믿음생활의 유익을 이루는 데 아무짝에도 쓸모없고, 구원에 관한 한 성경만으로 충분하다는 것이다.

그런데 교회 내의 몇몇 사람들은 올바른 가르침에서 벗어나 쓸데없는 논쟁을 일삼아왔습니다. 그런 사람들은 율법을 가르치는 선생이 되려고 하지만, 사실은 자신들이 무엇을 말하고 있는지, 또는 무엇을 주장하고 있는지도 제대로 알지 못합니다. 그러나 우리가 알다시피, 사람이 율법을 올바르게 사용하기만 한다면 어디까지나 율법은 선하고 좋은 것입니다.

그렇다. 율법은 본래 거룩하신 하나님께서 모세에게 직접 수여하신 것으로, 자기 백성의 거룩한 삶을 바라시는 하나님의 가르침이다. 그러므로 율법의 문자를 뛰어넘어 그 속에 담긴 율법의 정신 곧 하나님의 본래 뜻인 율법의 근본 취지를 살려 올바로 사용한다면, 율법은 사람을 거룩한 삶으로 인도하는 가이드로서 선하고 좋은 것이다.

> 사실, 율법은 옳고 의로운 자들을 위해 만들어진 것이 아닙니다. 율법은 이런 자들을 위해 만들어졌는데 곧 법을 어기는 자, 하나님께 불순종하는 자, 경건하지 못한 자, 죄 많은 자, 거룩하지 않은 자, 속된 자, 자신들의 아버지나 어머니를 죽이는 자, 살인자, 간음하는 자, 동성연애자, 사람을 유괴하는 자, 거짓말하는 자, 거짓 맹세를 하는 자, 그리고 이들 외에도 무엇이든 건전한 교훈을 거슬러 행하는 자입니다. 여기서 건전한 교훈이란 복되신 하나님의 영광스러운 복음의 말씀에 충실히 따른 것으로서, 나 바울은 이 교훈을 전파하고 가르치는 임무를 맡았습니다.

율법이 만들어진 일차적인 목적은 하나님의 교훈을 거슬러 행하는 악인들과 죄인들의 죄를 일깨워주어 그들을 올바른 길로 이끌기 위함이다. 그렇다면 옳고 의로운 자들에게는 율법이 필요 없는 것인가? 반드시 그렇지는 않다. 우리가 하나님의 은혜와 그리스도를 믿는 믿음 안에서 옳고 의롭게 살아가는 것은 어느 정도 가능하다. 그러나 실제로 우리는 언제나 100% 그렇게 살아가지는 못한다. 그래서 율법은 우리가 여전히 부족하다는 사실을 언제 어디서나 일깨워준다. 이런 맥락에서 바울은 구원과 관련된 율법의 궁극적인 역할을 논하면서, 율법은 우리를 그리스도의 복음으로 안내해 주는 '초등교사'라고 규정했다(갈 3:24).

바울을 향한 주님의 크신 은혜 (1:12-20)

> 나는 내게 능력을 주신 우리 주 그리스도 예수께 감사를 드립니다. 주님께서는 나를 신실하게 보시고, 내게 이 복음 전도자의 직분을 맡겨주

셨습니다. 여러분도 알다시피, 과거에 나는 복음의 훼방꾼이고 박해자이며 폭행자였습니다. 그러나 그와 같은 나의 죄인 된 삶은 내가 믿지 않을 때에 무지에 휩싸여 모르고 한 짓이므로, 하나님께서는 나를 불쌍히 여기시고 내게 용서의 긍휼을 베풀어주셨습니다. 진실로 우리 주님께서 그리스도 예수 안에 있는 믿음과 사랑으로 내게 크신 은혜를 넘치도록 부어주셨던 것입니다.

회심하기 전의 바울은 누구보다 앞장서서 복음을 훼방하고 신자들을 핍박한 폭행자였다. 하지만 그때는 참된 진리가 무엇인지 알지 못하고 무지에 휩싸여 그렇게 행했다. 그런 바울에게 하나님의 크신 긍휼이 임하셔서 오직 은혜로 그의 과거를 용서해주시고, 게다가 그에게 '사도'의 직분까지 주셔서 복음 전도자의 일을 맡기셨다.

하지만 오해하지 말아야 할 일이 있다. 알지 못하고 행한 죄라고 해서 누구나 하나님의 긍휼을 얻을 수는 없다. 사실, 그 무슨 이유도 하나님의 긍휼을 얻을 수 있는 정당한 근거가 되지 못한다. 하나님의 긍휼 곧 하나님의 자비하심은 오직 하나님의 무조건적인 은총에 근거하고 있는 하나님의 선물이다(엡 2:8; 롬 2:4).

그리스도 예수께서 죄인들을 구원하시려고 이 세상에 오셨다는 이 복음의 말씀은 조금도 거짓 없는 믿을 만한 말씀이므로, 모든 사람이 진심으로 그 말씀을 받아들여야 합니다. 진실로 나는 죄인들 중에서도 우두머리 죄인입니다. 그러나 하나님께서는 그런 내게도 큰 자비를 베풀어주셨는데, 그것은 그리스도 예수께서 나한테 먼저 한계 없는 오래 참으심을 나타내 보여주심으로써 앞으로 예수님을 믿고 영생을 얻을 모든 사람들의 좋은 본보기를 삼으시려는 것이었습니다. 영원하신 왕, 곧 결코 없어지지 않으시고 보이지도 않으시는 오직 한 분이신 하나님 그분께 존귀와 영광이 영원토록 함께 하기를 빕니다. 아멘!

바울은 회심 이전에 스데반 집사를 박해하는 데 적극 가담한 바 있다

바울의 극악한 죄질을 고려해볼 때, 바울에게 나타내 보이신 하나님의 오래 참으심은 아주 특별했다. 진실로 그것은 죄인을 향한 하나님의 오래 참으심을 충분히 입증할 수 있는 좋은 본보기가 될 만했다. 그만큼 하나님은 죄인에 대한 진노의 심판을 참고 또 참으시는 인내의 하나님이시다. 그러나 그 인내가 끝나는 최후 심판의 날, 하나님의 진노는 가히 상상조차 할 수 없을 정도로 두렵고 엄중하다.

내 아들 디모데여, 예전에 그대에 관해 내게 주어졌던 예언에 따라 내가 지금 그대에게 이 명령을 내립니다. 그대는 그 예언에 따라 선한 싸움을 싸우고 굳센 믿음과 선한 양심을 간직하십시오. 어떤 사람들은 그 양심을 버렸고, 그 믿음을 깨뜨려버리고 말았습니다. 그런 사람들 가운데 후메내오와 알렉산더가 있는데, 나는 그들을 사탄에게 내어주었습니다. 그렇게 한 까닭은, 그들이 다시는 하나님을 모독하는 일이 없도록 그들로 마땅한 징계를 받게 하기 위해서입니다.

바울과 글 쓰는 책상 (렘브란트 작)

바울이 예전에 디모데에 대해 예언을 했다는 사실을 알 수 있다. 그 예언의 내용이 무엇인지는 확실하게 알 수 없다. 그렇지만 디모데를 에베소 교회의 목회자로 세울 때, 바울은 분명 목회자로서 디모데의 은사를 확신하는 가운데 주어진 사명을 잘 감당하도록 하나님의 말씀으로 그를 격려하고 세우는 말을 했음에 틀림없다.

바울이 후메내오와 알렉산더를 사탄에게 내어주었다고 한 것은, 그들을 교회 공동체에서 내쫓는 출교(黜教)의 징계를 시행했다는 의미다. 예전에 바울이 고린도 교회에 편지를 쓸 때에도 음행하는 교인들을 사탄에게 내어주라고 명한 바 있었다(고전 5:5).

하지만 그렇게 하는 목적은, 그들을 포기해서가 아니라 그들로 하여금 회개에 이르도록 교정하기 위해서였다. 따라서 '사탄에게 내어주는 것'은 영원한 멸망을 뜻하지 않고, 다시 얻기 위해 일단 교회 밖으로 내보내는 것이다. 다시 말해, 그들이 더 이상 교회 안에서 하나님께 죄를 짓는 악한 행위를 하지 못하게 방지함으로써 그들에게 자신들의 잘못을 깨닫고 돌이킬 수 있는 회복의 기회를 준 것이다. 이처럼 교회의 올바른 징계는 그 대상자들로 하여금 자기 잘못의 위중함과 심각함을 스스로 깨닫게 하여 회개에 이르도록 이끄는 좋은 기회를 제공한다.

2

교회의 질서를 위해

남자는 화내거나 말다툼하지 말고
여자는 지나치게 치장하지 말고
정숙하고 예의 바르게 행동하며
바른 행실로 자신을 가꿔야 하네

기도에 대한 교훈 (2:1-7)

이제 나는 그대에게 당부합니다. 무엇보다 먼저 모든 사람을 위해 간구와 기도와 중보기도와 감사를 하나님께 드리십시오. 세상의 왕들과 높은 자리에 있는 모든 사람들을 위해서도 그처럼 기도하십시오. 그래야 사회 질서가 안정되고 평화로운 가운데 우리가 경건하고 거룩한 신앙생활을 잘 영위해 나갈 수 있기 때문입니다. 이 같은 기도는, 우리 구주 하나님께서 보시기에 좋은 일이며 또 기쁘게 받으실 만한 일입니다.

바울의 이 같은 권면에 따라 초대교회의 기도문 중에는 위정자(爲政者)를 위한 기도가 포함되어 있었다. 이는 모든 권세는 하나님께로부터 말미암는다는 그리스도교의 기본 입장에서 비롯된 것이다. 따라서 오늘날 우리의 기도에서도, 특히 공중기도에서 나라를 이끌어가는 위정자들이 하나님의 뜻에 부합하는 정치를 할 수 있도록 기도하는 것은 바람직하고, 더 나아가 성도의 의무이기도 하다.

모든 사람을 위하여 자신을 대속물로 내어주신 그리스도

하나님께서는 모든 사람이 다 구원을 얻고 진리를 깨닫게 되기를 원하십니다. 하나님은 한 분이시고 또 하나님과 사람들 사이의 중재자도 한 분이신데, 그분은 곧 사람이신 '그리스도 예수'이십니다. 그리스도 예수께서는 온 인류를 위해 자기 자신을 대속의 제물로 내어주셨습니다. 이것이 바로 하나님께서 적절한 때에 자신의 약속을 이루신 증거입니다. 나는 이러한 증거를 널리 전하도록 전도자와 사도로 임명을 받아 이방인들에게 참된 믿음을 가르치는 교사가 되었습니다. 정녕 이것은 한 점 거짓 없는 진실입니다.

바울은 말하기를, 하나님은 모든 사람이 다 구원받기를 원한다고 했다. 그런데 실제로는 그렇지 못하다. 왜 그런가? 이 의문에 대한 정확한 답은 오직 하나님만이 밝히 알고 계신다. 하지만 성경을 통해 그럴듯한 답을 찾아보자면 이러하다.

하나님은 세상을 사랑하셨지만(요 3:16), 창세 이전의 선택과 예정에 따라 그들 가운데 어떤 자들만을 자기 백성으로 부르시기 때문이다(엡

1:4-5; 롬 9:15-16). 또는 복음을 통한 하나님의 구원 계획은 온 세상의 모든 사람을 향한 것이지만, 그 복음에 대해 하나님께서는 사람들의 믿음을 요구하시고, 오직 믿음으로 응답한 자들에게만 구원의 은총을 베푸시기 때문이다(요 1:11-12).

성도로서 남성과 여성의 미덕 (2:8-15)

남자들은 화를 내거나 말다툼을 하지 말고, 어디서나 거룩한 손을 들어 하나님께 기도하기를 권면합니다. 마찬가지로 여자들도 옷을 단정하게 차려입고 정숙하고 예의 바르게 행동하십시오. 머리를 지나치게 꾸미거나, 금붙이나 진주나 값비싸고 화려한 옷으로 치장하지 말고, 다만 선한 행실로 자신을 꾸미기를 바랍니다. 이것이 하나님을 공경하는 여자들에게 합당한 자세입니다.

교회 내의 여자들을 향한 이 가르침은 주후 1세기의 시대상황 속에서 주어진 바울의 권면으로, 가르침의 기본정신에 주목해야 한다. 여자에게 있어 단정하고 규모 있는 옷차림이 외적 단장이라면, 정숙하고 예의 바르며 선한 행실은 내적 단장이다. 겉모습이 아니라 속마음을 보시는 하나님 앞에서 여성도의 검소하고 내실 있는 신앙 삶을 강조한 권면이다.

또 여자는 온전히 순종하는 가운데 조용히 배워야 합니다. 여자가 교회에서 가르치거나 가정에서 남자를 지배하는 것을 나는 허락할 수 없습니다. 아무쪼록 여자는 조용하고 정숙해야 합니다. 이 같은 질서는, 하나님께서 아담을 먼저 창조하신 다음에 하와를 만드셨고, 아담이 뱀에게 속임 당한 것이 아니라 여자가 먼저 속임 당하여 죄에 빠졌기 때문입니다. 그럴지라도 여성들이 아이를 낳고 자녀를 기르는 가운데 믿음과 사랑과 거룩함으로 살아간다면 구원을 받을 것입니다.

여자가 먼저 속아 죄에 빠졌고 (에덴동산의 아담과 하와)

바울은 교회의 공공집회에서 여성의 정숙함과 더불어 가정에서 여성의 순종을 권면했는데, 이는 남존여비(男尊女卑) 사상에 기초한 가르침이 아니다. 이는 주후 1세기의 초대교회라는 시대상황 속에서 남녀의 역할 차이 및 창조와 타락의 순서에 따른 남녀 간의 질서에 관해 언급한 것이다. 당시 교회 공동체의 건전하고 올바른 유지를 위해서는 모든 혼란을 배격하고 질서를 유지하는 것이 무척 중요했기 때문이다.

또한 여성의 구원과 관련해서 바울은 교회 내에서 여성들이 정숙함으로 믿음과 사랑과 거룩함을 잉태하여 인내로써 그것들을 해산하게 되면 구원에 이를 수 있다고 말했는데, 이는 초대교회에서 교회의 건덕(健德)과 개인의 구원을 위해 여자의 정숙함이 무척 강조된 덕목이었음을 보여준다. 그리고 바울의 이 같은 가르침의 배경은 당시 상황에서 여성들이 더욱 거짓 교사들의 표적이 될 수 있었기에, 삼가 가정을 잘 돌보고 교회의 공공집회에서 정숙함을 유지해야 믿음을 잘 간직하여 구원에 이를 수 있다고 생각했기 때문이다.

3

감독과 집사의 자격

누구든 교회 감독이 되려는 사람은
한 번만 혼인한 사람이어야 하네
신중하고 단정하면서 다투지 말고
가정을 잘 꾸려 나가야 하네

교회 감독의 자격 (3:1-7)

디모데여, 여기에 올바른 말이 있으니 그 말을 마음속에 새기도록 하십시오. 그것은 "감독이 되기를 원하는 사람은 곧 선한 일 행하기를 원하고 있는 사람이다"란 말입니다. 그러므로 누구든지 감독이 되고자 하는 사람은 그러해야 합니다.

감독(헬, 에피스코포스)은 '살피다' 또는 '돌보다'란 뜻에서 비롯된 말로, 곧 초대교회에서 하나님의 교회를 돌보고 교회의 교인들을 살피도록 선택받은 목사나 장로, 그리고 기타 사역자들을 통칭하는 말이다. 이와 관련해서 사도 베드로는 그리스도를 소개하기를 '우리 영혼의 목자와 감독 되신 분'이라고 말했다(벧전 2:25). 이제 바울은 교회에서 감독이 될 사람의 자격에 관해 구체적으로 언급한다.

교회의 감독이 될 사람의 자격은 이러합니다. 무엇보다 다른 사람의 손가락질을 받을 만한 일을 하지 않아야 하고, 한 아내의 남편으로 충실해야 하고, 절제할 줄 알고, 신중하며, 단정하며, 나그네를 잘 대접할 줄 알고, 잘 가르칠 수 있어야 합니다. 또한 술을 즐기지 아니해야 하고, 난폭하지 않으며, 너그럽게 관용을 베풀 줄 알아야 하고, 다투지 아니하며, 돈에 욕심이 없어야 하고, 자기 가정을 잘 꾸려 나가서 자녀들에게도 존경을 받아 순종하게 만드는 사람이라야 합니다. 사람이 자기 가정조차 잘 다스리지 못한다면, 어떻게 하나님의 교회를 잘 돌볼 수 있겠습니까.

교회 감독의 자격과 관련해서 소극적으로 해선 안 되는 것들과 적극적으로 해야 할 것들이 열거되었다. 하나하나 찬찬히 잘 살펴보자.

또 입교한 지 얼마 되지 않은 새 신자도 감독이 될 수 없습니다. 그 까닭은, 너무 빨리 감독으로 선택을 받으면 자칫 교만해져서 마귀가 받을 심판에 떨어질 수 있기 때문입니다. 그리고 감독이 될 사람은 교회 밖의 사람들에게도 평판이 좋아야 합니다. 그래야 그가 사람들에게 비난을 받지 않게 되어 마귀의 덫에 걸려들지 않을 것이기 때문입니다.

앞서 언급한 여러 자격들에 더하여 두 가지가 추가되었다. 하나는 신앙의 연륜이 오래된 자라야 했고, 다른 하나는 불신자들에게서도 좋은 평판을 듣는 자라야 했다. 행여 위선적인 행동으로 교회 안에서는 신실한 사람으로 인정받더라도 교회 밖의 이웃들과 세상 사람들에게서는 나쁜 평판을 받을 수도 있을 것이기 때문이다.

교회 집사의 자격 (3:8-13)

먼저, 남자 집사도 감독과 마찬가지로 마땅한 자격을 갖추어야 합니다. 곧 단정하고, 한 입으로 두 말을 하지 않으며, 술을 너무 좋아해서도 안 되고, 부당한 이득을 탐내서도 안 되며, 깨끗한 양심에다 믿음의 깊은 진실을 간직한 사람이라야 합니다. 이와 같은 사람이 있거든, 집사로 임명하기 전에 먼저 시험을 해보고, 그래서 흠집이 발견되지 않을 때 비로소 집사의 직분을 주어 교회에서 봉사하게 하십시오.

집사(헬, 디아코누스)는 본래 '종'이란 의미를 갖고 있는데, '섬기는 자' 또는 '봉사하는 자'라는 의미로 발전하였다. 따라서 '감독'이 대체로 말씀의 사역을 통해 교인들을 지도하는 역할이라면, '집사'는 교회생활 전반에 걸쳐 손발을 움직여 일함으로써 교회와 성도를 섬기는 직분이었다.

남자 집사와 마찬가지로 여자 집사도 역시 그러해야 합니다. 곧 단정하고, 다른 사람을 헐뜯지 아니하며, 절제할 줄 알고, 모든 일에 충실한 사람이라야 합니다. 남자 집사는 한 아내의 충실한 남편으로서 자기 가정과 자녀들을 잘 다스려야 합니다. 남자든 여자든, 집사의 직분을 잘 감당하는 사람은 아름다운 지위를 얻은 자답게 다른 사람들의 존경을 받는 것은 물론이고, 자기 스스로도 그리스도 예수께 대한 큰 담력을 얻어 믿음이 더욱 깊어지고 굳세게 됩니다.

남녀를 불문하고 집사가 자신의 직분에 충성하게 되면 무엇보다 스스로의 믿음이 더욱 깊어지고 굳세지는 영적 성숙을 경험하게 될 것이라는 말이다. 맡은바 직분에 따라 주님의 일을 신실하게 행하다 보면 자연스럽게 말씀 공부, 기도, 헌신, 봉사의 삶을 살아갈 수밖에 없기 때문이다. 그렇게 충성된 자가 궁극적으로 받을 상급은 '생명의 면류관'이다(계 2:10).

그리스도교 신앙의 비밀 (3:14-16)

디모데여, 내가 속히 그대를 만나러 가기를 바라면서도 이런 가르침을 편지로 써 보내는 것은, 내가 혹 늦어지더라도 교회에서 그대가 어떻게

크도다, 경건의 비밀이여!

행해야 하는지를 그대에게 알려주기 위해서입니다. 참으로 교회는 살아 계신 하나님의 집이고 진리의 기둥이며 터전입니다. 이 같은 신앙 속에 담긴 경건의 비밀은 정말 놀랍고 위대합니다. 진실로 그리스도는 육신을 입고 이 세상에 오셨고, 성령에 의해 의롭다 하는 인정을 받았습니다. 그리고 천사들에게 보이셨고, 모든 나라들 가운데 널리 전파되었으며, 그래서 세상 사람들이 그분을 믿게 되었고, 마침내 그분은 영광 가운데 하늘로 올라가셨습니다.

경건의 비밀은 '신앙 안에 감추어진 오묘한 신비'란 뜻이다. 바울은 그런 경건의 비밀에 대해 크게 감격했는데, 그것은 교회가 '진리'라는 기둥과 터전으로 이루어진 '하나님의 집'이라는 사실이 밝혀진 것에 대한 놀라운 반응이다.

그렇다면 '진리'란 무얼까? 그 진리는 바로 '그리스도'다. 따라서 그리스도의 성육신과 구속사역으로 말미암는 성도의 구원, 그리고 그렇게 구원받은 성도들의 모임인 교회가 '그리스도'라는 기둥과 반석 위에 세워졌다는 사실이 바로 오묘하고도 신비한 '경건의 비밀'인 것이다.

4

그리스도의 좋은 일꾼

그대는 그리스도의 좋은 일꾼 되라
꾸며낸 온갖 헛된 신화들 멀리하고
경건에 이르는 영적 훈련을 하여라
경건의 훈련이야말로 참 유익하다

'흠… 디모데가 교회를 잘 돌봐야 할 텐데….'

지금 바울은 에게해(海) 넘어 멀리 마케도니아 지역의 빌립보에 있고, 디모데는 소아시아 지역의 에베소에 있다. 회심한 지 30년 넘는 세월이 흐르는 동안 온갖 풍상을 겪으며 복음 전도자로 활동해온 60세 중반의 노사도 바울에게 있어 갓 30세 지난 젊은 사역자 디모데는 아직 배울 게 많은 어린 자녀와도 같았다.

게다가 지금 디모데는 '에베소 교회'라는 크고도 중요한 교회를 담임 맡아 전적으로 돌보고 있는 처지가 아니던가! 그래서 노련한 경륜을 지닌 신앙의 대선배 자격으로 바울은 목회 현장에서 실제적으로 맞닥뜨릴 수 있는 여러 문제들을 예상하고는, 경험이 한참 부족한 젊은 목회자 디모데에게 어버이의 애정을 담아 이런저런 권면과 충고를 하고 있다.

거짓 교사들의 그릇된 가르침을 배격하라 (4:1-5)

아들 디모데여, 성령께서 분명하게 일러주신 대로 훗날 마지막 때가 되면 교회 안에도 어떤 사람들이 믿음에서 떠나, 미혹하는 영들과 귀신들의 가르침을 퍼뜨리는 거짓 교사들을 따를 것입니다. 그런 교사들은 위선적인 거짓말쟁이들로서 양심이 화인을 맞아 마비된 자들입니다.

본래 화인(火印)은 고대세계에서 가축이나 노예 등에 표시를 해두기 위해 낙인을 찍는 불도장으로서, 주인이 자신의 소유임을 주장하는 방식이었다. 이렇게 화인을 맞은 부위는 점차 굳어져서 나중엔 아무런 감각이 없어지게 된다. 따라서 '양심에 화인을 맞았다는 것'은 자신의 악한 행동에 대해 양심이 아무런 감각을 못 느끼는, 말하자면 양심이 마비된 상태를 가리킨다(엡 4:19).

거짓 교사들은 사람들에게 가르치기를, 결혼을 하지 말라고 강요하고 또 특정한 음식을 먹지 말라고 합니다. 하지만 하나님을 믿고 진리를 아는 자들은 하나님께서 주신 음식은 어떤 것이든 감사하는 마음으로 먹는 것이 마땅합니다. 진실로 하나님께서 창조하신 것은 모두 좋은 것입니다. 그러므로 우리가 감사하는 마음으로 먹으면 어느 것 하나도 거부할 이유가 없습니다. 어떤 음식이든, 하나님의 말씀과 기도로 거룩해지기 때문입니다.

하나님의 말씀과 기도로 거룩하여짐이라

당시 에베소 교회에는 영지주의(靈知主義)를 주장하는 거짓 교사들이 활동하고 있었다. 그들은 모든 물질적인 것들을 악하다고 가르쳤다. 그래서 그들은 악한 물질적 피조물들과 덜 접촉할수록 더 좋다고 가르치면서 모든 것들로부터의 금욕을 주장했다.

이에 대해 바울은 하나님의 창조물은 본래 선하다고 가르쳤다. 비록 인간의 타락으로 인해 피조물들이 다소 훼손되었더라도(롬 8:19-22) 그것의 본질적인 선함은 유효하며, 따라서 하나님의 말씀과 기도로 거룩해질 수 있다고 일깨워주었다.

그리스도의 좋은 일꾼이 되라 (4:6-16)

디모데여, 그대는 이처럼 올바른 교훈을 형제들에게 잘 가르치십시오. 그러면, 그대는 그리스도 예수의 좋은 일꾼이 될 것이고, 그대 자신도 그대가 따르는 믿음의 말씀과 건전한 교훈으로 인해 더욱 성장하게 될 것입니다. 사람들이 꾸며낸 온갖 저속하고 헛된 신화들을 멀리하십시오. 다만 그대는 경건에 이르도록 영적 훈련을 게을리하지 마십시오. 몸을 단련하는 육체의 훈련도 약간의 유익이 있긴 하지만, 영성을 단련하는 경건의 훈련이야말로 모든 면에서 참으로 유익합니다. 왜냐하면 그런 경건의 훈련은 이 세상에서의 생명뿐만 아니라 장차 올 세상에서의 생명도 보장해주기 때문입니다.

여기 '육체의 훈련'은 고대세계에서 운동 경기자들이 경기에 나가기 전에 부지런히 훈련하여 몸을 단련하는 모습을 연상케 하는 말이다. 당시 에베소에는 대형 아레나(arena, 원형 경기장)가 있어 매년 운동경기가 개최되었고, 맹수와 검투사 간의 싸움도 있었다.

그런 육체의 훈련은 단지 현세에서 조금 유익이 되긴 하지만, 현세는 물론이고 내세에 이르기까지 크고 영원한 유익을 주는 '경건의 훈련'에 비하면 아무것도 아닌 것이다. 따라서 성도가 육체의 훈련도 아예 무시해선 안 되지만, 그보다 더욱 힘써야 할 것은 경건의 훈련이다.

지금 내가 그대에게 하는 말은 모두가 거짓 없는 참말입니다. 따라서 모든 사람들이 믿을 만하고 또 온전히 받아들여야 마땅합니다. 우리 믿는 자들의 소망은 오직 살아계시는 하나님께 있는데, 하나님께서는 모든 사람의 구원자이시지만, 그중에서도 특별히 우리 믿는 자들의 구원자이십니다. 지금 우리가 애써 수고하는 것도 바로 이 같은 소망 때문입니다.

하나님은 모든 사람이 진리를 깨닫고 구원에 이르기를 원하신다(딤전 2:4). 그래서 하나님의 독생자 예수께서는 모든 사람을 위해 자신을 대속의 희생물로 내어주셨다(딤전 2:6). 그런데도 모든 사람이 다 구원받지 못하는 이유는 무엇인가?

바울은 모든 사람 중에서 '하나님은 믿는 자들의 구원자'라는 표현을 사용함으로써 그 이유를 밝힌다. 하나님의 구원 의지와 그리스도의 속죄 사역은 모든 사람을 향하는 보편적인 것이지만, 하나님의 그런 선하신 구원의 의지를 깨닫고 그리스도의 속죄사역을 믿고 받아들이는 자들에게만 구원이 제한적으로 임하게 되었다. 그래서 믿음이 곧 구원인 것이다.

그대 디모데는 이러한 교훈들을 형제들에게 명령하고 가르치십시오. 그대의 나이가 젊다는 이유로 누구라도 그대를 얕보지 못하게 하고, 도리어 그대는 말과 생활과 사랑과 믿음과 순결에 있어서 모든 믿는 형제들의 본이 되십시오. 내가 그곳에 갈 때까지, 그대는 성경 말씀을 읽는 일과 성도를 권면하고 가르치는 일에 온전히 힘쓰도록 하십시오. 그대가 간직한 은사 곧 장로들이 그대의 머리에 손을 얹고 기도할 때 하나님께서 예언을 통해 그대에게 주신 그 은사를 가볍게 여기지 말고 소중하게 여기십시오.

주후 63년경인 당시, 바울의 나이는 60대 초반이고 디모데의 나이는 30대 초중반쯤으로 보인다. 32살 무렵쯤(주후 34년경) 다마스쿠스 도상에서 회심하고 개종한 이후로 바울의 신앙 경륜은 어언 30년이 넘었지만, 디모데는 복음 전도자의 길에 들어선 지 갓 10년이 넘었을 뿐이다. 그래서 노련한 바울은 목회자가 교인들에게 얕보이지 않는 방법에 관해 경험이 부족한 젊은 디모데에게 소중한 조언을 해주는데, 그 비결은 모든 선한 일에 있어 '본이 되는 것'이라고 일러준다.

또한 바울은 하나님께 받은 은사를 가볍게 여기지 말라고 디모데에게 조언하는데, 이는 은사를 묵혀두지 말고 적극적으로 활용하라는 의미다. 교회를 섬기거나 주님께 봉사할 기회를 회피하는 것은 은사를 가볍게 여기는 것이다. 만일 은사를 사용하지 않고 그대로 묵혀두고 있다면 그 은사는 누구에게도 도움이 되지 않는 무용지물이 되고 만다.

> 내가 가르치고 명한 것들을 명심하고, 그대 디모데는 날마다 힘써 실천하도록 하십시오. 그래서 모든 사람으로 하여금 그대가 발전하는 모습을 볼 수 있게 하십시오. 항상 깨어 그대 자신과 그대의 가르침을 잘 살피도록 하십시오. 그런 성찰을 게을리하지 말고 계속 하십시오. 그렇게 함으로써 그대는 그대 자신을 구원하는 것은 물론이고, 그대의 말을 따르는 사람들도 구원할 것입니다.

양떼를 맡은 목회자의 삶과 마음가짐이 어떠해야 마땅한지를 알 수 있다. 목회자는 영육 간에 더는 고쳐나갈 데가 없는 완전한 사람이 아니라, 항상 말씀을 명심하고 날마다 말씀대로 실천함으로써, 또한 늘 깨어 자신을 성찰함으로써, 하루가 다르게 나날이 발전하고 성숙해 가야 할 존재다. 목회자가 그리해야 하는 까닭은 아주 분명하다. 자신의 구원은 물론이거니와, 맡은바 양떼의 구원까지도 책임지고 있는 사람이기 때문이다.

5

올바른 교회 행정

만일 과부에게 자녀나 친척이 있다면
그들이 그 과부를 보살피게 해야 한다
그러나 의지할 데 없는 진짜 과부라면
교회가 보살펴주어야 한다

오늘날 우리에게 전해진 것들만을 놓고 보면, 바울이 교회들이나 동역자들에게 써 보낸 서신들은 모두 13통이다. 이것들 중 디모데전서와 후서, 그리고 디도서 3통은 흔히 '목회서신'으로 분류된다. 당시 에베소 교회와 크레타(그레데) 교회를 담임 맡고 있던 두 목회자 디모데와 디도에게 써 보낸 편지이기 때문이다.

따라서 서신의 내용도 교리적이고 신학적인 문제를 다루기보다는 실천적이고 윤리적인 문제를 주로 다룬다. 교회에서 직분자들을 세우고, 온갖 이단 사상으로 교인들을 미혹하는 거짓 교사들을 물리치고, 개인적인 경건과 절제의 삶을 유지하는 비결 등 목회 현장에서 요구되는 실제적인 문제를 다루고 있다.

각 세대 남녀노소의 교인들을 대하는 목회자의 올바른 자세(5:1-2)

그대 디모데는 나이 많은 남자 교인을 거친 말로 나무라지 말고 마치 아버지를 대하듯이 부드럽고 겸손한 말로 권면하십시오. 또 젊은 남자에게는 친형제를 대하듯이 다정하게 권면하십시오. 나이 많은 여자 교인에게는 마치 어머니를 대하듯이 공경하는 마음으로 권면하고, 또 젊은 여자에게는 친자매를 대하듯이 오직 순결한 마음으로 권면하십시오.

교회 내에는 각 세대에 해당하는 남녀노소의 사람들이 있기 마련이다. 그리고 목회자는 그들 모두에게 때때로 잘못을 지적하고 고쳐주어야 할 필요가 있다. 그러한 때에 바울은 그들 각각을 대하는 목회자의 올바른 자세에 관하여 일러준다.

① 나이 많은 남자 교인들(중장년 및 노년의 남성들): 아버지를 대하듯이 부드럽고 겸손한 말로 권면함.
② 젊은 남자 교인들(남자 청년부): 친형제를 대하듯이 다정한 말로 권면함.
③ 나이 많은 여자 교인들(중장년 및 노년의 여성들): 어머니를 대하듯이 한껏 공경하는 마음으로 권면함.
④ 젊은 여자 교인들(여자 청년부): 친자매를 대하듯이 온전히 순결한 마음으로 권면함.

과부를 대하는 태도에 관하여 (5:3-16)

만일 교회 안에 의지할 데 없는 참 과부인 그런 과부가 있거든, 교회가 그런 이들을 정성껏 돌보아주십시오. 그러나 어떤 과부에게 자녀들이나 손자손녀들이 있다면, 그 과부를 돌볼 책임은 일차적으로 그들에게 있습니다. 그래서 그들을 가르쳐, 자기 가족을 돌봄으로써 어버이에게 보답하는 것이 가장 우선적인 종교적 의무사항임을 알도록 해야 합니다. 이것이 바로 하나님께서 기뻐하시고 그들에게 원하시는 일입니다.

'참 과부'는 남편을 잃은 과부로서, 아무도 돌봐줄 친인척이 없고 또 달리 수입도 없어, 도무지 의지할 데가 없는 어려운 처지 아래 놓여 있는 과부를 가리킨다. 그런 진짜 과부는 교회의 도움이 없으면 살아갈 수 없으므로, 교회가 특별한 관심을 갖고 돌봐주어야 한다. 하지만 과부일지라도 주변에 그녀를 돌봐줄 친인척이 있다면, 친인척을 잘 가르쳐 그 과부를 돌봐주도록 이끌어야 한다.

> 참 과부로서 세상에 의지할 데 없는 그런 이들은 오직 하나님께 소망을 두고 밤낮으로 하나님께 끊임없이 간구와 기도를 드리는 생활을 합니다. 그러나 세상 향락에 빠져 있는 과부는 살아있으나 이미 죽은 것과 마찬가지이므로 교회가 돌볼 필요가 없습니다. 그대 디모데는 교인들에게 이런 사항들을 잘 가르쳐서 아무도 이런 일로 비난받는 일이 없도록 하십시오. 누구든지 생계의 도움을 필요로 하는 자기 친척, 특히 자신의 직계가족을 못 본 체하는 사람이 있다면, 그런 자는 이미 믿음을 저버린 사람으로서 불신자들보다 더 악한 사람입니다.

남편을 잃고 혼자 사는 과부라고 해서 아무나 돌보지 말고, 참 과부와 세상 향락에 빠진 과부를 잘 가려 교회가 지혜롭게 구제를 베풀어야 한다는 말이다. 교회의 재정에는 한계가 있으므로, 가장 필요한 사람에게 구제를 베풀어야 재정 사용에 대해 교인들 사이에 불평불만이나 비난이 없을 것이기 때문이다.

그리고 바울은 일가친척, 특히 직계가족인 부모나 가족에 대한 부양의 의무를 강조했는데, 교인이라 말하면서도 그런 부양의 의무를 저버리는 자들은 불신자들도 하지 않는바 믿음에 반하는 일로서 하나님의 심판을 초래하는 악한 죄에 해당한다고 경고했다. 일찍이 예수님도 하나님께 제물을 바친다는 핑계를 대면서 부모를 제대로 부양하지 않는 위선적인 죄에 대해서 크게 책망하셨다(막 7:10-13).

교회에서 돌보아야 할 참 과부의 명단에 오를 사람은 적어도 예순 살이 넘어야 하고, 한 남편에게만 충실했던 사람이라야 합니다. 또한 그녀는 평소 선한 행실로 사람들에게 인정을 받는 사람이라야 합니다. 자녀를 잘 길렀다든지, 나그네를 정성껏 대접했다든지, 성도들의 발을 씻겨주었다든지, 어려운 처지의 사람들을 도와주었다든지, 그 밖에 모든 종류의 선한 일에 몸 바쳐 일한 사람이라야 합니다.

바울은 참 과부의 명부에 올릴 자의 나이를 60세 이상으로 제한하도록 권면했다. 그 까닭은, 당시 여자로서 그 나이는 재혼할 의도나 가능성이 없다고 생각했고, 그래서 노령으로 재취업도 힘들고 교회의 도움 없이는 혼자서 살아가는 것이 불가능하다고 판단했기 때문일 것이다.

한편, 당시 초대교회에서는 일정한 자격에 근거한 '참 과부의 명부'가 구비되어 있어, 힘든 처지에 있는 노령의 과부에 대한 교회의 물질적 지원이 제도적으로 확립되어 있었음을 알 수 있다. 이는 오늘날 선진국에서 널리 시행하고 있는 각종 복지제도의 근간이 된다고 할 수 있다.

그러나 젊은 과부는 구제 명단에 올리지 마십시오. 육체적인 욕망이 교회에 헌신하고자 하는 마음을 앞지르게 되면, 그들은 결혼을 하고 싶어 할 것이기 때문입니다. 그렇게 되면, 그 여자들은 처음 믿음을 저버리게 되어 비난을 면치 못하게 될 것입니다. 더군다나 그 여자들은 게으름을 피우기 십상이고, 이집 저집으로 돌아다니면서 수다를 떠는 일로 세월을 보내고, 괜스레 남의 일에 참견하는 등 마땅히 해서는 안 될 말을 하여 스스로 문제를 일으키기도 할 것입니다.

바울은 실제적인 현실에 근거하여 교회가 젊은 과부를 구제하고 돌보는 일에는 부정적인 견해를 피력하였다. 젊은 과부들은 거의 '처음 믿음'을 저버리는 일이 허다하기 때문이었다. 여기서 '처음 믿음'은 남편 사후에 젊은 과부들이 이후로는 온전히 주님께만 헌신하겠다고 처음으로 서약을 하는 일을 가리킨다.

하지만 세월이 흐르면서 젊은 과부들은 '처음 믿음'을 저버린 채 자기 욕망에 이끌려 재혼하는 경우가 허다하고, 그렇지 않으면 게으름을 피우면서 이집 저집 두루 돌아다니며 수다를 떨거나 쓸데없이 남의 일에 참견하거나 헛소문을 퍼뜨리는 경우가 많다. 바울은 교회가 그런 여자들까지 돌봐서는 안 된다고 말하면서, 젊은 과부들을 향하여 다른 실제적인 조언을 준다.

> 그러므로 내 생각에는, 젊은 과부들은 차라리 재혼을 해서 아이를 낳고 가정을 꾸려나가는 것이 더 나을 것입니다. 그러면, 교회의 대적자들에게 비난받을 일도 없을 것이기 때문입니다. 실제로 젊은 과부들 가운데 어떤 이들은 이미 탈선하여 사탄에게 돌아간 사람도 있습니다. 만일 어느 신자의 집안에 과부 된 친척이 있을 경우, 그 신자는 친척 된 그 과부를 도와주어서 교회에 짐을 지우지 말아야 합니다. 그렇게 해야, 진짜로 도움이 필요한 참 과부들을 교회가 제대로 도울 수 있을 것입니다.

'사탄에게 돌아갔다'는 말은 사탄의 미혹을 받아 게으르고 부도덕한 생활에 빠져, 결국 믿음생활을 저버리게 되었다는 뜻이다. 그래서 바울은, 그런 지경에 빠지기 전에 젊은 과부는 재혼해서 다시 가정을 갖는 것이 교회의 대적자인 사탄에게 미혹의 기회를 주지 않는 일이 될 것이라고 충고한다.

장로를 대하는 목회자의 태도 (5:17-25)

> 교회의 장로에 대해 말하자면, 맡은바 직무를 잘 수행하는 장로들은 두 배로 존경을 받아야 마땅합니다. 특히 말씀을 전하고 가르치는 일에

수고하는 장로들은 더욱 그러해야 합니다. 성경에도 기록되어 있기를 "타작마당에서 곡식을 밟아 떠는 소의 입에 망을 씌우지 말라" 하였고, 또 "일꾼이 자기 품삯을 받는 것이 마땅하다"고 했습니다. 그리고 장로에 대한 고발은 두세 사람의 증인이 없으면 받아들이지 마십시오. 그러나 장로가 실제로 죄를 저질렀거든, 모두가 보는 앞에서 책망하여 다른 이들에게 경고가 되게 해야 합니다.

바울은 잘 다스리는 장로들에 대해 교인들에게 가르치기를, 그들을 두 배로 존경해야 마땅하다고 했는데, 이 말은 교인들이 장로들의 권위에 기꺼이 순종해야 한다는 의미다. 특히 말씀으로 잘 가르치는 전담 장로(사역자)에게는 교회가 물질적인 지원을 정성껏 해주어야 한다는 의미다. 그런 의미에서 바울은 "타작마당에서 곡식을 밟아 떠는 소의 입에 망을 씌우지 말라"(신 25:4)는 율법의 인용과 더불어 "일꾼이 자기 품삯을 받는 것이 마땅하다"(마 10:10; 눅 10:7)는 예수님의 가르침을 인용하였다.

한편, 당시에 장로들은 교회 지도자의 위치에 있었으므로 교회 안과

곡식을 밟아 떠는 소의 입에 망을 씌우지 말라

밖에서 늘 주목을 받았다. 따라서 사람들의 악의적인 트집과 근거 없는 비난으로부터 장로들을 보호할 필요가 있었으므로, 장로들의 고발에는 두 사람 이상의 증인을 요구하였다. 그런데 이는 모세 율법에 따른 것으로(신 19:15; 민 35:30), 초대교회에서도 똑같은 규정이 적용되었음을 알 수 있다.

> 나 바울은 하나님과 그리스도 예수 및 택하심을 받은 천사들 앞에서 그대 디모데에게 엄숙히 명령합니다. 그대는 아무런 편견 없이 장로에 관하여 내가 지시한 것들을 지키고, 어떤 일이든지 치우침 없이 공정한 자세로 처리하도록 하십시오. 특히 아무에게나 경솔하게 안수하여 장로를 삼는 일이 없도록 하고, 또한 분위기에 휩쓸려 타락한 일부 장로들의 죄에 동참하는 일이 없도록 하십시오. 그리하여 그대는 모쪼록 그대 자신을 굳게 지켜 언제나 정결함을 유지하도록 하십시오.

바울은 장로와 관련하여 디모데에게 목회자로서 갖추어야 할 몇 가지 자세에 관해 엄히 명령했다. 첫째, 장로들을 대할 때 편견 없는 공정한 자세를 견지할 것. 둘째, 지도자에게 부여된 안수의 권한을 남용하여 아무에게나 쉽게 장로 안수를 하지 말 것. 셋째, 분위기에 휩쓸려 일부 타락한 장로들의 죄에 함께 빠져들지 말 것.

이 같은 명을 내림에 있어 바울은 '하나님과 그리스도 예수 및 택하심을 받은 천사들 앞에서'란 표현을 사용했다. 이는 일차적으로는 명령의 엄숙함을 나타내기 위한 표현이지만, 궁극적으로 이 표현은 최후의 심판을 집행하는 주관자들을 연상케 하는 것으로, 교회 목회자가 얼마나 한 치의 흐트러짐 없는 엄중한 자세로 장로들을 올바로 대해야 하는지를 잘 보여준다.

> 그대 디모데는 위장이 좋지 않고 잦은 병치레를 하고 있으니, 이제부터

> 는 물만 마시지 말고 포도주도 조금씩 마시도록 하십시오. 어떤 사람들의 죄는 너무나 명백해서 재판을 받기도 전에 밝혀지지만, 어떤 사람들의 죄는 재판을 거친 후에야 드러나기도 합니다. 이와 마찬가지로 착한 행실도 얼른 드러나게 마련이지만, 비록 얼른 드러나지 않은 경우에라도 언제까지나 감추어진 채로 있지는 않습니다.

바울은 디모데에게 포도주의 사용을 권면하였다. 당시 유대와 헬라 사회 모두에서 포도주의 의료적인 사용은 널리 알려진 것이었다. 당시 에베소 교회의 목회자인 디모데는 비록 젊은 나이였지만 몸이 약하여 위장병과 기타 지병을 앓고 있었다. 그래서 바울은 치료용으로 포도주의 사용을 권면한 것이다.

또한 바울의 그런 권면에는 다른 부차적인 동기도 포함되어 있었는데, 그것은 당시 거짓 교사들의 금욕주의에 대한 도전이기도 했다.

6

경건과 자족

디모데는 모든 악을 피하고
믿음의 선한 싸움을 해야 한다
돈을 사랑함이 온갖 악의 뿌리
스스로 만족할 줄 알아야 한다

당시 바울은 선교 전략상 에베소가 매우 중요하다고 판단하여 에베소를 복음화하는 데 전력투구했다. 그래서 제2차 전도여행(주후 51년경) 때에 바울은 이곳에 들러 복음의 씨앗을 뿌려 기초를 다졌고, 제3차 전도여행 때에는 무려 3년 가까이 머물면서(주후 54-57년경) 집중적으로 복음을 전하고 신자들을 가르쳐 교회를 공고하게 세웠다.

그토록 중요한 에베소 교회를 바울은 믿음의 아들 된 디모데에게 맡겨 돌보도록 했는데, 물론 신앙적인 면에서 누구보다도 디모데를 신뢰했기에 그에게 맡겨놓았지만, 그래도 디모데는 그처럼 크고 중요한 교회를 담임 맡기엔 나이가 어렸고 몸이 약했다.

그래서일까? 디모데를 바라보는 바울의 노파심은 깊어, 노련한 선배 목회자의 입장에서 어버이의 넘치는 애정과 애틋한 심정을 듬뿍 담아, 멀리 떨어진 마케도니아 지역에서 편지를 써 보내 디모데에게 이것저것을 지시하고 가르치며 권면한다.

디모데전서의 무대

믿는 종들에 대한 권면 (6:1-2)

디모데여, 그대가 돌보는 교인들 가운데 누구든지 종의 멍에를 메고 있는 사람이 있다면, 그를 가르쳐 자기 주인을 충심으로 존경하도록 해야 합니다. 그래야만 하나님의 이름과 우리의 교훈이 비난받지 않을 것입니다. 혹 믿는 사람을 주인으로 섬기고 있는 종들이 있다면, 그를 가르쳐 자기 주인이 믿음의 형제라고 해서 가볍게 여기지 말고 도리어 더욱 잘 섬기도록 해야 합니다. 그렇게 잘 섬김으로 해서 유익을 얻는 사람들이 바로 사랑하는 믿음의 형제들이기 때문입니다. 디모데여, 그대는 교인들에게 이런 것들을 가르치고 권면하도록 하십시오.

바울은 교회에 소속된 믿는 종들에게 자기 상전들을 잘 섬기라고 권면했다. 이는 바울이 노예제도를 지지했기 때문이 아니다. 단지 바울은 당시의 상황에서 세상의 질서와 권위를 인정하고, 그러한 질서와 권위 속에서 그리스도인의 올바른 자세를 가르치고 있을 뿐이었다.

이와 관련해서 바울의 최종 관심은 세상의 어떤 제도가 아니라 어디까지나 '하나님의 영광'에 있었다. 따라서 만일 하나님을 믿는 종들이 상전들에게 불성실하게 되면, 무엇보다 하나님의 이름과 교훈이 불신자들에게서 비방을 받기 때문에 특별히 바울은 믿는 종들에게 그의 처지나 신분이 어떠하든지 믿는 자답게 성실한 삶의 자세를 당부했던 것이다.

거짓 교훈과 돈에 대한 권면 (6:3-10)

누구든지 다른 교훈을 가르치면서 우리 주 예수 그리스도의 건전한 가르침과 경건한 교훈에 따르지 않으면, 그런 사람은 스스로 교만과 무지를 드러내고 있는 것입니다. 정녕 그런 사람은 시기와 질투로 끝없는 논쟁과 말다툼을 일으키면서 남을 헐뜯고 비난하는 가운데 사람들로 하여금 악한 의심만을 불러일으킵니다. 또한 그런 사람은 마음이 썩어버린 사람들과 진리를 잃어버린 사람들, 그리고 경건을 이익의 수단으로 생각하는 사람들 사이에 끝없는 갈등과 불화를 일으킵니다.

'다른 교훈'은 그리스도의 십자가 복음과는 아무 상관 없는 각종 이단 사상을 가리킨다. 이런 이단 사상을 가르치거나 따르는 자들은 자신들의 경건 곧 자신들의 신앙을 단지 이익을 얻는 수단으로만 생각할 뿐이다. 따라서 그런 자들은 자신들의 이익을 먼저, 그리고 더 많이 구하기 위해 서로 간에 갈등하고 다투며 싸운다.

그러나 스스로 만족할 줄 아는 사람에게는 경건이 참으로 큰 유익이 됩니다. 우리가 세상에 들어올 때 아무것도 가지고 온 것이 없으므로, 세상을 떠날 때에도 아무것도 가져갈 수 없습니다. 그러므로 지금 우리에게 먹을 것과 입을 것만 있으면 그것으로 만족할 줄 알아야 합니다. 하지만 스스로 만족할 줄 모르고 끊임없이 부자 되기를 갈망하는 사람들은 여러 가지 유혹과 덫에 걸려 어리석은 일을 저지르고, 결국엔 스스로 파멸의 구렁텅이에 빠지곤 합니다. 명심하십시오. 돈을 사랑하는 것은 정녕 온갖 악의 뿌리입니다. 그래서 어떤 이들은 돈을 좇다가 믿음의 길에서 떠나 방황하기도 하고 스스로 많은 괴로움을 겪기도 합니다.

당시 에베소는 무역 거래가 왕성한 부유한 항구도시로서 도시 전체에서 사람들은 물질에 대한 욕구가 충만했으며 돈이 가져다주는 세상의 쾌락과 행복감에 젖어 있었다. 그래서 바울은 특별히 돈의 위험성에 대해 경계하면서 스스로 만족할 줄 아는 자족(自足)의 신앙을 강조한다.

그렇다면 돈을 바라는 것이 언제나 악의 뿌리일까? 반드시 그렇지는 않다. 자신을 위해서가 아니라, 하나님 나라의 유익을 위해 돈을 바랄 수도 있다. 그래서 바울은 부자들에게 적절한 충고를 했는데(딤후 6:17-18), 그것은 겸손할 것, 돈보다 하나님을 더 의뢰할 것, 선한 일에 힘쓸 것, 그리고 다른 이들에게 베풀 것 등이다.

믿음의 선한 싸움을 싸우라 (6:11-16)

하나님의 사람 디모데여! 그대는 이 모든 악한 것들을 피하고, 오직 의와 경건과 믿음과 사랑과 오래 참음과 온유함을 추구하도록 하십시오. 믿음을 위해 선한 싸움을 싸우도록 하십시오. 하나님께서 그대에게 주신 영원한 생명을 굳게 붙들도록 하십시오. 하나님께서는 이 영원한 생명을 위해 그대 디모데를 부르셨고, 그래서 그대는 많은 증인들 앞에서 훌륭하게 믿음을 고백하였습니다.

바울은 디모데에게 믿음의 정진을 권면하면서 이를 마치 전투에 임하는 군사에 비유하여 "믿음을 위해 선한 싸움을 싸우라!"고 했다. 이로 볼 때 교회 지도자 및 신자들은 사탄의 세력과 치열한 영적 싸움을 벌이는 그리스도의 군사들임을 알 수 있다.

빌라도를 향해 선한 증언을 하신 예수님

나 바울은 만물에게 생명을 주시는 하나님 앞에서, 그리고 본디오 빌라도에게 조금도 두려움 없이 훌륭하게 증언하신 그리스도 예수 앞에서, 그대 디모데에게 명령합니다. 그대는 우리 주 예수 그리스도께서 다시 오실 때까지 내가 가르친 이 명령들을 잘 지켜서 한 점 흠도 없고 책망할 것도 없는 사람으로 우뚝 서십시오.

바울은 마치 백전노장의 감독이 경기에 임하는 선수들에게 말하듯, 또한 노련한 신앙의 지휘관이 영적 전쟁터로 나가는 신참 전사에게 말하듯, 아주 고무적인 분위기로 다독이며 격려하고 있다. "그대, 최선을 다하라! 자, 힘내!" 하면서….

정한 때가 되면, 하나님께서는 예수 그리스도를 다시 보내주실 것입니다. 정녕 하나님께서는 복의 근원이시고, 오직 한 분이신 주권자이시며, 만왕의 왕이시고 만주의 주이십니다. 오직 하나님만이 영원히 죽지 않으시고, 사람이 가까이 다가갈 수 없는 빛 가운데 계시며, 아무도 그분을 보지 못하였고 또 볼 수도 없는 분이십니다. 그분 하나님께 존귀와 영원한 능력과 주권이 함께하기를 빕니다. 아멘!

하나님은 본질상 사람의 눈에 보이지 않는 영(靈)이시기 때문에(요

4:24), 사람은 누구도 하나님을 볼 수 없고, 그래서 아무도 보지 못했다. 일찍이 모세는 시내산 꼭대기에서 하나님 보기를 원하여 그 소원을 하나님께 아뢰었다. 이때에 하나님께서는 "누구도 내 얼굴을 보고는 살 자가 없다"라고 말씀하시면서, 모세를 반석 틈에 두고는 그 위를 지나가는 자신의 등만 얼핏 보도록 허락하셨다(출 33:18-23).

이처럼 본질상 죄인 된 사람은 이 세상에서는 그 누구를 막론하고 하나님을 볼 수 없다. 그러나 그리스도의 재림 때에 신령한 부활체로 변화 받은 성도는 천국의 새 예루살렘 성읍에서 보좌에 앉으신 하나님의 빛나는 얼굴을 볼 수 있을 것이다(계 22:4-5).

부자들에게 주는 바울의 권면 (6:17-19)

그대 디모데는 이 세상의 부자들에게 이렇게 명령하십시오. 교만하지 말고, 속히 없어질 덧없는 세상 재물에 소망을 두지 말며, 오직 우리의 필요를 항상 풍족하게 공급해 주셔서 누리게 하시는 하나님께 소망을 두라고 하십시오. 또 선한 일을 하고 좋은 일을 많이 하여, 자신의 재물을 아낌없이 베풀어 기쁜 마음으로 이웃과 더불어 나누는 사람이 되라고 하십시오. 그렇게 함으로써 부자들 스스로 자신들의 장래를 위해 토대를 굳건히 쌓아 마침내 참된 생명을 얻도록 하라고 하십시오.

돈은 자칫하면 '일만 악의 뿌리'가 되기 십상이지만(딤후 6:10), 바울이 권면한 대로만 잘 따르면 영원히 썩지 않는 하늘 창고에 보물을 쌓아두는 일이 되어 마침내 '참된 생명'을 얻는 일에 귀하게 사용될 수도 있다. 돈은 선(善)을 일구는 수단이 되어야지, 돈을 사랑하여 그것을 목적으로 삼아서는 안 된다. 그렇게 되면 돈의 덫에 빠져 결국 자신을 망치게 된다.

바울의 끝인사 및 마지막 당부 (6:20-21)

디모데여, 하나님께서 그대에게 맡기신 임무를 충실히 수행하십시오. 경건치 못한 세상의 속된 잡담을 삼가고, 거짓된 지식에서 나오는 모든 어리석은 논쟁을 피하도록 하십시오. 어떤 이들은 그처럼 어리석은 논쟁에 빠져들었다가 심지어 믿음까지 잃어버린 경우도 있습니다. 하나님의 은혜가 항상 그대와 함께하기를 빕니다. 아멘!

편지를 끝맺으면서 바울은 에베소 교회의 목회자인 젊은 디모데에게 당부하기를, 목회자로서 신앙의 경건을 이루는 데 하등 도움이 되지 않는 세상의 속된 음담패설이나 거짓된 지식에 바탕을 두고 있는 온갖 어리석은 논쟁을 피하라고 권면했다.

지금 바울은 전도 일정상 마케도니아 지역(그리스의 북반부)에 있고, 디모데는 에베소(소아시아의 서쪽 해안)에 있었다. 두 지역 사이에는 에게해(海)가 있었는데, 배편을 통한 직선거리로는 대략 800km가량 떨어져 있다. 서신을 디모데에게 보내고, 또 디모데로부터 답장을 받는 일이 여간 만만치가 않다. 바울은 편지가 마무리되자마자 서둘러 인봉한 다음, 믿을 만한 사람의 손에 들려 보낸다.

서신 전달의 중책을 맡은 형제는 바울이 에베소 교회의 디모데에게 써 보낸 첫 번째 편지, 곧 '디모데전서'를 둘둘 말아 자기 봇짐에 소중하게 간직한 채 총총걸음으로 길을 나섰다. 그런 형제를 바라보며 바울은 속으로 기도한다.

'주님, 지금 제 편지를 품고서 먼 길을 떠나는 저 형제의 여정에 시종 동행하셔서 오고가는 모든 발걸음을 안전하게 지켜주옵소서! 편지를 통해 디모데가 더욱 힘을 얻고, 에베소 교회가 믿음의 반석 위에 더욱 굳세게 서 있도록 하옵소서! 아멘, 아멘!'

디모데후서

복음 전도자의 사명을 다하라

겨울이 다가오기 때문에
하나님 말씀 읽을 책과 함께
추위를 가릴 옷을 보내다오.
나는 로마 감옥에 갇혀 있다.

네로 황제는 날로 포악해져
기독교인들을 핍박한다.
사슬에 묶여 겨울을 맞는 나는
주님 곁에 갈 날이 멀지 않다.

믿음의 아들 디모데는 들어라.
진리의 말씀을 올바로 깨우쳐
그리스도의 좋은 군사가 되고
부끄럽지 않은 일꾼이 되어라.

어떤 시련과 핍박이 몰아쳐도
끝까지 견디며 버텨라.
복음의 반석 위에 굳게 서서
믿음의 싸움에 온몸 불태워라.

1

복음과 고난

디모데, 거짓 없는 너의 믿음을 기억한다
네 외할머니와 어머니의 믿음을
그대로 물려받은 것으로 확신하니
거기에 불붙여 활활 타오르게 해라

서막

'오늘따라 디모데가 무척 보고 싶구나. 내 사랑하는 디모데….'

차갑고 어두운 로마의 지하 감옥, 바울은 디모데를 생각하며 깊은 상념에 잠긴다. 아무리 생각해도 이번 투옥이 자신의 마지막 길이 될 것 같다는 생각이 짙게 든다.

'그래, 이러고 있을 게 아니라 디모데에게 편지를 써 보내야겠다. 어쩌면 내 마지막 편지가 될지도 모르는 이 편지를 통해 디모데에게 하고 싶은 말을 다 해야겠다.'

바울은 자신을 면회 온 누가(Luke)에게 펜과 종이를 부탁해서 디모데에게 편지를 쓰기 시작한다. 오래 전(주후 63년 말엽), 그러니까 제1차 로마 감옥에서 풀려나 마케도니아 지역을 여행할 때 에베소 교회를 돌보고 있는 디모데에게 써 보낸 첫 번째 편지, 곧 '디모데전서' 이후로 4년 만이다(주후 67년 말엽). 편지를 쓰기 전, 바울은 다시금 깊은

디모데후서의 무대

상념에 잠긴다.

'아, 이제 내 사명이 다하여 어쩌면 이 편지가 내 마지막 편지일 수 있겠구나….'

바울의 짐작대로다. 이 편지가 바울의 마지막 편지가 되었다. 그러니까 바울은 그의 나이 32세 되던 해(주후 34년경), 다마스쿠스 도상에서 부활의 예수님께로부터 복음 전도자의 소명을 받았다. 이후 아라비아 광야에서 3년 세월을 복음 연구에 정진 수행하고, 이어 고향 다소에서 10년을 다시 공부한 다음, 마침내 그의 나이 45세 되던 주후 47년경부터 이방인의 사도가 되어 로마제국 전역을 밤낮으로 누비며 힘차게 복음을 전했다. 주후 47년부터 주후 58년까지 무려 12년 동안에 제1차, 제2차, 제3차 전도여행을 부지런히 다니면서 제국의 도처에 복음을 전했다.

제3차 전도여행을 마친 직후에 바울은 복음을 시기한 유대인들에게 고발당하여 피의자 신분으로 로마에 호송되었고, 그곳 감옥에 1차로 갇히게 되었다(주후 61년경). 하지만 이때의 감옥생활은 비교적 수월했다. 죄가 확정되지 않은 피의자 신분이었기에 로마 황제(가이사)의 재판을 기다리는 동안에 로마 근교의 어느 셋집에서 로마 군사 한 명의 감시하에 가택연금 된 상태로 자유로운 면회와 활동을 보장받았기 때문이다. 그렇게 2년을 보낸 뒤, 바울은 유대인들의 재판 불출석으로 무죄를 인정받아 무사히 석방되었다(주후 63년 말엽).

로마 감옥에서 석방된 이후에 바울은 디모데, 디도, 누가 등과 함께 그의 마지막 전도여행인 제4차 전도여행을 떠났다. 여행 도중에 바울은 크레타(그레데) 섬에 들러 그곳의 교회를 돌보도록 디도를 크레타에 남겨두었고, 또 에베소에 들러 그곳의 교회를 돌보도록 디모데를 에베소에 남겨두었다. 이후에 바울은 빌립보 교회와 데살로니가 교회 등이 있는 마케도니아 지역(그리스 북반부)과 고린도 교회와 아테네 교회 등이 있는 아가야 지역(그리스 남반부)을 계속해서 여행하면서 전도했고, 이 기간에 '디모데전서'와 '디도서'를 써서 각각 에베소 교회의 디모데와 크레타 교회의 디도에게 보냈다. 이른바 양떼를 돌보는 목회에 실제적인 도움을 주는 목회서신들이다.

"보라, 저 사람이 바울이란 자다! 저자는 기독교의 일급 지도자다. 당장 붙잡아 투옥시켜랏!"

바울이 마케도니아와 아가야 지방에서 제4차 전도여행을 한창 진행하고 있을 무렵, 진즉부터 조짐이 보였던 기독교에 대한 박해와 시련의 바람이 거세게 불어 닥쳤다. 로마시(市)의 대화재 사건(주후 64년) 이후로, 저 악명 높은 로마 황제 네로(Nero, 주후 54-68년경)의 광적인 기독교 핍박 명령이 로마제국 전체에 급속도로 확산되었기 때문이다. 그 결과, 기독교의 일급 지도자로 지목된 바울도 로마 군사들에게 붙잡혀 로마 감옥에 갇히게 되었다(주후 64년경).

이때의 제2차 투옥은 제1차 투옥 때의 가택연금에 비할 바가 아니었다.

아주 살벌했고 가혹했으며 무시무시했다. 차갑고 어두운 지하 감옥에서 양발에 족쇄를 찬 중죄인의 상태였다. 면회도 아주 힘들었고, 모든 물품이 부족했다. 그렇지 않아도 오랜 전도여행을 하면서 수많은 고난을 겪고 숱한 매질을 당한 바울의 몸은 쇠약해질 대로 쇠약해졌다.

옥중에서 편지를 쓰고 있는 사도 바울

바울 스스로도 이제 자기의 수명이 다한 줄 스스로 느낄 정도였다. 그런 엄혹한 옥중생활이 3년째 이어지고 있던 어느 날(주후 67년 가을 무렵), 바울은 아주 어렵게 필기도구를 구해 작심하고 믿음의 아들 디모데에게 두 번째 편지 곧 '디모데후서'를 쓰기 시작한 것이다.

이렇게 쓰인 디모데후서는 바울이 생전에 여러 교회들과 동역자들에게 써 보낸 총 13통의 편지들 중 최후의 서신이 되었다. 머잖아 순교를 목전에 둔 바울은 이 편지에서 자신의 지난 생애를 회고하면서 믿음의 아들 디모데에게 역경과 환난 가운데서도 흔들림 없이 맡은바 사명에 충실할 것을 권고하고 있다. 모쪼록 그리스도의 좋은 군사가 되어 영적 싸움에서 기필코 승리할 것을 명령하고 있다.

이처럼 바울은 당시 광분한 네로의 명으로 로마제국 전역에서 세차게 가열되고 있었던 기독교 핍박 가운데서 교회와 성도가 시련을 극복할 수 있도록 위로하고 격려하며, 또한 사랑하는 믿음의 아들 디모데의 면회를 요청하면서 옥중생활에 요긴한 물품을 조달받기 위해 이 편지를

셨다. 따라서 이 편지 속에는 바울의 회고담과 디모데에 대한 개인적인 부탁, 그리고 복음 동역자들에 대한 개인적인 안부 등 사적인 성격의 내용이 뚜렷하게 나타나고 있다.

'흐흠, 디모데… 내 사랑하는 믿음의 아들….'

바울은 천천히 펜을 든다. 자신의 마지막 남은 생의 호흡을 길게 몰아쉬며 자신의 온 체중을 실어 사랑하는 믿음의 아들 디모데에게 유언과도 같은 권면을 하려 한다. 자, 이제 우리도 바울의 편지를 전달받는 디모데의 입장이 되어 심령의 옷깃을 겸허하게 여민 채 온 마음을 기울여 주옥같은 바울의 메시지를 찬찬히 읽어나가도록 하자.

디모데를 향한 사도 바울의 문안인사 (1:1-2)

하나님의 뜻으로 말미암아 그리스도 예수 안에 있는 생명의 약속에 따라 그리스도 예수의 사도가 된 나 바울은, 나의 사랑하는 아들 디모데에게 이 편지를 씁니다. 아버지 하나님과 우리 주 그리스도 예수께서 은혜와 자비와 평강을 그대에게 항상 내려주시기를 빕니다.

바울은 자신이 쓴 모든 편지의 맨 처음 문안인사에서 "하나님의 뜻으로 말미암아 그리스도 예수의 사도가 되었다"는 말을 공통적으로 사용하고 있다. 이 같은 인사말은 바울의 사명감과 순종의 자세를 보여준다. 바울은 죄인들 중 괴수 같은 자신을 '사도'로 삼아 복음 증거의 위대한 사명을 맡기신 하나님의 뜻과 그리스도의 부르심을 한시도 잊지 않았다.

바울이 디모데를 격려함 (1:3-14)

나의 사랑하는 아들 디모데여, 나는 밤낮으로 기도할 때마다 항상

외조모와 어머니에게 신앙의 유산을 물려받은 디모데

그대를 기억하는 가운데 깨끗한 양심으로 나의 조상 때부터 섬겨온 하나님께 깊이 감사를 드립니다. 나는 그대가 흘린 눈물을 기억하면서 그대를 다시 만날 날을 손꼽아 간절히 기다립니다. 내가 그대를 다시 만나게 되면 진실로 나의 기쁨이 차고 넘칠 것입니다. 나는 그대 안에 있는 거짓 없는 믿음을 똑똑히 기억하고 있습니다. 그 믿음은 먼저 그대의 외할머니 로이스와 어머니 유니게 안에 있더니, 그대도 그 믿음을 그대로 물려받아 지금 그대 안에 있는 줄 확신합니다.

바울은 디모데를 '사랑하는 아들'이라고 불렀다. 일찍이 디모데는 바울의 제2차 전도여행 때 루스드라에서 바울을 만나, 이후로 바울의 전도 팀에 합류하여 항상 바울 가까이 지내면서 신앙의 훈련을 받고 복음의 가르침을 받아 자라났다. 디모데는 바울이 그리스도 안에서 복음으로 낳고 양육한 영적 아들인 셈이었다.

바울은 특별히 디모데에 대하여 깊은 애정을 갖고 그렇게 '아들'이라 불렀다. 그리고 육신적인 나이로 살펴보면, 이 편지를 써 보낼 당시에 바울의 나이는 대략 65세가량이었고, 디모데는 30세 중반가량이었으므로 실제로 아들뻘에 해당되었다.

또한 바울은 디모데가 경건한 믿음의 유산을 물려받았다고 칭찬했는데, 바울의 말대로 디모데는 외가 쪽의 신앙을 물려받았다. 헬라인 부친과 유대인 모친 사이에서 태어난 디모데는 어릴 때부터 어머니 유니게와 할머니 로이스로부터 기독교 신앙의 교육을 받고 자라났다. 이처럼 가장 순수한 어린 시절부터 삶에 대한 하나님 중심의 가치와 의미를 배울 수 있는 경건한 믿음의 유산은 진실로 복된 유산이다.

> 그러므로 나는 그대 디모데를 새삼 일깨워 나의 안수를 통해 그대 안에 있는 하나님의 은사에 불을 붙여 다시금 활활 타오르게 하려 합니다. 하나님께서는 우리에게 두려움의 영을 주신 것이 아니라 능력과 사랑과 절제의 영을 주셨습니다.

디모데의 신실한 믿음과 아낌없는 헌신과 탁월한 능력을 보았을 때, 바울은 교회 장로들과 더불어 디모데를 에베소 교회의 목회자로 따로 구별하여 세운 후에 그에게 안수하였다. 그렇게 함으로써 디모데로 하여금 주님께 받은바 그의 목회 은사를 적극 개발하도록 했다(딤전 4:14).

> 그러므로 그대는 우리 주 예수 그리스도를 증언하는 일이나, 그분으로 인해 죄수로 잡혀 갇힌 몸이 된 나를 조금도 부끄러워하지 말고, 도리어 하나님의 능력을 힘입어 십자가 복음을 위해 나와 함께 고난에 적극 동참하도록 하십시오. 하나님께서는 우리를 구원해주시고 거룩한 삶을 살아가도록 우리를 부르셨습니다. 이것은 우리의 행실을 보고 그렇게

하신 것이 아니라, 오직 하나님 자신의 은혜와 계획에 따른 것입니다.

바울은 자신이 로마당국에 붙잡혀 죄수의 신분으로 감옥에 갇힌 몸이 된 것은 다른 어떤 잘못 때문이 아니라, 오직 예수 그리스도의 복음을 증언하는 일 때문에 그렇게 된 것임을 당당하게 고백하고 있다. 따라서 그것은 전혀 부끄러워할 일이 아니므로, 디모데 역시 그런 일로 인해 조금도 의기소침해하거나 부끄러워하지 말고, 자신처럼 당당하게 복음을 위해 고난받는 일에 적극 동참할 것을 권고하고 있다. 디모데는 선천적으로 내성적이고 소심한 성격을 지녔기 때문에 바울은 이 같은 말로 용기를 한껏 북돋워주고 있는 것이다.

이 같은 하나님의 은혜는 영원 전부터 그리스도 예수 안에서 우리에게 이미 주신 것인데, 지금은 우리 구주 예수 그리스도께서 친히 세상에 오심으로 인해 밝히 드러나게 되었습니다. 정녕 그리스도께서는 죽음을 파멸시키시고 복음을 통하여 영원히 썩지 않을 참 생명을 우리에게 분명히 나타내 보이셨습니다. 그리고 나는 이 그리스도의 복음을 전하는 전도자로, 사도로, 교사로 그분께 임명받았습니다.

복음(헬, 유앙겔리온)은 '기쁜 소식'이란 뜻이다. 그것이 기쁜 소식인 이유는, 죄인에게 죽음이 아니라 영생을 들려주는 소식이기 때문이다. 죄로 인해 영영 죽을 수밖에 없는 죄인들을 대신해서 예수 그리스도께서 십자가에 못 박혀 죽으셨고, 이제는 누구든지 예수 그리스도를 믿고 자신의 구주로 받아들이기만 하면, 그로 인해 하나님께서 우리의 죄를 용서해주시고 우리를 자녀로 삼아 구원과 영생을 선물로 주신다는 소식이다. 그러니 이 어찌 기쁜 소식이 아니겠는가!

이러한 복음은 영원 전부터 하나님 속에 감추어졌던 '비밀의 경륜'으로, 구약시대에는 사람들에게 알려지지 않았다. 하지만 예수 그리스도께서 세상에 오신 신약시대에 이르러 그 비밀이 마침내 알려진바 되었고, 그에 따라 바울은 그 기쁜 소식을 전하는 전도자요 사도요 교사로 세우심을 받았던 것이다.

그러므로 나 바울은 내가 겪는 고난을 조금도 부끄러워하지 않습니다. 그것은, 내가 믿고 의지하는 분이 어떤 분인지를 내가 잘 알고 있고, 또한 내게 맡겨진 것을 그분께서 최후의 그날까지 지켜주실 것이라는 것을 확신하기 때문입니다. 그대 디모데는 그리스도 예수 안에 있는 믿음과 사랑으로 내가 그대에게 가르쳐준 것들을 건전한 가르침의 본보기로 삼아 잘 준수하고, 또 우리 안에 거하시는 성령님의 도우심을 받아 그대가 맡은 아름답고 선한 것을 소중하게 잘 보존하도록 하십시오.

디모데가 잘 지키도록 부탁받은 아름답고 선한 것은 '복음'이다. 조금도 변질되지 않은 본래 그대로의 순수한 십자가 복음을 잘 지키는 일은 당시 디모데가 사역하고 있던 에베소 교회에서 특히 중요했다. 왜냐하면 그곳에는 다양한 거짓 교사들이 온갖 헛된 말과 거짓 지식과 공교한 언어로 그리스도의 십자가 복음을 변질시키고 있었기 때문이다(딤전 6:20).

오네시보로의 도움 (1:15-18)

디모데여, 그대도 알다시피 아시아 지역의 모든 사람이 다 나를 버렸습니다. 심지어 부겔로와 허모게네까지도 그랬습니다. 하지만 오네시보로 집안에 주님께서 자비를 베풀어주시기를 빕니다. 그는 여러 차례 나를 찾아와 새 힘을 불어넣어 주었고 또 내가 로마 감옥에 갇혀 있는 것을 조금도 부끄러워하지 않았습니다. 그가 로마에 와서는 사방으로 열심히 나를 찾다가 마침내 나를 만나게 되었습니다. 장차 주님께서 재림하시는

로마제국 내 아시아도(道)

그 날에 주님께서 그에게 자비를 베푸시기를 빕니다. 또한 그가 에베소에서 나를 얼마나 여러모로 도왔는지는 그대도 잘 알고 있을 것입니다.

여기 '아시아' 지역은 당시에 로마제국 내의 한 도(道)로서 '에베소'가 그 수도였다. 바울은 제3차 전도여행 중에 에베소에서 3년 가까이 머물며 전도사역을 힘껏 펼침으로써 아시아에서 많은 신자들을 얻었다. 하지만 이제 로마 감옥에 갇힌 바울은 아시아의 모든 사람에게서 버림받은 것 같은 서운한 감정을 내비치고 있다.

이는 아마도 아시아 사람들이 로마 옥중에 있는 바울에 대해 멀리 떨어진 거리와 옥중이라는 여건을 핑계로 관심과 도움을 게을리했던 듯하다. 그중 대표적인 인물이 '부겔로'와 '허모게네'였다. 그런데 이들과는 달리, 로마를 부지런히 방문하여 옥중의 바울을 찾아와 격려해주고 이것저것 필요한 물품들로 옥바라지를 해준 인물도 있었는데, 그는 '오네시보로'였다. 그래서 바울은 그에게 특별한 감사와 더불어 주님의 자비를 빌었던 것이다.

2

그리스도 예수의 좋은 군사

디모데는 그리스도 예수의 군사답게
우리와 함께 고난을 달게 받아라
군사로 부름받은 자는 세상일 떠나
자신을 부른 상관을 기쁘게 하는 법이다

'지금쯤 에베소에도 환난과 핍박의 바람이 불어닥치고 있겠지. 부디 모두가 믿음을 저버리지 말고 잘 견뎌야 할 텐데….'

차꼬에 매인 채 차갑고 어두운 로마의 지하 감옥에 갇힌 바울, 그는 자신의 힘든 처지를 걱정하기보다 도처의 교회들과 신자들을 걱정하는 마음이 더 컸다. 특히 로마 황제 네로(Nero)의 명으로 아시아 지역에 거세게 불고 있는 세찬 핍박의 바람 아래 그대로 노출되어 있는 에베소, 그 에베소 교회를 붙철주야 돌보고 있던 젊은 목회자 디모데를 향한 바울의 염려는 심히 깊다. 그래서 디모데를 향한 바울의 편지는 애정과 격려가 철철 넘쳐난다. 그런 애정과 격려의 마음으로, 바울은 그리스도 안에서 믿음의 아들 된 사랑하는 디모데에게 신신당부한다.

그리스도 예수의 좋은 군사가 되라 (2:1-13)

내 아들 디모데여, 그리스도 예수께서 주시는 은혜로 더욱 강건해지십시오. 그대는 내게서 들은 것들을 여러 증인들 앞에서 신실한 사람들에게 맡기도록 하십시오. 그러면 그들이 또한 다른 사람들을 가르칠 수 있을 것입니다. 그대는 그리스도 예수의 좋은 군사답게 우리와 함께 고난을 달게 받도록 하십시오. 누구든지 군사가 된 이상 세상일에 얽매여서는 안 됩니다. 군사로 부름 받은 자는 자기를 군사로 모집한 상관을 먼저 기쁘게 해주어야 합니다.

바울은, 현재 디모데가 영적 전쟁터에 있다고 보고 그를 '군사'에 비유하여 교훈했다. 당시 에베소 교회는 온갖 거짓 사상들로 무장한 수많은 거짓 교사들의 거센 도전을 받고 있었다. 디모데는 그리스도의 십자가 복음의 순수성을 지켜내기 위해 마치 전쟁터의 군사처럼 그들과 힘껏 맞서 싸워야 했다. 한편, 모든 비유는 나름의 제한을 갖고 있기 때문에, 바울은 계속해서 '경기하는 자'와 '농부'에 비유하여 복음 전도자의 삶과 자세를 교훈하고 있다.

또 경기에 임하는 운동선수는 정해진 규칙에 따라 경쟁해야 합니다. 그렇지 않으면, 그는 승리의 면류관을 얻을 수 없습니다. 또 힘들게 일한 농부는 수확한 것들을 누구보다 먼저 받을 자격이 있습니다. 지금 내가 하는 말을 곰곰이 잘 되새겨 보십시오. 주님께서 깨닫는 능력을 그대에게 주셔서 그 말뜻을 충분히 이해할 수 있게 될 것입니다.

디모데가 목회하고 있는 에베소 지역에는 대형 경기장이 있어 매년 여러 경기가 진행되었다. 그리고 당시 사람들은 그런 경기들을 무척 즐기고 좋아했다. 그래서 바울은 경기를 비유로 들어 설명했다.

정해진 경기 규칙에 따라 정정당당하게 경쟁하여 마침내 경기의 승리자가 되면 그 승리자에게는 면류관이 주어졌다. 이런 사실에 기초하여 바울은 그리스도께서 정하신 규칙과 가르치신 교훈을 잘 지켜 복음

경기의 승리자에게 주어지는 승리의 월계관

사역자로서 힘껏 경기에 임하면 마침내 주님께로부터 승리의 면류관을 받을 수 있다는 사실을 디모데에게 일깨워주었다.

성경에서 '면류관'을 뜻하는 헬라어는 두 가지다. 하나는 '디아데마'인데, 이것은 왕들이 쓰는 '왕관'을 가리킨다(계 12:3; 13:1; 19:12). 다른 하나는 '스테파노스'인데, 이것은 운동경기에서 승리한 사람에게 주어지는 '월계관'을 가리킨다. 따라서 여기에서 바울이 말하고 있는 면류관은 이 월계관을 뜻한다. 월계관은 월계수 잎 등으로 엮어 만든 화관이었다.

내가 그대에게 전한 복음대로, 예수 그리스도께서는 다윗의 가문에서 나시고 죽은 자들 가운데서 부활하셨다는 것을 기억하십시오. 나는 이 복음을 위해 고난을 겪고 있으며 죄수처럼 감옥에 갇혀 있습니다. 그러나 비록 나는 쇠사슬에 묶여 있지만 하나님의 말씀은 결코 묶여 있지 않습니다. 그러므로 나는 하나님께 택하심을 받은 자들을 위하여 모든 것을 참고 견딥니다. 그것은, 그들 또한 그리스도 예수 안에 있는 구원을 영원한 영광과 더불어 얻게 하기 위해서입니다.

바울은 '하나님께 택하심을 받은 자들' 곧 믿는 성도들을 위하여 자신에게 닥친 모든 고난을 기꺼이 참고 견디고 있다는 사실을 밝힘으로써, 복음 전도자요 에베소 교회의 담임 목회자 된 디모데 역시 자신의 본을 따라서 모든 환난과 핍박이 닥치더라도 절대로 굴복하지 말고 성도들을 위해 주님께 맡은바 소임을 다할 것을 권면하고 있다.

여기에 참으로 믿을 만한 말씀이 있습니다. 그 말씀은 곧 우리가 주님과 더불어 죽는다면 또한 우리는 주님과 더불어 살 것이고, 우리가 주님과 더불어 고난을 참고 견딘다면 또한 우리는 주님과 더불어 다스릴 것이며, 우리가 주님을 모른다고 부인하면 주님 또한 우리를 모른다고 부인할 것이라는 사실입니다. 비록 우리는 신실하지 못할지라도 우리 주님께서는 언제나 변함없이 신실하신 분입니다. 그것은, 본질상 신실한 속성을 지니신 우리 주님께서는 자기 자신을 스스로 부인하실 수 없기 때문입니다.

언제나 신실하신 주님과 굳게 연합하여 모든 고난을 참고 견디면, 마침내 주님과 더불어 왕 노릇 하게 될 것이라는 말이다(계 20:6). 하지만 잠깐 동안의 세상 핍박과 고난을 견디지 못해 주님을 모른다고 부인하면, 최후 심판의 날에 주님께 역시 부인당할 것이라고 경고하였다.

이와 관련하여 일찍이 예수님의 공생애 시절에 복음을 전파하도록 자신의 열두 제자를 이스라엘 각처로 파송하시면서 예수님도 똑같은 말씀을 하셨다. "누구든지 세상 사람들 앞에서 나를 안다고 시인하면, 나도 하늘에 계신 내 아버지 앞에서 그를 안다고 시인하겠다. 그러나 누구든지 세상 사람들 앞에서 나를 모른다고 부인하면, 나도 하늘에 계신 내 아버지 앞에서 그를 모른다고 부인할 것이다"(마 10:32-33).

하나님께 인정받는 일꾼이 되라 (2:14-26)

그대는 다음과 같은 사실을 성도들에게 일깨워주도록 하십시오. 사소한 일로 서로 간에 말다툼을 하지 말라고 주님의 이름으로 엄히 명령하십시오. 그런 말다툼은 신앙의 경건에 아무런 유익이 없고 도리어 듣는 자들을 망하게 할 따름입니다. 오직 그대는 진리의 말씀을 올바르게 분별하여 가르침으로써 조금도 부끄러울 것이 없는 일꾼으로 하나님께 인정받을 수 있도록 최선을 다해 힘쓰십시오.

여기서 '말다툼'은 거짓 교사들의 가르침에 대해 그것의 옳고 그름을 따지는 가운데 서로 얼굴을 붉히며 왈가왈부하는 것을 가리킨다. 바울은 이러한 말다툼은 신앙의 경건을 이루는 데 아무짝에도 쓸모없고, 도리어 듣는 자들을 시험에 빠뜨려 망하게 할 뿐이므로 절대 삼가도록 하라고 지도하였다.

또 그대는 불경한 말이나 헛된 잡담을 하지 마십시오. 그런 말들은 사람들을 경건치 못하게 만들어 점점 하나님에게서 멀어지게 할 뿐이고, 마치 악성 종양처럼 다른 사람들에게로 널리 퍼져나가게 될 것입니다. 그런 말들을 하는 자들 가운데 후메내오와 빌레도가 있습니다. 그들은 이미 진리의 길을 떠난 자들인데, 그들은 육체의 부활은 없을 것이라고 말하면서 어떤 사람들의 신앙을 무너뜨리고 있습니다. 그러나 하나님의 진리의 터는 굳건하여 큰 바위처럼 조금도 흔들리지 않습니다. 그 바위에는 이런 말씀들이 새겨져 있으니, 곧 "주님께서는 자신에게 속한 사람들을 잘 알고 계신다"란 말씀과 "누구든지 주님의 이름을 부르는 자마다 모두 악에서 떠나라"란 말씀입니다.

바울은 민수기 16장 5절과 이사야 26장 13절의 말씀을 인용하여, 믿는 자들은 모든 불경한 말이나 헛된 잡담에서 반드시 벗어나야 할 것을 가르치고 있다. 여기서 불경한 말이나 헛된 잡담은 구체적으로 십자가 복음에 어긋나는 모든 이단 사상들을 가리키는데, 특히 당시 에베소 교회에 침투하여 교인들을 극심한 혼란에 빠뜨렸던 '영지주의 사상'을 가리킨다.

이처럼 영지주의 사상을 전파하는 자들, 예를 들면 후메내오와 빌레도 같은 자들은 영(靈)은 선하되 몸(육신)은 악하다고 주장하면서 예수님의 성육신을 부정하였고, 또한 성도의 육체적 부활도 부정했다.

이처럼 악한 육신을 버리고 선한 영을 추구하라는 영지주의 사상은 기독교 사상과 비슷하여 그럴듯하게 들렸으므로, 많은 순박한 교인들이 그 사상에 미혹되어 순수한 십자가 복음에서 떠나가고 있었다. 바울은 이런 현실을 예리하게 지적하면서 디모데를 각성시켰던 것이다.

> 또한 큰 집에는 금과 은으로 만든 그릇뿐만 아니라 나무와 진흙으로 만든 그릇도 있게 마련인데, 좋은 그릇은 귀하게 사용하고 값싼 그릇은 천하게 사용합니다. 만일 그대가 모든 불경하고 헛된 것들로부터 떠나 자신을 깨끗하게 유지한다면, 그대는 주인이 귀하게 사용하는 성별된 그릇이 되어 온갖 좋은 일에 쓰이게 될 것입니다. 그러므로 그대는 청년의 정욕을 피하고, 주님을 찾는 이들과 함께 순결한 마음으로 의로움과 믿음과 사랑과 화평을 추구하도록 하십시오. 거듭 당부하거니와, 어리석고 무식한 변론에는 아예 끼어들지 마십시오. 그대도 알다시피, 그런 논쟁은 신앙의 경건을 이루는 데에는 아무짝에도 소용없고 단지 쓸모없는 다툼만 일으킬 뿐입니다.

'큰 집'은 교회를, '그릇'은 교회의 교인을, 그리고 '주인'은 하나님을 가리킨다. 바울은 에베소 교회의 목회자인 디모데에게 하나님과 관련하여 교회 사역의 원리를 알기 쉽게 비유적으로 설명했다.

'어리석고 무식한 변론'은 복음의 본질에서 벗어난 온갖 논쟁으로, 그야말로 논쟁을 하기 위한 '말다툼', 신앙의 경건을 해치는 '망령되고 헛된 말', 그리고 자신을 자랑하는 '신화와 끝없는 족보' 등을 가리킨다. 바울은 이를 '악성 종양' 곧 암(癌)에 비유하여 반드시 피하고 물리칠 것을 명령했다.

또한 주님의 종은 다투지 말아야 합니다. 아무쪼록 주님의 종은 모든 이들에게 온유하게 대하고, 가르치기를 잘 하며, 모든 일에 참을성이 있어야 하고, 반대하는 사람일지라도 온화한 태도로 그를 바로잡아 주어야 합니다. 그렇게 해야 하는 까닭은, 하나님께서 그런 자들을 마침내 회개의 자리로 이끄셔서 진리를 깨닫게 해주실 수도 있기 때문입니다. 그렇게 되면, 그동안 마귀에게 붙잡혀 마귀의 뜻을 좇아 살았던 그들이 올바른 정신을 차리고, 이후로는 마귀의 덫에서 벗어나 하나님의 뜻에 따라 살아갈 수 있을 것이기 때문입니다.

바울은 산전수전을 다 겪은 노련한 선배 목회자의 입장에서 한참이나 어린 후배 목회자 디모데에게 목회자로서 갖추어야 할 덕목을 구체적으로 일러주고 있다. 무엇보다 교인 한 사람의 영혼 구원을 위해 어떤 경우에도 무한한 애정을 갖고 최선을 다하는 마음을 가져야 할 것을 권면하고 있다.

3

말세의 타락과 성도들의 대처

너는 어릴 때부터 성경을 배워
성경에서 구원의 지혜를 얻었다
성경은 하나님의 영감으로 기록된
참된 진리를 가르치기에 유익한 책이다

바울은 에베소를 잘 안다. 제3차 전도여행 때 3년 가까이 그곳에 머물면서 복음을 전했기 때문이다(주후 54~57년경). 에게해의 뱃길로 동(아시아)과 서(유럽)를 잇는 무역항구 에베소는 일찍부터 상업이 발달되어 도시 전체가 부유했고, 그만큼 사람들은 저마다 재물을 추구하면서 쾌락을 탐닉하고 있었다.

또한 도시에는 풍요의 여신 아데미(다이아나)를 섬기는 거대한 신전이 있어 수많은 사람들이 우상숭배에 빠져들었고, 검투사들과 맹수들이 피 튀기며 싸우는 경기장(아레나)이 있었으며, 2만 5천 명가량을 수용할 수 있는 대형 원형극장도 있어 각종 유희를 즐겼다.

그리하여 돈과 쾌락과 정욕과 우상숭배와 탐욕에 사로잡힌 사람들이 로마제국 전역에서 불나방처럼 꾸역꾸역 에베소에 몰려들었다. 그런 에베소를 생각하며, 바울은 자신을 대신해서 그곳 에베소 교회를 돌보고 있는 아들 같은 젊은 목회자 디모데에게 어버이의 심정으로 애정을

에베소 유적지 (아데미 신전 터)

가득 담아 혼신의 힘을 다하여 편지를 쓴다.

말세의 타락상 (3:1-9)

사랑하는 디모데여, 그대는 이 사실을 명심하십시오. 말세에 고난의 시기가 닥쳐올 것입니다. 사람들은 자기만을 사랑하고, 돈을 사랑하고, 잘난 척하고, 교만하고, 하나님을 모독하고, 부모에게 반항하고, 감사할 줄 모르고, 경건치 아니하고, 무정하여 사랑이 없고, 용서할 줄 모르고, 비방을 일삼고, 자제할 줄 모르고, 폭력적이고, 선을 싫어하고, 배신을 일삼고, 조급하고, 자만하여 허풍을 떨고, 하나님보다 세상 쾌락을 더 좋아하고, 겉으로는 경건한 척하지만 실상 경건의 능력은 인정하지 않습니다. 그대는 이런 사람들은 멀리하십시오.

'말세'는 신약성경에서 두 가지 의미로 사용된다.

첫째, 넓은 의미에서는 그리스도의 승천 때로부터 재림 때까지의 시기다.

둘째, 좁은 의미에서는 그리스도의 재림 직전의 대환난 시기다.

초대교회 성도들은 예수님께서 살아계실 때 "내가 속히 오리라"는 말씀에 의존하여(눅 21:27-32), 자신들의 시대에 예수님의 재림이 있을 줄 알고 있었다. 그래서 그들은 자신들이 말세에 살고 있다는 종말론적 신앙관을 가졌다.

> 경건의 모양은 있지만 경건의 능력을 부인하는 그런 사람들 가운데 더러는 남의 집에 교묘하게 들어가 어리석은 여자들을 그릇된 길로 유인하는 자들도 있을 것입니다. 또 그처럼 유인 받은 여자들은 여러 가지 욕심에 이끌린 채 무거운 죄에 짓눌려 있기에, 항상 배우고는 있지만 진리를 깨닫는 데에는 결코 이르지 못합니다.

경건의 모양은 있지만 그 능력을 부인하는 자는 예배 참석, 금욕생활, 많은 헌금 등 외적으로는 믿음의 형식을 잘 갖추고 있지만, 내적으로는 믿음으로 말미암는 구원의 능력을 부인하는 자를 가리킨다. 마치 겉과 속이 다르게 외식하는 바리새인 같은 자다.

당시에 이런 자들 가운데 대표적인 자들이 이단 사상을 가진 영지주의 자들인데, 그들은 어차피 몸(육신)은 악하고 더러운 것이므로 마음대로 굴려도 괜찮다고 주장하며, 육신의 정욕이 이끄는 대로 온갖 교묘한 말로 어리석은 여자들을 미혹하여 불륜을 일삼는 등 방탕한 쾌락을 추구했다. 마치 옛적 모세 때의 얀네와 얌브레처럼 부패하고 타락하여 진리를 거역했다. 바울은 그런 사실을 계속 언급한다.

> 그런 사람들은 얀네와 얌브레가 모세를 거슬렀던 것과 같이 진리를 거스르는 자들입니다. 결국 그들은 마음이 부패하여 타락한 자들이고 믿음에 있어 실패한 자들입니다. 그러나 그런 사람들은 그리 오래 가지

못할 것입니다. 얀네와 얌브레의 경우에서도 보듯, 그들의 어리석음도 조만간 모든 사람들 앞에 밝히 드러날 것이기 때문입니다.

이집트 궁중에서 모세를 대적한 얀네와 얌브레

얀네와 얌브레는 성경의 다른 곳에서는 그 이름들이 나타나지 않지만 요나단의 탈굼 같은 유대 문서들과 외경과 기독교 초기 문헌들 및 전승에 따르면, 이스라엘 백성들의 출애굽 당시에 그들은 이집트의 파라오 궁중에서 모세를 거슬러 대적한 마술사들로 알려진 인물이다(출 7:11). 저명한 랍비 가말리엘의 문하생이었던 바울은 자신에게 익숙했던 유대 문헌과 전승으로부터 이들 두 사람의 이름을 알게 되었을 것이다.

말세의 핍박과 성도의 각오 (3:10-17)

그러나 디모데여, 그대는 내가 무엇을 믿고 어떤 생활을 했는지 잘 알고 있으며, 또한 내가 사는 목적과 믿음과 인내와 사랑과 박해와 고난에 대해서도 잘 알고 있습니다. 이전에 내가 안디옥과 이고니온과 루스드라에서 복음을 전할 때 어떤 고초를 겪었는지, 어떤 박해를 견뎠는지 그대는 잘 알고 있습니다. 하지만 우리 주님께서는 그 모든 고초와 박해에서 나를 건져내셨습니다. 진실로 그렇습니다! 나 바울이 그러했듯,

그리스도 예수 안에서 경건한 삶을 살고자 하는 사람들은 모두가 세상의 고초와 박해를 받을 것입니다.

복음 전도자 바울은 자신의 경험을 바탕으로 말세의 때를 살아가고 있는 디모데와 초대교회의 성도들에게 고난과 핍박에 대한 각오를 단단히 다질 것을 당부한다. 그리스도를 믿고 본받는 경건한 삶에는 필연적으로 여러 고초와 박해가 뒤따르는데, 그래서 경건한 자들은 자신의 잘못과는 무관하게 물질적, 육체적, 정신적으로 심각한 피해를 겪는다.

그래서 어떤 이들은 조롱과 모욕을 당하기도 하고, 어떤 이들은 재산을 잃기도 하며, 어떤 이들은 매를 맞고, 어떤 이들은 심지어 죽임을 당하기도 한다. 이처럼 그리스도인이 되어 경건하게 살아간다는 것은 세상의 미움을 받고 사탄의 공격을 받는 일임을 일깨워줌으로써, 그런 일이 닥치더라도 낙담하지 말고 더욱 주님을 의뢰하며 끝까지 인내할 것을 권면했다.

말세가 다가올수록, 악한 자들과 속이는 자들은 더욱더 악해져서 서로 속이기도 하고 또 속기도 할 것입니다. 그러나 그럴 때일수록, 그대는 그대가 배워서 굳게 믿고 있는 그 진리 안에서 살아가십시오. 그대는 그 진리를 누구에게서 배웠는지 잘 알고 있습니다.

디모데는 성경의 기본적인 진리들에 관해서는 어머니 유니게와 외할머니 로이스에게서 배웠고, 예수 그리스도의 십자가 복음에 관한 진리는 바울에게서 배웠다. 영지주의, 율법주의, 이성주의 등 온갖 이단 사상과 세상 철학이 난무하는 에베소에서, 디모데는 자신이 사도 바울에게서 배운바 그 진리를 굳게 고수하면서 오직 그 울타리 안에서만 머물러야 했다.

또 그대 디모데는 어릴 때부터 성경을 배워왔는데, 참으로 성경은 그리스도 예수 안에 있는 믿음으로 말미암아 구원에 이르는 지혜를 그대에게 가져다줍니다. 성경의 모든 책들은 하나님의 영감을 받아 기록된 것으로, 참된 진리가 무엇인지 가르치고, 책망을 통해 잘못을 바로잡게 하고, 또한 의로써 훈련시키기에 아주 유익한 책입니다. 그리하여 성경은 하나님의 사람으로 하여금 세상에서 모든 선한 일을 할 수 있도록 온전히 준비시켜 줍니다.

성경을 글자로 기록한 것은 인간 저자들이지만, 그들이 성경의 집필자는 아니다. 어디까지나 성경은 하나님의 영이신 성령님의 작품이다. 인간 저자들이 자신의 생각과 의지로 기록한 것이 아니라, 하나님의 영감을 받아 비로소 기록했기 때문이다. 즉, 성령님은 모든 오류로부터 성경을 보호하셨고, 어떤 착오나 실수가 없도록 그것의 편찬을 지도하셨다.

하지만 성령님은 인간 저자들로 하여금 마치 속기사들처럼 기계적이고 축자적으로 말씀을 받아 적도록 하지는 않으셨고, 그들 각자의 독특한 성격과 필치를 가지고 성경을 기록하게 하셨다. 이처럼 성령님이 성경 제작과 집필을 시종일관 간섭하고 주관하셨기에, 오늘날 우리에게 주어진 성경은 하나님께서 우리에게 주기를 원하셨던 바로 그 특별계시의 말씀이다.

4

바울의 마지막 당부

나는 세상 떠날 때가 이르렀다
지금껏 선한 싸움과 믿음 지켜
의의 월계관이 나를 기다리리라
믿는 자들에게도 마찬가지다

"쿨럭쿨럭."

몸 상태가 좋지 않은 듯 바울이 힘들게 연신 기침을 토한다. 그도 그럴 것이 감옥에 갇힌 지 어언 이태가 다 되어간다. 사방 2m도 채 되지 않고, 게다가 천정도 낮아 보통 사람의 머리에 닿을 정도의 좁고 차갑고 어두컴컴한 로마의 지하 감옥, 이따금씩 다른 감방에서 들려오는 죄수들의 끙끙대는 거친 신음소리와 그 소리를 깨뜨리는 간수들의 살기등등한 발걸음 소리만 들려올 뿐이다.

다마스쿠스 도상에서 서른두 살의 젊은 나이에 부활의 예수님께로부터 복음 전도자의 소명을 받은 이후로 65세에 이르기까지 33년 동안 줄기차게 그 길을 걸어왔다(주후 34년-67년경). 제1차, 2차, 3차 전도여행을 12년 동안 부지런히 다녔고(주후 47년-58년경), 그 이후엔 비록 죄수의 신분이었지만 그토록 바랐던 제국의 심장부인 로마까지 와서 가택연금 된 상태에서도 최선을 다해 나름대로 이태 동안 복음을 전했다

(주후 61-63년경).

사도 바울은 제1차 투옥에선 별 탈 없이 무사히 풀려났다. 그래서 바울은 제4차 전도여행을 계획하고 디모데, 디도, 누가 등의 일행과 함께 이전에 세우고 양육했던 교회들을 두루 돌아보려고 소아시아, 마케도니아, 아가야 지역 등을 순회하고 있었다. 그렇게 노구를 이끌고 부지런히 교회를 살피는 일도 1년 남짓, 바울이 드로아 지역 혹은 마케도니아의 니고볼리 지역을 여행할 즈음에 로마 당국에 의해 다시 체포되어 로마로 호송된 후 어두컴컴한 지하 감옥에 투옥되고 말았다(주후 64년경).

로마 옥중의 사도 바울 (렘브란트 작)

당시 자신의 욕구 충족을 위해 로마에 대화재를 일으킨 네로 황제가 그 책임을 그리스도인들에게 전부 뒤집어씌워 가혹하게 교회와 신자들을 핍박하던 박해의 광풍이 로마제국 전역에 불어닥쳤기 때문이다. 바울은 그리스도교의 일급 지도자로 지목되어 중죄인으로 취급되었는데, 그래도 로마 시민권자였던 바울은 적법한 절차에 따라 재판을 받을 권리가 있었기에 바로 처형당하지 않고 감옥에 갇힌 구속 상태에서 재판을 받고 있었다(주후 65-67년경).

하지만 교활하고 잔악한 네로 황제는 어떻게든 자신이 조작한 음모를 실현시키기 위해 불법적으로 재판을 진행하여 바울에게 사형을 언도하려 했고, 바울이 '디모데후서'를 쓰고 있던 무렵에는 제1심이 이미 끝난 상태였다. 그리하여 바울은 머잖아 자신에게 순교의 시간이 닥쳐올 것임을 직감하고, 사랑하는 믿음의 아들이며 복음의 동역자이고 후배 목회자 된 디모데에게 최후의 편지를 쓰고 있다. 마치 유언 같은 마지막 메시지를 들려주고 있다.

복음 전도자의 임무 (4:1-8)

사랑하는 나의 아들 디모데여, 나는 하나님 앞에서 또한 장차 산 자와 죽은 자를 심판하실 그리스도 예수 앞에서, 그분의 재림과 그분의 왕국을 두고 그대에게 엄숙히 명령합니다. 그대는 말씀을 전파하십시오! 때를 가리지 말고, 언제 어디서든, 하나님의 말씀을 항상 힘써 전파하십시오. 또한 끝까지 오래 참고 견디는 가운데 성도들을 잘 가르쳐 허물을 바로잡고 책망하고 격려하십시오.

바울은 이 편지에서 하나님의 말씀과 관련하여 디모데에게 다음과 같은 권면을 하였다. "말씀을 지키라"(딤후 1:13), "말씀을 옳게 분별하라"(딤후 2:15), "말씀을 배우라"(딤후 3:14), "말씀을 전파하라"(딤후 4:2).

말세의 때가 이르면, 사람들은 올바른 교훈을 받아들이려 하지 않고, 귀가 가려워서 자신들의 사적 욕망에 따라 자신들의 비위에 맞는 말만 하는 교사들에게로 모여들 것입니다. 그래서 사람들은 진리를 듣는 대신에 꾸며낸 각종 허황된 이야기에 귀를 기울일 것입니다. 그러나 그대는 어떠한 상황 아래서도 정신을 바짝 차리고 각양 어려움을 견뎌내면서 복음 전도자로서 맡은바 그대의 임무를 다하도록 하십시오.

'귀가 가렵다'란 표현은 그 가려운 귀를 시원하게 긁어줄 말을 듣기 원한다는 말이다. 마치 구약시대의 아합 왕처럼(왕상 22:5-8), 옳고 그름에 상관없이 자신이 듣고 싶은 말, 곧 자신의 이익과 욕망에 부합되는 말만 듣기를 원한다는 뜻이다. 물론, 아합 왕이 결국 그러했던 것처럼(왕상 2:37) 그런 말만 좇는 결과는 죽음과 멸망뿐이다.

나 바울은 이미 부어드리는 전제의 제물처럼 피 흘려 주님께 바쳐질 때가 되었고, 그리하여 이 세상을 떠날 때가 다가왔습니다. 지금껏 나는 선한 싸움을 다 싸웠고 달려갈 길을 다 끝냈으며 나의 믿음을 굳게 지켰습니다. 그러므로 이제는 의의 월계관이 나를 기다리고 있습니다. 그날에, 의로운 재판장이신 주님께서 그 승리의 월계관을 나에게 씌워주실 것인데, 나에게뿐만 아니라 주님의 재림을 간절히 기다려온 모든 믿는 자들에게도 역시 그리하실 것입니다.

전제(奠祭)는 제사를 드리는 4대 방법(화제, 거제, 요제, 전제) 가운데 하나로서, 제물 위에 감사의 표시로 포도주나 기름이나 피 등을 부어드리는 제사 방법을 가리킨다. 그처럼 바울은 사명의 제단 위에 자신의 피를 부어 순교할 때가 이르렀음을 직감한 것이다.

그 직감대로, 머잖아 바울은 네로의 법정에서 사형을 언도받고 로마 근교의 오스티안 가도에서 참수형을 당하고 말았다(주후 67년 말엽). 그러나 바울의 죽음은 단지 천국 문을 열고 들어가 하나님께 승리의 월계관을 받는 일종의 통과 절차에 불과할 뿐이다.

정녕 바울은 아무런 후회 없이, 한 점 부끄러움 없이 복음 전도자에게 주어진 42.195km의 마라톤 풀코스를 성실하게 달려왔고, 이제 최종 피날레 지점을 눈앞에 둔 상태에서 자신의 뒤를 이어 그 트랙을 힘차게 달려갈 새로운 주자에게 바통을 넘겨주려 하고 있다.

디모데를 향한 바울의 개인적인 당부 (4:9-18)

그대 디모데는 하루 속히 내가 있는 이곳 로마로 와주십시오. 데마는 이 세상을 사랑한 나머지 나를 떠나 데살로니가로 가버렸습니다. 그리고 복음 전도를 위해 그레스게는 갈라디아로 떠났고, 디도는 달마디아로 가고 없습니다. 지금은 누가 한 사람만이 내 곁에 남아있을 뿐입니다. 그러므로 그대가 여기로 올 때 마가도 함께 데려오십시오. 그 사람은 나의 일에 무척 도움이 됩니다.

데마가 '이 세상을 사랑했다'는 말은, 그가 세상적인 가치를 좇아 자기 믿음을 저버렸다는 뜻이다. 가룟 유다가 자신의 세속적 기대에 어긋나자 스승인 예수님을 배반했던 것처럼, 한때는 바울의 동역자였던 데마도 바울이 로마 감옥에 투옥되자 그를 버리고 자기 유익을 좇아 세상으로 향했던 것이다.

한편, 복음 전도를 위해 그레스게가 향한 '갈라디아'는 소아시아 중앙에 있는 지역으로 사도 바울이 여러 차례 전도여행을 해서 복음을 전한 곳이었고, 디도가 향한 '달마디아'(오늘날의 유고슬라비아 지역)는 본래 일루리곤 지역에 속해 있던 아드리아해(海) 동쪽의 해안지방 이름으로 이곳 역시 바울이 일찍부터 복음을 전해 교회를 개척해둔 곳이었다(롬 15:19).

나는 또 두기고를 에베소로 보냈습니다. 참, 그대가 내게로 오는 길에 드로아에 있는 가보의 집을 들러 거기에 두고 온 내 겉옷을 가져오십시오. 그리고 거기서 책도 가져오되, 특히 가죽 종이에 쓴 책은 잊지 말고 꼭 내게로 가져오십시오. 구리 세공을 하는 알렉산더 때문에 내가 많은 어려움을 겪었습니다. 그 사람이 내게 행한 대로 주님께서 친히 갚아주실 것입니다. 그대도 그 사람을 특히 조심하도록 하십시오. 그 사람은 우리가 전하는 복음을 아주 강력하게 배척하는 사람입니다.

바울은 디모데에게 겉옷과 책을 가져오라고 부탁했다. '겉옷'은 전신을 감싸는 외투를 가리키는데, 로마 감옥에서 머잖아 맞을 매서운 겨울 추위를 대비하기 위함이었다. 책은 특별히 '가죽 종이에 쓴 것'을 부탁했는데, 이것은 일반적으로 사용된 파피루스가 아니라 양피지에 쓴 고급 책으로 중요한 내용이 기록되어 있는 책임을 암시한다.

또한 바울은 복음을 크게 배척하는 구리 세공업자 알렉산더의 행위를 주님께서 그 행위대로 갚으실 것이라고 말했다(그는 기독교를 저버린 배교자로서, 바울이 재판을 받을 때에 불리한 증언을 많이 하였다). 자신의 전도사역에 큰 피해를 입힌 알렉산더에 대한 바울의 이 같은 태도는 로마서 12장 19절에서 보듯 평소 바울 자신이 가르친 대로 실천한 것이다. 악한 자에 대한 심판을 주님께 온전히 맡긴 것이다.

> 또 내가 처음으로 재판관 앞에 끌려 나가 나를 변호할 때, 나를 변호해 준 사람은 아무도 없었고 모두가 나를 버렸습니다. 하지만 그 일로 인해 그들에게 허물이 돌아가는 것을 나는 바라지 않습니다. 하지만 주님께서는 언제나 내 곁에 서 계셔서 내게 힘을 주셨습니다. 그것은, 나를 통해 복음의 말씀이 온 땅에 널리 선포되게 하셔서 이방인들도 그 구원의 복음을 들을 수 있게 하시려는 것이었습니다. 그 사명을 완수하게 하시려고, 주님께서는 나를 모든 사자의 입에서 건져내셨습니다. 정녕 주님께서는 모든 악한 자들의 공격에서 나를 건져내어 구원해주시고, 마침내 그분의 하늘나라로 나를 이끌어주실 것입니다. 하나님께 영원토록 영광이 함께 하기를 빕니다. 아멘!

바울이 재판관 앞에서 처음으로 자신을 변호한 일은 제1차 투옥 때의 일이다(주후 63년경). 그때는 바울이 모든 사자(獅子)의 입에서, 다시 말해 마치 사나운 사자처럼 자신을 물어뜯어 죽이려는 모든 대적자들의 악한 손길에서 무사히 벗어났다.

그러나 로마시(市)의 대화재 사건 이후에 제2차로 투옥된 지금(주후

65-67년경), 바울은 이제 자신이 피 흘려 전제의 제물이 될 것 같은 순교의 느낌이 강하게 들었다. 그래서 사랑하는 아들 같은 동역자 디모데에게 복음 전도자의 사명 완수를 특별히 강조한 것이다. 바울의 직감대로, 그는 이번의 제2차 투옥에서는 풀려나지 못하고 결국 순교의 자리에 이르고 말았다.

사도 바울의 작별인사 (4:19-22)

아굴라 부부, 그리고 오네시보로 집안사람들에게 내 안부를 전해주십시오. 지금 에라스도는 고린도에 머물러 있고, 드로비모는 병이 나서 밀레도에 남겨두었습니다. 나의 사랑하는 디모데여, 그대는 겨울이 되기 전에 서둘러 이곳 로마로 와서 나를 찾아오십시오. 으불로, 부데, 리노, 글라우디아 형제를 비롯하여 이곳의 다른 모든 형제들이 그대에게 안부를 전합니다. 우리 주님께서 그대의 심령에 항상 함께하시기를 빌고, 또한 우리 주님의 은혜가 그곳 교회의 모든 형제님들과 항상 함께하시기를 빕니다. 아멘!

바울은 디모데에게 겨울이 오기 전에 어서 오라고 독촉하였다. 로마 옥중에 갇힌 바울은 실제로 추운 겨울이 오기 전에 전신을 덮을 수 있는 겉옷이 필요했는데, 에베소에서 로마로 오는 지중해 뱃길 여행은 겨울철에는 기후가 좋지 않았고 파도가 높았기 때문에 서둘러 움직일 필요가 있었다. 더구나 여러 동역자들이 각처로 떠나간 뒤인지라 옥중의 바울은 인간적인 외로움을 느끼고 영적 아들인 디모데가 무척 보고 싶었다. 이럴 때마다 바울은 백전노장 불굴의 사도가 아니라 그냥 평범한 아버지였다.

"흠, 다 됐군! 이 편지를 속히 디모데에게 보내야겠다."

사도 바울의 순교 장면 (주후 67년경, 오스티안 가도)

이리하여 당시 소아시아 지역에서 에베소 교회를 돌보고 있던 디모데에게 보내는 두 번째 바울의 편지, 곧 '디모데후서'가 완성되었다(주후 67년경). 첫 번째 편지인 '디모데전서'를 써 보낸 지 대략 3년 만이다. 이 편지를 디모데에게 보낸 후에 바울은 머잖아 참수형을 당하여 순교했기 때문에 디모데후서가 바울이 쓴 마지막 편지가 되었다.

"잘 부탁하네, 되도록 빠른 교통편으로 에베소에 내려가서 디모데에게 이 편지를 잘 전달해 주시게. 주님께서 그대의 모든 여행길에 항상 동행해 주실 것이네. 자, 어서 떠나시게!"

바울에게서 편지를 전달받은 사람은 총총걸음으로 길을 나선다. 그런 형제의 뒷모습을 바라보며 바울은 간절히 기도한다. 그 편지를 읽고, 어서 디모데가 겉옷과 책을 가지고 자신에게로 나아오기를….

죽음의 그림자는 점점 다가오는데, 디모데를 기다리는 바울의 마음은 일각이 여삼추 같았다. 하루가 다르게 날이 추워졌다. 그날 밤도 지하 감옥의 차가운 냉기가 바울의 야윈 몸속으로 깊숙이 파고든다.

디도서

올바른 교훈을 가르치고 행하라

저 지중해 높은 물결처럼
거짓과 탐욕 넘실대는 그레데 섬
바울은 로마 감옥에서 풀려나자
디도와 함께 전도 여행을 하네.

디도는 그레데 섬에 남아
혼자서 어린 교회를 돌보는데
거짓 교사들은 젊은 목회자 디도를
비방하며 흔들어대기 시작하네.

세상의 온갖 타락이 밀려들어와
도저히 물리칠 수 없을 때
십자가 복음의 진수 깨우쳐주는
바울의 소중한 편지가 날아드네.

거친 풍랑 만난 배들을 지키고
어두운 밤을 밝히는 등대처럼
세상을 밝히는 진리의 불빛이
그레데 섬을 환하게 밝히네.

1

장로를 세우고 이단을 경계해라

그리스도 예수의 사도 나 바울은
믿음의 아들 디도에게 편지한다
그대를 그레데 섬에 남겨둔 이유는
그곳 교회를 돌보게 하기 위함이다

서막

'디도는 지금쯤 교회를 잘 보고 있는지…. 크레타 섬에서 교회를 보살피고 교인들을 지도하는 일이 쉽진 않을 텐데….'

때는 주후 64년경, 제1차 로마 감옥에서 풀려난 바울은 일행과 함께 소아시아, 마케도니아, 아가야 지역 등을 두루 돌아다니며 마지막 제4차 전도여행을 했다. 이때에 바울은 디모데 및 디도 등을 동반하여 옛 전도 사역지를 돌아보고 있었다. 그런 과정에서 바울 일행이 크레타(그레데) 섬에 이르러 거기서 얼마 동안 전도사역을 펼치다가 전도여행의 일정상 바울 일행은 소아시아 지역으로 떠나고, 디도만 그곳 크레타 섬에 남겨두어 "남은 일을 정리하도록"(딛 1:5) 했다.

이어 바울 일행이 소아시아의 에베소에 이르렀을 때, 바울은 그곳 교회의 중요성을 감안하여 에베소 교인들을 보살피도록 이번에는 디모데를 거기에 남겨두었다. 이리하여 디도와 디모데는 바울의 명을 좇아

디도서의 무대

각각 크레타 섬과 에베소에 남아 목회활동을 하고 있었다.

바울은 계속해서 소아시아의 다른 지역을 거쳐 마케도니아 지역으로 건너가 전도사역을 펼치고 있던 중에, 믿음 안에서 신실한 아들들이 된 이들 두 목회자에게 용기를 북돋워주고, 또한 필요한 목회지침을 전달하기 위해 여행 지역에서 편지를 써 보냈다. 그래서 마케도니아 지역에서 디모데에게 첫 번째 편지 곧 '디모데전서'를 써 보냈고(주후 64년 초엽), 이어 고린도에서 디도에게 편지를 써 보냈으며(디도서, 주후 64년 중엽), 두 번째로 로마 감옥에 투옥되었을 때 자신의 순교를 직감하면서 디모데에게 두 번째 편지 곧 바울 최후의 서신인 '디모데후서'를 써 보냈던 것이다(주후 67년경).

후일 중세기의 위대한 신학자 토마스 아퀴나스는 "이들 세 편지의 내용은 모두 목자가 교회에서 양떼를 돌보는 일에 관해 다룬 서신이다"라고 정의를 내리면서부터, 이른바 디모데전서와 후서, 그리고 디도서를

그리스에서 가장 큰 섬인 크레타(그레데)

일컬어 '목회서신'이라 부르게 되었다.

과연 그러했다. 이제 우리가 살펴볼 디도서는 목회서신답게 복음 사역자가 교회에서 양떼를 돌보는 일과 관련해서 교회의 행정과 조직, 교인들의 지도와 관리 등 올바르고 성공적인 목회사역을 위해 요긴하고 실제적인 목회지침들이 잘 나타나 있다.

당시 디도가 목회활동을 펼치고 있던 크레타(Crete, 그레데) 섬은 그리스 본토의 남단에서 대략 100km 정도 떨어진 곳에 위치한 지중해 상의 큰 섬이다(동서 260km, 남북 60km). 지리적으로 좋은 여건을 갖추고 있었기에, 이곳은 지중해 무역의 요충지로서 일찍부터 발달되었다.

로마의 이주 정책으로 이곳에는 유대인들도 오래전부터 많이 거주했기에 유대인 사회도 형성되어 있었다(행 2:11). 바울은 제3차 전도여행 직후에 유대인들에게 고발당하여 피의자 신분으로 로마에 호송될 때 이곳에 잠깐 들렀고(행 27:6-13), 석방 이후엔 디도와 함께 다시 들러 전도사역을 펼치다가 바울은 바쁜 여행 일정으로 먼저 떠나고, 디도를 남겨두어 그곳 교회를 돌보도록 했다.

'흐흠, 크레타 교회를 돌보는 일이 결코 만만치 않을 텐데, 디도가 과연 잘 감당하고 있는지…. 아니지, 내가 이렇게 걱정만 하고 있을 게 아니라 그에게 편지를 써 보내 목회지침을 알려주어야겠다.'

바울의 노파심에는 근거가 충분했다. 당시에 크레타 섬은 사람들에 의해 "크레타 사람들은 언제나 거짓말을 잘하고, 악한 짐승처럼 난폭하며, 모두가 자기 유익만 추구하는 게으른 자들이다."(딛 1:12)라는 악평을 받고 있었기 때문이다. 이처럼 도덕적으로 부패하고 방탕하며 난폭한 섬에서 복음 사역자 디도가 그리스도의 교회를 올바르고 순결하게 돌보는 일은 정말 어려운 숙제였다.

그래서 산전수전 다 겪은 노련한 복음 전도자 바울은 선배 목회자의 입장에서 하나님의 진리 말씀과 자신의 성공적인 목회경험을 바탕삼아 실제적인 목회 현장에서 요긴한 여러 지침들을 전수해주려고 펜을 든 것이다.

사도 바울의 문안인사 (1:1-4)

하나님의 종이며 예수 그리스도의 사도인 나 바울이 그리스도 안에서 믿음의 아들 된 디도에게 이 편지를 씁니다. 내가 사도가 된 것은, 하나님께서 택하신 사람들에게 믿음을 일깨워주고 또 진리의 지식을 깨우쳐주어 그들로 하여금 경건함에 이르도록 하기 위함입니다. 이 믿음과 진리의 지식은 영생에 소망을 두고 있는데, 거짓 없으신 하나님께서는 태초에 시간이 시작되기도 전에, 곧 영원 이전부터 이 영생을 우리에게 약속해 주셨습니다.

그리하여 마침내 정하신 자기의 때가 이르자, 하나님께서는 사도들의 복음 전파를 통해 자신의 말씀을 온 세상에 밝히 드러내셨는데, 나 바울은 우리 구주이신 하나님의 명령에 따라 이 복음의 말씀을 전파하는 사도의 직분을 맡았습니다. 이제 나는 같은 믿음 안에서 나의 신실한 아들 된 디도에게 이 편지를 씁니다. 아버지 하나님과 우리 구주 예수 그리스도께서 그대에게 항상 은혜와 평강을 내려주시기를 빕니다.

'정하신 자기의 때'는 곧 하나님께서 예수 그리스도를 통하여 우리를 구원과 영생으로 초청하신 때다. 다시 말해, 하나님의 구원계획에 따라 그분의 '말씀'이신 그리스도가 이 세상에 오신 때를 가리킨다. 이때에 하나님께서는 사람을 영생으로 인도하는 자신의 구원계획을 '전도' 곧 '복음 전파'라는 방법을 통해 온 세상에 널리 알리시길 원하셨다(고전 1:21).

디도의 크레타 사역 (1:5-16)

디도여, 내가 그대를 크레타 섬에 남겨두고 온 것은 내가 미처 다하지 못한 여러 가지 남은 일들을 그대가 대신 맡아서 처리해 주고, 또 내가 그대에게 지시한 대로 그곳의 각 성읍마다 장로들을 세우도록 하기 위해서였습니다. 이때 교회의 장로로 세움 받을 자들은 이러해야 합니다. 다른 사람들에게 책잡힐 일이 없어야 하고, 오직 한 아내의 남편이어야 하며, 자녀들도 다 믿음을 가져서 방탕하다거나 혹은 부모에게 대든다거나 하는 비난을 받지 않아야 합니다.

제4차 전도여행의 일정상, 바울은 크레타 섬에 오래 머물 수 없었다. 그래서 그 섬에서 미처 다하지 못한 일들이 남아 있었는데, 그런 미진한 일들을 마무리하도록 신실한 동역자 디도를 그 섬에 남겨둔 것이다. 디도가 그 섬에서 처리해야 할 일들 가운데 중요한 것은 빠른 시일 내에 그 섬의 각 성읍마다 교인들을 돌볼 장로들을 세우는 일이었다. 그래서 바울은 장로들을 세울 때 꼭 참조하도록 디도에게 장로 될 자의 자격에 관해 일러준다. 그 자격은 이러했다.

첫째, 도덕적인 인격이나 신앙생활에서 특별히 다른 사람들에게 책잡힐 일이 없는 자.

둘째, 오직 한 아내의 남편 된 자. 이것은 당시 일부다처제를 선호했던 크레타 섬의 문란한 결혼생활을 의식하여 한 말이다. 장로는 태초에 하나님께서 정하신 창조질서와 결혼원리에 따라 일부일처제를 고수해야만 했다(창 2:22-24).

셋째, 신실한 믿음의 자녀를 둔 자. 장로가 맡은바 교회의 직분을 잘 수행하기 위해서는 가족 전체의 올바른 신앙생활이 요청된다.

> 그리고 감독은 하나님의 일을 맡아 하는 청지기이므로 흠잡을 데가 없어야 하고, 자기 고집대로만 하지 아니하며, 참을성 없이 쉽게 성내지 아니하고, 술을 즐겨 마시지 아니하며, 난폭하지 아니하고, 부당한 이익을 탐내서도 안 되는 사람이어야 합니다. 도리어 감독은 손님을 잘 대접하고, 선한 일에 앞장서며, 신중하여 분별력이 있고, 의로우며, 경건하고, 절제할 줄 알고, 가르침 받은 대로 진리의 말씀 위에 굳게 선 사람이어야 합니다. 그래야만 감독이 올바른 교훈으로 다른 사람들을 권면하고, 진리에 반대하는 사람들을 책망하여 그들의 잘못을 명백하게 지적할 수 있을 것입니다.

하나님의 청지기로서 교회에서 교인들을 지도할 장로 또는 감독의 자격에 관한 지침이다. 여기 언급된 '장로'와 '감독'은 초대교회에서 같은 직분이었다. '장로'(헬, 프레스뷔테로스)는 나이나 위엄 등의 지위를 강조한 것이고 '감독'(헬, 에피스코포스)은 돌보고 살피는 기능을 강조한 명칭이다.

더 나아가 초대교회에서 '감독'이란 하나님의 교회를 돌보고 교회의 교인들을 살피고 지도하도록 선택받은 목사나 장로나 기타 사역자들을 통틀어 일컫는 말이다. 그래서 사도 베드로는 그리스도를 일컬어 '우리

영혼의 목자와 감독 되신 분'이라고 했다(벧전 2:25).

크레타 사람들 중에는 권위에 복종하지 아니하고, 터무니없는 헛된 말을 즐겨하며, 남을 속이는 자들이 많은데, 특히 할례를 받은 할례파 사람들 가운데 그런 자들이 많습니다. 그러므로 그대는, 그런 자들이 입을 열지 못하게 단단히 막아야 합니다. 그들은 부당한 이득을 얻으려고 가르쳐서는 안 되는 것들을 마구 가르쳐서 가정을 온통 파멸로 몰아갑니다. 그래서 크레타 출신의 어떤 선지자조차 "크레타 사람들은 예나 지금이나 항상 거짓말쟁이요, 악한 짐승과 같고, 자신들의 배만 채울 줄 아는 게으름뱅이다."라고 말할 정도입니다.

여기 언급된 '할례파'는 교회 내에서 할례를 비롯한 유대교의 율법과 전통을 따라야 한다고 주장하는 일부 교인들을 가리킨다. 그리고 바울이 인용한 말을 했던 크레타 출신의 어떤 선지자는 '에피메니데스'로 추정

크레타(그레데) 문명을 보여주는 고대 크노소스 궁전의 유적지

되는데, 그는 주전 6세기의 시인이며 그리스의 7대 현인 가운데 하나로서, 후대의 철학자들인 아리스토텔레스나 키케로 등에 의해 '선지자'로 불렸다.

이 선지자의 말에 따르면, 디도의 사역지인 크레타 섬은 목회 환경이 아주 척박한 곳임을 알 수 있다. 그렇다고 해서 바울이 크레타 사람들을 비방하거나 비하하고 있는 것은 아니다. 다만 그 크레타 시인의 말을 인용하여, 그런 척박한 환경에서 사역하고 있는 디도에게 적절한 목회지침을 주었을 뿐이다. 바울의 편지를 계속 읽어보자.

> 과연 그 선지자의 말은 옳습니다. 그러므로 그대 디도는 그런 악하고 게으른 사람들을 엄하게 책망하여 건전한 신앙생활을 하도록 올바른 길로 이끌어야 할 것입니다. 특히 유대인들의 꾸며낸 허황된 이야기나 진리를 거역하는 사람들의 거짓 교훈에 귀를 기울이지 못하게 하십시오. 깨끗한 마음을 가진 사람들에게는 모든 것들이 깨끗하게 보입니다. 그러나 마음이 부패하여 믿지 않는 자들에게는 그들의 마음과 양심이 다 더러워졌기 때문에 깨끗한 것이 아무것도 없습니다. 그런 사람들은 하나님을 안다고 목청을 높이면서도, 실제로 자신들의 행동으로는 하나님을 부인합니다. 그러므로 그들은 가증스럽고 불순종하는 자들이어서 어떤 선한 일도 전혀 행할 수 없는 사람들입니다.

바울은 디도가 크레타 섬에서 사역할 때 특히 조심해야 할 두 부류의 사람들에 대해 조언하고 있다. 하나의 부류는 '율법주의자들'이다. 그들은 유대인의 율법, 전승, 신화 등과 관련하여 하나님의 말씀과는 동떨어진 온갖 허황된 이야기를 퍼뜨리는 사람들이다. 다른 또 하나의 부류는 '영지주의자들'이다. 이단 사상을 가진 그들은 영은 선한 것이고 육은 악한 것이라고 규정하면서, 그리스도의 성육신이나 성도의 육체적 부활 등 기독교의 근본 진리를 거스르는 거짓 교훈을 가르치는 자들이다.

2

목회자의 올바른 성도 교육

올바른 교훈을 가르쳐라
나이 든 남자에게는 절제, 경건, 인내
나이 든 여자에게는 공손, 베품 가르쳐
하나님의 자녀답게 살아가게 해라

주후 64년경, 로마의 제1차 투옥에서 풀려난 바울은 자신이 이전에 전도사역을 펼쳤던 소아시아 지역(오늘날 터키), 크레타 섬(그리스 남쪽의 한 섬), 마케도니아 지역(그리스 북반부), 그리고 아가야 지역(그리스 남반부) 등을 두루 돌아다니며 부지런히 교회들과 성도들을 굳게 다지며 열심히 다독이고 있었다.

바울에게 마지막 여행이 된, 이른바 '제4차 전도여행'이다. 그런데 처음에 함께 팀을 꾸려 여행했던 디도와 디모데를 각각 크레타 섬과 에베소에 남겨두었다. 그곳의 교회를 돌보고 교인들을 양육하도록 하기 위해서였다.

'흠, 디모데에게는 이미 편지를 써 보냈으니, 이제 디도에게도 써 보내야겠다. 각자의 목회지에서 맡은바 소임을 잘 감당해야 될 터인데, 내 편지가 분명 큰 도움이 되겠지….'

그렇다. 디모데에게는 이미 마케도니아에서 첫 번째 편지 곧 '디모데전서'를 써 보냈다(주후 64년 초엽). 이제 아가야 주의 고린도에 이르러 바울은 크레타 섬에서 그곳 교회를 돌보고 있는 디도에게 편지를 써 보내기로 작정하고 바쁜 일정 속에서도 틈을 내어 펜을 든다(주후 64년 중엽). 1장에 이어 이제 2장을 쓴다.

크레타(그레데) 섬의 위치

목회자의 올바른 성도 양육 (2:1-15)

디도여, 그대는 오직 올바른 교훈에 부합되는 참된 것만을 성도들에게 가르치도록 하십시오. 나이 많은 남자들에게는 절제하며 경건하며 신중하며 신실한 믿음을 갖고 사랑과 인내로 살아가도록 가르치십시오. 나이 많은 여자들에게는 이와 같이 모든 면에서 행실이 공손하고 남을 헐뜯지 아니하며 술에 취해 지내지 말고 도리어 선한 일을 가르치는 사람이 되도록 가르치십시오.

바울은 교회 내에 존재하는 다섯 부류의 신자들에 대하여 목회자 디도가 마땅히 가르쳐야 할 참되고 올바른 교훈에 대해 조언하였다. 그들 다섯 부류의 신자들은 나이 많은 남자들, 나이 많은 여자들, 젊은 여자들, 젊은 남자들, 그리고 종들이다. 그렇다면 오늘날 자신의 나이에 비추어 자신을 향한 바울의 가르침을 더욱 새겨듣도록 하자.

그리하여 나이 많은 여자들이 젊은 여자들을 잘 타이르고 가르쳐서,

그녀들로 하여금 남편과 자녀를 사랑하게 하고 또 분별력 있고 순결하고 집안 살림을 잘 하고 친절하고 자기 남편에게 순종하는 사람이 되게 해야 합니다. 그래야 그녀들로 인해 하나님의 말씀이 남의 손가락질을 받는 일이 없을 것입니다.

바울은 가정을 가진 젊은 여자들 곧 아내들로 하여금 자기 남편에게 순종하는 사람이 되게 하라고 권면했다. 이는 하나님께서 가정의 화평을 위해 남편을 아내의 머리로 세우셨기 때문이다.

하지만 이 같은 질서는 상하나 우열에 따른 것이 아니고, 창조의 순서와 타락의 역순에 따른 것이다(딤전 2:13-14). 그래서 아내들은 하나님의 질서에 순응하는 차원에서 자기 남편에게 순종해야 한다. 이때 남편에 대한 아내의 순종은 종속적인 굴복이 아니라, 교회가 그리스도께 그러하듯 베풀어진 희생과 사랑에 대한 자발적인 반응으로서의 순종이다.

이와 마찬가지로, 그대는 젊은 남자들을 권면하여 그들로 매사에 근신하고 신중한 사람이 되게 하십시오. 무엇보다 먼저 그대 자신이 모든 일에 그들에게 모범을 보여야 합니다. 가르칠 때에는 순수하고 진지한 태도를 갖춰야 하고 비난받거나 책잡힐 일이 없도록 신중하고 올바른 말을 해야 합니다. 그리하면, 우리를 반대하는 자들도 우리를 비난할 거리가 없으므로 스스로 부끄러움을 느끼게 될 것입니다.

교인들을 지도하고 가르치는 목회자에게 있어 가장 중요한 목회 지침은 먼저 모든 일에 스스로 모범을 보이는 일이라고 바울은 권면한다. 과연 바울 자신은 그러했다. 그는 자신이 전도하고 가르친 신자들을 향해 "여러분은 나를 본받는 자들이 되십시오!" 하고, 자신 있게 말했다(고전 4:16; 11:1; 빌 3:17).

또 종들에게는 모든 면에서 주인에게 복종하라고 가르치십시오. 주인을 기쁘게 하려고 애쓰고, 말대꾸를 하지 말고, 주인의 물건을 훔치지 말고, 자신들이 온전히 믿을 만한 사람이라는 것을 행동으로 보여주라고 가르치십시오. 그렇게 하면, 그들이 모든 일에 우리 구주 하나님의 교훈을 빛낼 수 있게 될 것입니다.

신중함과 의로움과 경건함으로 이 세상에서 살아가고

바울은 디도에게 권면하기를, 종들로 하여금 자기 주인에게 복종하게 하라고 했다. 당시 로마제국에는 시민들보다 종들이 훨씬 많았기에 교회 안에도 종들이 많았다. 그렇다고 해서 바울이 노예제도를 지지한 것은 아니다. 당시 바울의 관심은 어떤 '제도'에 있지 않았고, 오직 '사람'에게 있었다. 그래서 바울은 제도에 앞서 사람을 먼저 변화시키는 데 주력했다. 그것이 더욱 효과적이라고 생각했기 때문이다.

그래서 종들이 믿는 자답게 주인에 대해 신실한 태도로 살아간다면 그것은 하나님의 교훈을 빛내는 일이 되어 결국 하나님께 영광 돌리고(마 5:16), 나아가 주인마저 변화시킬 수 있는 계기가 되기 때문이다. 이처럼 노예제도가 보편화된 주후 1세기의 로마제국이라는 시대 상황 속에서 바울은 지혜롭고 효과적인 방법으로 그리스도의 십자가 복음을 전했다.

이제 모든 사람에게 구원을 가져다주는 하나님의 은혜가 나타났습니다. 진실로 그 은혜는 우리를 교훈하여 경건하지 않은 모든 것들과 세상의 온갖 정욕을 버리고, 우리로 하여금 이 세상에서 절제하고 의롭고 경건하게 살아가도록 합니다. 나아가 복된 소망을 품고, 우리의 크신 하나님이시며 구주이신 예수 그리스도께서 영광 가운데 나타나실 재림의 그날을 기다리며 살게 합니다.

교회 내의 다섯 부류 신자들(나이 많은 남자, 나이 많은 여자, 젊은 여자, 젊은 남자, 종)을 향해 적절한 교훈을 베푼 뒤에, 이제 바울은 그 모든 사람에게 구원을 가져다주는 '하나님의 은혜'를 말한다.

그 은혜는 나이나 성별이나 사회적 지위 등에 아무런 상관 없이 하나님께로부터 일방적으로 주어지는 호의로서, 그리스도의 십자가 희생을 통해 누구에게나 값없이 주어지는 구원과 영생의 은혜를 말한다. 그 은혜가 신자를 신자답도록 살아가게 만드는 원동력이 된다.

진실로 그리스도께서는 우리를 위해 자기 몸을 아낌없이 내어주셨는데, 그것은 모든 악에서 우리를 건져내어 깨끗하게 하신 후에 우리로 하여금 선한 일에 열심을 내는 자기 백성으로 삼으시기 위함입니다. 그러므로 디도여, 그대는 모든 권위로 이것들을 성도들에게 가르치는 가운데 그들을 종종 격려하고 때로는 엄히 책망도 하십시오. 그리하여 아무도 그대를 업신여기지 못하게 하십시오.

하나님께서 우리에게 구원의 은혜를 베푸신 목적이 기술되었다. 그것은, 우리로 하여금 선한 일에 열심을 내어 살도록 하기 위해서였다. 그리하여 사람의 제일 되는 목적은 하나님을 기쁘시게 하는 온갖 선한 일들로 하나님께 영광을 돌리는 일이다.

3

성도들의 올바른 삶

디도는 성도들을 잘 깨우쳐서
당국의 지도자들에게 순종하게 하고
모든 선한 일에 기꺼이 참여하게 하며
다투지 말고 겸손히 살게 해라

바울에게 있어 디모데와 디도는 아주 각별하다. 바울은 그들을 단순히 '동역자'로 여기지 않고 '아들'이라 불렀다. 그들에게 복음을 전하여 제자로 삼았고, 이후에 함께 전도여행에 데리고 다니면서 열심히 가르치고 훈련시켜 성숙한 신앙인으로, 실력 있고 믿을 만한 목회자로 길러냄으로써 마치 믿음으로 낳은 친아들과 같았기 때문이다. 그래서 그들에게 각각 에베소 교회와 크레타 교회를 맡긴 것이다.

하지만 드높은 신앙의 고봉에 올라앉은 바울의 눈으로 보기에 그들은 물가에 내어놓은 어린 자녀처럼 여러 방면에서 어리고 미숙했다. 그래서 바울은 어버이의 애정과 노파심으로 척박한 목회 현장의 일선에 나가 있는 그들에게 여러 요긴한 목회지침들을 구체적으로 전달해 준다.

앞서 에베소 교회의 디모데에게 편지를 써 보냈고(주후 64년 초엽, 디모데전서), 이제 몇 달 후에 바울은 크레타 교회의 디도에게 편지를 써 보낸다(주후 64년 중엽, 디도서). 1장과 2장에 이어, 바울은 다시금 펜을 들고 계속해서 마지막 3장을 쓴다.

올바른 신앙인의 삶 (3:1-11)

디도여, 그대는 성도들을 깨우쳐 다스리는 통치자와 정부 당국의 지도자들에게 복종하고 순종하게 하며, 또한 모든 선한 일에 기꺼이 참여할 준비를 갖추게 하십시오. 남을 헐뜯지 말고, 서로 다투지 말고, 모든 사람에 대해 너그러움과 겸손을 나타내 보이도록 가르치십시오. 우리도 회심하기 전에는 어리석었고, 순종할 줄 몰랐으며, 미혹을 받아 속았고, 온갖 육체의 정욕과 세상 쾌락의 노예가 되었고, 악한 생각과 시기심에 사로잡혀 있었고, 남의 미움을 받았으며, 또 남을 미워하면서 살았습니다.

바울은 자신의 편지에서 한결같이 세상 통치자들과 권세자들에게 복종해야 할 것을 가르쳤다. 죄로 치닫는 사회에서 그런 다스리는 자들이 없다면, 사람들은 각기 제 소욕을 좇아 제멋대로 무질서하게 행동하게 되고, 그것은 불가피하게 무정부 상태를 낳게 되어 성도가 신앙생활을 할 수 없게 된다. 그래서 하나님은 다스리는 정부와 통치자들을 허락하셨다. 그 이유는, 정부로 하여금 옳은 일을 장려하게 하고 악한 일을 징벌하여 사회질서를 유지하도록 하기 위함이었다(롬 13:1-4).

그러나 만일 그렇게 행하지 않는 악한 정부가 있다면 어찌해야 할까? 어떤 경우에 하나님은 악한 자들이 권력을 장악하는 것을 허용하신다. 하지만 그것은, 하나님이 그 정부를 후원하신다는 뜻은 결코 아니다. 선한 정부든 악한 정부든, 하나님은 자신의 더욱 선하고 위대한 목적을 이루시기 위해 모든 세상 정부들을 이용하실 수 있다.

여기서 바울은 시민의 불복종 문제에 대해서는 다루고 있지 않지만, 이에 대해서 언급하고 있는 성경의 다른 구절이 있다(행 5:29). 만일 세상 정부가 믿는 자들의 신앙자유를 침범할 때는 기독교인들이 악한 통치자들의 명령이 아니라 무조건 하나님의 말씀에 따라야 한다.

중생의 씻음과 성령의 새롭게 하심으로 하셨나니

그러나 오늘날 우리 구주 하나님께서 우리에게 크신 은혜와 사랑을 베푸셔서, 우리를 그런 죄악의 구렁텅이 속에서 구원해 주셨습니다. 진실로 우리의 구원은 우리에게 구원받을 의로운 행위가 있었기 때문이 아니라, 오직 하나님의 크신 자비하심에 따라 우리를 중생하도록 씻어주시고 또 성령으로 새롭게 해주셨기 때문입니다. 이처럼 하나님께서는 우리 구주 예수 그리스도를 통하여 우리에게 성령을 풍성하게 부어주셨습니다. 그 결과로, 이제 우리는 하나님의 은혜로 의롭게 되어서 마침내 영생의 소망을 품은 그분의 상속자가 되었습니다.

여기서 '중생의 씻음'은 구원을 이루는 성령의 내적 사역, 곧 성령에 의해 죄 씻음을 받은 거듭남의 상태를 가리킨다. 그리고 '성령의 새롭게 하심'은 거듭남의 결과로서, 이제 성령의 인도함을 받아 새롭게 변화된 성숙하고 성화된 성도의 삶을 가리킨다.

진실로 이 같은 사실은 믿을 만한 말씀입니다. 그러므로 그대는 확신을 갖고, 이런 교훈들을 힘 있게 주장하여 하나님을 믿는 자들로 하여금 모든 선한 일을 하는 데 온 힘을 다 쏟을 수 있도록 잘 이끌어주기를 바랍니다. 참으로 그렇게 하는 것이 아름답고 좋은 일이며 사람들에게도 아주 유익한 일입니다.

믿는 자들이 하나님의 영광을 위한 모든 선한 일을 하는 데 온 힘을 다 쏟으려면 자신이 믿는 바에 대해서 한 치의 흔들림 없는 굳센 확신을 가져야 한다. 그래서 바울은 크레타 섬을 돌보는 디도로 하여금 목회자인 디도 자신부터 확신을 갖고 교인들을 향해 기독교 진리를 힘 있게 주장하고 가르치라고 권고한다. 디도가 힘 있게 가르쳐야 할 기독교 진리들은 바로 직전에 바울이 언급한 내용들이다(딛 3:3-7).

> 그러나 그대는 어리석은 논쟁이나 쓸모없는 족보 이야기는 피하십시오. 또 율법에 대해 논쟁을 벌이거나 다투지 마십시오. 그런 일들은 헛될 뿐이고 아무런 가치가 없습니다. 이단에 속한 사람을 대할 때는 한두 번 좋은 말로 타이르거나 엄숙한 말로 경고한 후에 과감하게 물리치도록 하십시오. 그대도 알다시피, 그런 사람들은 이미 진리에서 벗어나 곁길로 빠져 타락해 버렸기 때문에 스스로도 악한 줄 알면서 계속해서 죄를 짓고 있는 것입니다.

바울은 디도에게 기독교의 핵심 진리를 밝히 일러주었다(딛 3:3-7). 하나님의 긍휼, 구원, 중생(거듭남), 성령, 칭의(의롭다 하심을 받음), 영생 등등. 그런 뒤에 바울은 이 같은 기독교의 진리를 잘 지키고 확신 있게 가르칠 것을 디도에게 권면했다. 그렇게 하기 위해서는 복음의 본질에서 벗어나 기독교의 진리를 훼손시키는 온갖 어리석고 무익한 논쟁거리들 곧 어리석은 변론, 족보와 신화 이야기, 율법에 대한 논쟁 등을 배격해야만 했다.

이런 것들은 당시 이단 사상을 가진 영지주의자들이나 할례에 의한 구원을 주장하는 율법주의자들 같은 거짓 교사들이 기독교 복음의 진리를 왜곡시키기 위해 즐겨 사용하는 수단들로서 하등 가치 없고 무익한 것들이었다. 아니, 사람을 멸망에 빠뜨리는 극히 해로운 것들이었다. 그래서 바울은 그런 헛된 변론이나 이단 사상을 자신의 다른 편지에서는 '악성 종양' 곧 암(癌)에 비유했다(딤후 2:17).

바울은 또 이단에 속한 사람들을 성도가 어떻게 대해야 할 것인지도 알려주었다.

첫 단계는, 한두 번은 좋은 말이나 엄중한 말로 그들을 설득하고 훈계해야 한다. 즉, 그들에게 기독교 진리와 복음을 성심껏 알려주고 바른 길로 돌이키도록 권면해야 한다.

둘째 단계는, 그래도 복음과 진리를 외면하고 계속 이단 사상을 고집할 경우에는 더는 상대하지 말고 멀리해야 한다. 왜냐하면 그런 자들은 부패한 마음상태로 이미 스스로를 정죄한 자들이기 때문에 더 이상의 설득과 훈계는 무익하고 헛된 다툼만 일으킬 것이기 때문이다.

바울의 마지막 안부와 부탁 (3:12-15)

디도여, 내가 아데마나 두기고를 그대에게 보내거든 그대는 속히 니고볼리에 있는 내게로 와 주십시오. 나는 거기서 겨울을 나기로 작정했습니다. 율법교사인 세나와 아볼로를 내게로 우선 보내주십시오. 그들을 떠나보낼 때, 그들이 길을 떠나는 데 아무런 불편이 없도록 잘 보살펴 주십시오. 우리 교우들도 도움을 요청하는 사람들에게 필요한 것들을 마련해줄 수 있도록 모든 선한 일에 전념하는 것을 배워야 합니다. 그래야 그들이 열매 없는 헛된 삶을 살지 않을 수 있게 될 것입니다.

바울의 마지막 안부와 부탁에서 당시의 여러 인물들과 상황들에 대해 알 수 있다. '아데마'와 '두기고'는 디도가 자리를 비우고 니고볼리에 있는 바울에게로 갈 때 그를 대신하여 크레타 교회를 돌보도록 바울로부터 파송을 받은 두 사역자다.

이후 아데마는 원래 계획대로 크레타로 갔지만, 두기고는 일정이 바뀌어 디모데를 돕기 위해 에베소로 보내졌다(딤후 4:12). 아데마에 대해서는 별로 알려진 바가 없고, 두기고는 바울의 신실한 측근 동역자이며 조력자로서, 바울이 쓴 여러 통의 편지(에베소서, 골로새서, 빌레몬서)를 각각의 교회에 전달한 책임감 있는 인물이다.

니고볼리(Nicopolis)는 그리스 반도 남서쪽에 위치한 도시인데, 기후가 온화하여 아드리아해(海) 연안의 겨울 휴양지로 유명했다. 당시 고린도에서 사역하던 바울은 디도에게 보내는 편지(디도서)를 쓴 후에 강행된 전도사역으로 쌓인 여독을 풀면서 이후에 달마디아(오늘날의 유고슬라비아 지역)를 거쳐 서바나(스페인 지역)로 향하는 전도여정을 준비하려 했던 것 같다.

'세나'와 '아볼로'는 유대교에서 기독교로 개종한 저명한 율법교사들인데, 이들이 언제 크레타 섬으로 건너가 디도와 함께 교회를 보살폈는지는 알 길이 없다. 두 사람이 모두 유대교에서 개종한 유대인들이고 구약성경에 능통했던 사실로 보아, 당시 크레타에서 왕성하게 활동하고 있던 율법주의자들에 대한 대비책으로 바울이 이들을 파송했던 듯하다.

두 사람 중 특히 알렉산드리아 출신의 아볼로는 더욱 학문이 깊고 웅변에 능하여 앞장서서 기독교 진리를 힘차게 변증했기에, 고린도 교회에서는 그를 추종하는 '아볼로파'가 형성되기도 했다(고전 1:12). 바울은 크레타 교회가 이들을 떠나보낼 때 궁핍함

바울이 디도 대신에 크레타 교회를 돌보도록 아볼로를 파송하다

이 없도록 잘 보살펴줄 것을 지시했는데, 순례 전도자들을 후대하는 관습은 초대교회의 아름답고 선한 미덕이었다.

> 마지막으로 여기 나와 함께 있는 모든 성도들이 그대에게 안부를 전합니다. 그대도 믿음 안에서 우리를 아껴주시는 모든 분들에게 우리의 안부를 전해주십시오. 하나님의 은혜가 여러분 모두에게 항상 함께하기를 빕니다. 아멘!

다른 서신들과 마찬가지로, 바울은 디도에게 보내는 편지 곧 '디도서'를 마무리하면서 디도와 크레타 교인들을 위해 진심을 담아 하나님의 이름으로 축도한다. 이렇게 해서 바울이 도처의 교회들과 동역자들에게 써 보낸 총 13통의 편지들 가운데 순서상 12번째 편지가 마무리되었다(디도서 이후 대략 3년 후에 바울의 마지막 편지인 '디모데후서'가 집필되었다).

편지를 전달받은 디도의 손이 벅찬 감격으로 가볍게 떨렸다. 그의 눈에는 바울 사도의 안부에 대한 그리움으로 눈물이 그렁그렁 고였다. 헬라 사람으로 태어나 젊은 나이에 사도 바울에게서 기독교 복음을 전해 듣고 회심하여 신자가 된 디도, 이후 복음 전도자가 되어 줄곧 바울 곁에서 바울을 따라다니며 더욱 깊은 복음의 진리를 배웠고, 또한 바울의 인격과 삶을 본받으려고 무던히 애썼다.

그래서일까? 바울은 자신이 써 보낸 편지들에서 '디도'란 이름을 13회나 기록하면서, 때로는 그를 '아들'이라 부르면서 그에 대한 무한한 애정과 신뢰를 드러냈다. 갓 복음을 전해 듣고 처음엔 모든 게 미숙했던 디도가 어느덧 성장하여 바울에게 가장 신임 받는 복음 동역자 가운데 하나가 되어 있었던 것이다. 그래서 1차 투옥에서 풀려난 바울이 마지막 제4차 전도여행을 할 때, 바울과 동행한 디도는 바울 사도의 뜻을 좇아 여행 도중에 크레타(그레데) 섬에 남아 그곳 교회를 돌보고 있었다 (주후 64년경).

늘 태산같이 든든한 바울 사도 곁에 있다가 홀로 외딴 섬에 떨어져 교회를 돌보는 디도의 심정은 어떠했을까? 온갖 공교한 이단 사상으로 무장한 영지주의자들과 율법주의자들이 굶주린 맹수처럼 호시탐탐 교인들의 영혼을 노리는 그곳에서 기독교 복음을 굳건히 지켜내고 성도들을 제대로 양육하는 일이 얼마나 힘들었을까? 그런 때일수록 사도 바울의 손길을 얼마나 그리워했을까?

그런 디도의 간절한 마음이 지중해를 건너 멀리 바울에게까지 전달되었는지, 이처럼 예기치 않게 바울 사도에게서 주옥같은 목회지침이 담긴 편지를 받게 될 줄이야! 사도의 편지를 손에 든 디도의 기쁨과 그리움은 가히 헤아릴 길이 없다. 그래서 한 글자, 한 글자 가슴속 깊이 새기며 찬찬히 편지를 읽는 디도는 다시금 굳게 다짐한다.

"그래, 사도님의 기대에 어긋나지 않게 그분께서 당부하고 지시하신 말씀에 따라 내게 맡겨진 양떼를 목숨 걸고 보살피리라."

편지를 읽는 디도의 가슴은 사명감으로 활활 불타올랐고, 주님의 도움을 바라는 디도의 기도는 아름다운 향기가 되어 하늘로 올라간다. 저 멀리선 끼룩끼룩 갈매기 울음소리에 섞여 철썩대는 파도소리가 들려온다. 지중해의 아름다운 섬 크레타의 밤이 촘촘히 하늘에 박힌 별빛 아래에서 조용히 깊어간다.

빌레몬서

사랑과 용서

골로새에 사는 큰 부자 빌레몬은
두란노에서 바울을 만나 회심 후
자신의 큰 집을 예배 장소로 바쳐
믿음과 사랑의 나날을 보내네.

로마 감옥에 갇힌 사도 바울에게서
어느 날 한 장의 편지를 받네.
자신의 재물을 훔쳐 달아난 노예를
그리스도의 사랑으로 용서하라네.

빌레몬의 노예인 오네시모는
죽음의 막다른 길목에서 바울을 만나
뜨거운 참회의 눈물을 흘림으로써
전엔 무익하지만 이젠 유익한 자 되네.

그리스도는 죽기까지 용서하시는데
우리가 용서치 못할 죄가 어디 있을까.
빌레몬은 죄 지은 형제를 용서하여
내 마음에 기쁨과 평강 주길 바라네.

1

사랑으로 용서하라

오네시모는 이제 노예가 아니라
하나님께 사랑받는 소중한 형제입니다
그대가 나를 복음 동역자로 여긴다면
나를 맞듯 오네시모를 맞아 주십시오

서막

때는 주후 62년경, 사도 바울이 로마 감옥에 1차로 연금되어 있던 시기다. 복음을 강렬하게 배척하는 극렬 유대인들의 고발로 예루살렘 성전에서 체포된 바울은 유대를 통치하던 로마 총독들에게 몇 년에 걸쳐 지루하게 재판을 받다가, 결국 로마 시민권자인 바울의 상소로 로마 황제(가이사)에게 최종 재판을 받기 위해 로마에 호송되어 로마 근교의 어느 허름한 셋집에서 로마 군사 한 명의 감시하에 가택연금된 상태로 재판을 기다리고 있던 중이었다(주후 61-63년경, 행 28:16).

이처럼 재판을 대기하고 있던 이태 동안의 시기는 죄가 확정되지 않은 피의자 신분이었기에, 비록 가택연금 상태이긴 했지만 사람들의 면회나 개인 활동이 무척 자유로웠다. 그래서 바울은 이 시기를 잘 활용하여 자신에 대한 소문을 듣고 자신을 찾아오는 많은 사람들에게 열정적으로 복음을 전하고 있었다.

빌레몬서의 무대

어느 날, 허름한 행색으로 바울을 찾아온 사람이 있었으니, 바로 '오네시모'였다. 그는 바울에게 자신의 사정을 자초지종 이야기했다.

"저는… 멀리 골로새 지방에서 올라온 '오네시모'라고 합니다만, 소문을 듣고 사도님을 찾아왔습니다."

바울은 진심으로 귀 기울여 그 사람의 이야기를 경청한다.

사연을 요약하면 이러했다. 오네시모는 빌레몬 집안에 소속된 노예인데, 어느 날 무슨 연유에선지 주인의 금품을 훔쳐 로마로 달아났다. 로마제국과 노예제도는 긴밀하게 연결되어 있다. 출생 시부터 신분이 노예인 자도 있었고, 전쟁에서 포로가 되었거나 국가가 전쟁에 패했을 때 배상금 조로 끌려온 노예도 있었다. 때로는 개인적 부채로 인해 노예생활을 하는 경우도 있었는데, 이 경우에 노예로 봉사하는 기간은 대체로 주후 1세기경에는 7년이었다.

시장에서 노예를 살 때는 생산가치(얼마를 뽑을 수 있나?)에 더하여 생존 기간(대체로 7년을 보았다) 정도에 따라 가격이 매겨졌다. 일반 노예는 7년을 채우면 자유민이 된다. 자유민이 되면 집으로 돌아가거나 주인 곁에서 벌어먹고 살았다. 주인 곁에서 살아가는 경우, 약사 노예는 약국을 차렸을 것이다. 그러려면 돈을 주인에게 차용하게 되는데, 그러면 그때부터는 채권자와 채무자의 관계가 된다. 주인은 노예를 사오면 실컷 부려먹고, 자유민이 된 후에는 돈을 빌려주어 이자를 챙기고…. 그러니 노예제도가 성행할 수밖에 없었다!

만약에 노예가 도망가서 잡히면 일벌백계의 차원에서 큰 형벌을 받았다. 누군가가 인도주의적인 입장에서 숨겨주면 그는 범인은닉죄가 아니라 장물취득죄로 형사 처분을 받았다. 노예는 사람이 아니라 주인의 물건으로 취급되었기 때문이다. 그래서 도망간 노예를 주인에게 잡아다 주는 회사도 있었다고 한다.

로마제국은 도망친 노예를 아주 가혹하게 다루었다. 이유를 불문하고 주인에게서 달아난 노예의 운명은 누구에게나 불 보듯 뻔했다. 이리저리 쫓겨 다니다가 결국엔 붙잡혀 형장의 이슬로 사라질 운명이었다. 오네시모 역시 그러했는데, 하루하루 불안한 마음으로 쫓겨 다니다가 바울 사도에 대한 소문을 듣고 작심하고 그를 찾아온 것이다.

오네시모에게서 사연을 다 전해 들은 바울은 일단 그를 진정시킨 후 그에게 복음을 전하고 가르쳤다. 이때 오네시모는 복음을 믿고 예수 그리스도를 자신의 구주로 받아들이게 된다. 기독교 신자가 된 것이다. 그리고 이때부터 오네시모는 자신을 회심시킨 바울을 정성껏 시중들기 시작했다.

처음에 바울은 "조금 그러다가 말겠지…." 하는 마음으로 대수롭지 않게 그를 지켜보았다. 그런데 그게 아니었다. 시간이 흘러도 한결같은 마음으로 진심을 다해 성심껏 시중드는 것이 아닌가! 사람이 완전히 변했고, 또한 제대로 변했다.

'흐흠…, 나도 한때는 얼마나 기독교를 핍박하고 신자들을 박해하던

큰 죄인이었던가!'

바울은 자신의 과거를 돌이켜보며 오네시모의 변화를 진심으로 반겼다. 무슨 까닭으로 주인의 재산에 손을 댔는지는 모르겠지만, 오래 겪어보니 그는 그야말로 진국이었다. 가택연금 생활에 여러모로 그의 시중이 큰 도움이 되었다. 로마 당국에 붙잡혀 처형당하기엔 너무 아까운 인물이었다. 바울은 그를 살리기로 마음먹었다. 그래서 하루는 그를 따로 불러 진지하게 묻는다.

로마 옥중의 바울을 시중드는 오네시모

"오네시모, 그대의 주인이 빌레몬이라 하였소?"

"네 사도님, 그러합니다. 골로새에 살고 있습니다."

"흠, 골로새의 빌레몬이라 하면 내가 아는 사람이오. 아주 믿음이 두텁고 신실하며 너그러운 사람이므로, 내가 그대를 위해 편지를 한 통 써줄 테니 그 편지를 들고 그대의 주인에게로 돌아가도록 하세요. 분명 그대에게 죄를 묻지 않고 기꺼이 용서해줄 것이오."

빌레몬, 그는 로마제국 내 소아시아도(道)의 브루기아 지역 서남쪽에 위치한 골로새 성읍의 유지였다. 그는 동료인 에바브라와 함께 사업차 인근 큰 도시인 에베소에 갔다가 바울을 처음 만났다. 당시 제3차 전도여행 중이던 바울은 그곳의 두란노 서원에서 2년이 넘도록 복음을 전하고 말씀을 가르치면서 부지런히 제자들을 양육하고 있었다(주후

55-56년경, 행 19:8-10).

이때 빌레몬과 에바브라는 바울에게서 복음을 전해 듣고 유대교에서 기독교로 개종하여 신자가 된 다음, 바울의 신실한 제자가 되어 착실하게 복음의 진리에 관해 배웠다. 이렇게 양육 받은 빌레몬과 에바브라는 바울의 제자요 복음의 동역자로서 초대교회의 신실한 일꾼으로 활동하게 되었는데, 이후에 둘은 서로 협력하여 고향 골로새에서 빌레몬의 가정집을 터전 삼아 교회를 세우고 기꺼운 헌신과 봉사로 교인들을 돌보고 있었다.

"아, 사도님! 저를 위해 편지를 써 주신다니 참으로 감사합니다. 제가 피해를 끼친 주인님에게 제 발로 돌아간다는 것이 어쩌면 죽는 길이 될 수도 있겠지만, 사도님의 뜻이라면 기쁜 마음으로 따르겠습니다."

그렇게 해서 바울이 펜을 들고 쓰게 된 편지가 '빌레몬서'다. 그래서 이 편지는 에베소서, 빌립보서, 골로새서와 함께 '옥중서신'이라 불린다. 모두 바울이 로마 감옥에 1차로 연금되어 있던 시기에 쓴 편지들이기 때문이다(주후 61-63년경).

그중 빌레몬서는 바울이 쓴 13통의 편지들 가운데 가장 짧은 서신으로, 다른 서신들과는 달리 기독교 교리나 신학 사상에 관한 내용은 없고, 다만 도망친 노예(오네시모)의 선처와 용서를 위해 노예의 주인(빌레몬)에게 개인적으로 정중하게 부탁하는 극히 사적인 서신이다. 그렇지만 그러한 한 가정의 문제를 통해 그리스도인들 상호 간의 용서와 사랑이라는 기독교 윤리의 핵심 문제를 감동적으로 다루고 있다.

따라서 이 편지에는 위대한 복음 전도자나 탁월한 신학자로서의 바울의 모습이 나타나지 않는다. 대신에 도망친 한 노예의 문제를 두고서 그의 주인에게 최대한 정중한 태도로 용서와 선처를 간구하는 사랑과 겸손의 사도로서의 바울의 인간적인 면모가 잘 나타나 있다. 자, 그렇다면 이제 심령의 옷깃을 여미고, 로마 옥중의 노사도 바울에게서 온 편지를 받아 읽는 빌레몬의 입장이 되어 찬찬히 사도님의 편지를 읽어보도록 하자.

사도 바울의 문안인사 (1:1-3)

예수 그리스도의 복음을 전하다가 감옥에 갇힌 몸이 된 나 바울과 형제 디모데는 우리의 사랑하는 동역자 빌레몬에게, 그리고 자매 압비아 및 우리와 함께 십자가의 군사 된 아킵보에게, 또한 그대의 집에서 모이는 교회의 모든 성도들에게 이 편지를 씁니다. 우리 아버지 하나님과 주 예수 그리스도께서 여러분에게 언제나 풍성한 은혜와 평강을 내려주시기를 빕니다.

문안인사에서 바울은 빌레몬에게 자신을 소개할 때 '복음을 전하다가 감옥에 갇힌 몸'이라고 소개했다. 당시에 실제로 바울은 갇힌 몸이었기 때문이다(주후 62년경). 바울이 굳이 이 같은 사실을 알린 것은, 지금 자신이 보낸 편지는 사도의 권위로 빌레몬을 훈육하는 서신이 아니라, 도망친 노예를 두고서 그의 주인 된 빌레몬에게 용서와 선처를 부탁하는 입장에서 복음의 동역자 된 빌레몬의 감성에 호소하기 위해서였다.

성도를 향한 빌레몬의 믿음과 사랑 (1:4-7)

빌레몬이여, 나는 기도할 때마다 그대를 늘 기억하면서 나의 하나님께 항상 감사를 드립니다. 그 이유는, 주 예수 그리스도에 대한 그대의 신실한 믿음과 모든 성도들에 대한 그대의 깊은 사랑에 대해 내가 익히 들어왔기 때문입니다. 앞으로도 더욱 깊은 믿음의 교제를 통해 그리스도 안에서 우리가 품고 있는 모든 선한 일을 그대가 온전히 이해할 수 있게 되기를 기도합니다. 오, 형제여, 성도들의 마음이 그대의 사랑으로 인해 새 힘과 평안한 안식을 얻었으므로 그대의 사랑은 나에게 참으로 큰 기쁨과 위로를 주었습니다.

순수한 사랑의 마음에서 비롯된 빌레몬의 사심 없는 자선과 풍성한 구제 행위로 인해 골로새 교회의 많은 성도들이 살아갈 새로운 힘을 얻고, 또한 영육 간에 큰 위로와 평안을 얻게 된 사실을 언급한 것이다. 이처럼 당시에 빌레몬은 교회 안팎의 모든 사람들에게서 널리 인정받는 신실한 복음의 일꾼이었다.

오네시모를 위한 바울의 부탁 (1:8-22)

그러므로 형제여, 이제 나는 그대에게 한 가지 간곡한 부탁을 하려고 합니다. 나는 이것을 그리스도의 이름으로 그대가 마땅히 행하도록 명령할 수도 있겠지만, 오히려 나이 든 늙은 몸으로 지금 예수 그리스도의 복음을 전하는 일로 감옥에 갇힌 몸이 된 나 바울이 오직 사랑으로써 그대에게 간청하는 바입니다.

당시 60세가 넘은 노사도 바울은 도망친 노예에 대한 빌레몬의 용서와 선처가 사도의 지시에 복종하는 것에 따른 것이 아니라, 오직 믿음의 형제에 대한 사랑의 마음에서 자발적으로 우러나와 이루어지기를 바랐다. 그래서 바울은 계속 이어지는 글에서 자신의 그런 의도를 알렸다.

그대를 향한 나의 부탁은, 내가 여기 감옥에 갇혀 있는 동안에 낳은 내 아들 오네시모에 관한 것입니다. 비록 이전에는 그가 그대에게 아무 쓸모없는 사람이었지만, 이제는 그대와 내게 참으로 쓸모 있는 사람이 되었습니다. 나는 지금 그를 그대에게 돌려보내는데, 이제 그는 나의 심장과도 같은 소중한 사람입니다. 복음을 전하다가 이렇게 감옥에 갇혀 쇠사슬에 묶여 있는 나로서는, 그를 내 곁에 가까이 두고 그대를 대신해서 내 시중을 들게 하고 싶었지만, 본래 그의 주인 된 그대의 승낙 없이는 어떤 것도 하고 싶지 않습니다. 그것은, 그대의 선한 일이 마지못해 억지로 행하는 것이 아니라 스스로 원해서 자발적으로 행하는 것이 되기를 바랐기 때문입니다.

빌레몬 집안의 노예였던 오네시모는 그 사연이야 어떠하든 주인을 속이고 돈을 훔쳐 도망친 자였기에 이전에는 아무 쓸모 없는 사람이었다. 그렇게 주인에게 재물의 손해를 입히고 로마로 도망친 오네시모는 소문을 듣고 당시 로마 외곽의 어느 셋집에 연금되어 있던 바울을 찾아왔고, 바울에게서 그리스도의 복음을 전해 들은 후에 완전히 새 사람으로 변화되어 바울 곁에서 성심껏 시중들고 있었다. 그런 오네시모를 오래 지켜본 결과, 그의 변화는 진심이었다. 참으로 쓸모 있는 사람이 되었던 것이다.

오네시모가 그대의 집에서 도망침으로써 그대를 잠시 떠났던 것은, 어쩌면 그대로 하여금 그를 믿음 안에서 영원히 얻도록 하기 위한 것이었을지도 모릅니다. 이제부터 그는 더 이상 일개 종이 아니라 종 이상의 사람, 곧 우리의 사랑받은 소중한 믿음의 형제입니다. 특히 내게 있어 그가 그러하다면, 그대에게 있어서는 사람으로서나 또는 주님 안의 형제로서나 더욱 소중한 존재일 것입니다.

바울은 하나님의 오묘한 섭리와 경륜을 언급하면서 노예의 주인 된 빌레몬에게 당부한다. 오네시모의 신분이 비록 노예이긴 하지만 그를 단순히 노예로만 취급하지 말고 그리스도 안에서 믿음의 형제 된 자로 대하라는 것이다. 사실, 하나님은 본래 사탄의 노예 된 우리를 독생자의 피로 구속시켰을 뿐만 아니라 자신의 사랑스러운 자녀요 상속자로 대하고 있지 않는가!

> 그러므로 형제여, 그대가 나를 동역자로 생각한다면 나를 맞이하듯이 그 사람 오네시모를 따뜻하게 맞아주십시오. 만일 그가 그대에게 어떤 잘못을 저질렀거나 빚진 것들이 있다면, 그것을 모두 내게로 돌려 내 앞으로 달아놓으십시오. 그래서 나 바울이 이렇게 친필로 쓰고 있습니다. "내가 그것을 대신 갚아주겠습니다." 하지만 나는 그대가 내게 얼마나 많은 복음의 빚을 졌는지에 대해서는 굳이 말하지 않겠습니다.

주후 1세기 바울 시대에 도망친 노예는 주인에게 결코 다시 영접받을 수 없었다. 당시 로마제국에서 노예는 사람이 아니라 재산에 불과했다. 만일 주인에게서 도망친 노예가 붙잡혔을 경우, 그는 고문당하고 죽거나 혹은 이마나 뺨에 영영 지워지지 않는 불도장으로 'F'(Fugitivus, 도망자)라는 글자의 낙인이 찍혀졌다.

이런 풍습을 잘 알고 있었던 바울은 오네시모를 위해 친필 보증까지 섰다. 여기서 바울의 친필은 '보증 사인'이었다. 바울은, 노예 오네시모가 주인 빌레몬에게 피해를 끼친 액수를 대신 갚겠다는 확실한 의지를 표명하기 위해 '내가 그 빚을 대신 갚겠습니다'라는 상업상의 문구를 썼을 뿐 아니라, 그 부분을 자신의 '친필로' 직접 서명까지 함으로써, 말하자면 공식적인 차용증서의 형식을 취했다. 이로써 바울은 언제든지 빌레몬이 요구할 경우에는 그 빚을 갚아야 할 채무자의 입장에 서게 된 것이다.

하지만 빌레몬은 바울에게 더 큰 빚을 지고 있었다. 그것은 믿는 자에게 있어 빚 중의 빚이라고 할 수 있는 '복음의 빚'이었다. 빌레몬은 바울의 전도사역을 통해 예수 그리스도를 영접함으로써 영원한 새 생명을 얻고 또 장차 천국의 기업까지 얻게 되었으니 그보다 큰 빚이 어디 있겠는가.

빌레몬이 이 같은 사실을 깨닫는다면 오네시모가 자신에게 피해를 끼친 그 빚은 비교조차 되지 않을 정도로 아주 미미한 것임을 알게 될 것이다. 오네시모를 위한 바울의 부탁은 계속 이어진다.

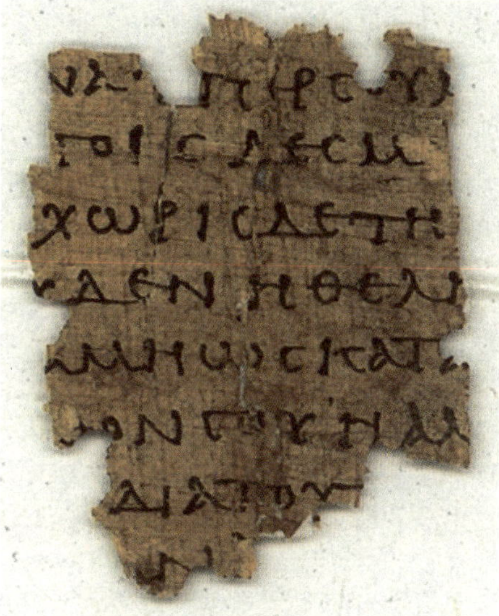
바울이 쓴 편지 조각 (빌레몬서)

형제여, 나는 주님 안에서 그대의 사랑의 행위를 통해 참으로 기쁨을 얻고 싶습니다. 부디 그리스도 안에서 나의 마음에 평강을 주고 새 힘을 불어넣어 주십시오. 나는 그대가 내 말에 기꺼이 순종할 것이라는 사실을 확신하면서 그대에게 이 편지를 씁니다. 아니, 오히려 그대는 틀림없이 내가 말한 것 이상으로 더 잘 해줄 것으로 압니다. 그리고 한 가지를 더 부탁하자면, 그대는 내가 묵을 방을 하나 마련해 주십시오. 여러분의 기도대로 내가 조만간 옥에서 풀려나 여러분에게로 나아갈 수 있게 되기를 바랍니다.

오네시모를 위해 바울은 그의 주인 된 빌레몬에게 거듭해서 간절히 호소한다. 당시 로마제국에서 노예는 한낱 주인의 재산으로 취급되었기에, 주인이 법적 절차를 통해 그를 자유인으로 허락할 때까지는 절대로 노예 신분에서 해방될 수 없었기 때문이다. 따라서 주인에게로 돌아가는 도망친 노예 오네시모의 운명은 전적으로 그의 주인 된 빌레몬의 손에 달려 있었다.

바울은 빌레몬에게 골로새에서 자신이 잠깐 동안 묵을 수 있는 방 하나를 마련해 줄 것을 부탁했는데, 이는 바울 자신이 로마 감옥에서 풀려날 경우에 빌레몬이 있는 골로새 교회를 방문하겠다는 뜻을 피력한 것이다.

바울은 자신의 부탁대로 빌레몬이 오네시모를 기꺼이 용서하고 선처해 줄 것을 확신하고는, 직접 골로새를 방문해서 빌레몬의 얼굴을 보고 직접 감사의 말을 전달하고자 한 것이다. 비천한 노예 한 명을 위한 바울 사도의 뜨거운 진심이 물씬 느껴지는 말이다. 이는 진실로 비천한 죄인 하나를 구원하시려고 하늘 보좌의 고귀하신 그리스도께서 친히 땅으로 내려와 치욕의 십자가를 지신 그 사랑과 은혜를 깨달은 자의 마음이다.

사도 바울의 끝맺음 인사 (1:23-25)

형제여, 예수 그리스도의 복음을 전하다가 나와 함께 갇힌 몸이 된 에바브라가 그대에게 안부를 전합니다. 또한 나의 동역자들인 마가, 아리스다고, 데마, 그리고 누가도 그대에게 안부를 전합니다. 우리 주 예수 그리스도의 은혜가 여러분의 심령에 항상 함께하기를 빕니다.

바울은 당시(주후 61-63년경) 자신 곁에서 자신과 함께 사역하고 있던 복음 동역자들의 이름을 일일이 소개하며 끝맺음 인사를 한다.

'에바브라'는 로마 옥중의 바울에게 헌신적으로 봉사한 인물로서, 빌레몬과 동향인 골로새 사람이다.

'마가'는 마가복음의 저자로서 바나바의 생질이다. 제1차 전도여행 때 바울의 전도 팀에서 도중 탈락함으로써 바울에게 좋지 않은 인상을 주었지만(행 13:13), 이후에 베드로의 사역을 돕고 로마 옥중의 바울에게 헌신함으로써 모든 오해가 풀리고 좋은 관계를 맺게 되었다(행 15:36-40; 딤후 4:11). 그래서 마가는 바울의 동역자로서 처음엔 별로였지만 나중에 좋아진 대표적인 인물이 되었다.

'아리스다고'는 데살로니가 출신의 유대인 개종자로서(행 27:2), 바울의 제3차 전도여행 때 에베소에서 바울의 사역을 적극적으로 도운 인물이다(행 19:29-40).

'데마'는 처음에는 바울에게 헌신하였지만, 후일에 바울을 배신하고 세상으로 떠나간 인물이다(딤후 4:14). 따라서 그는 마가(Mark)와는 대조적으로 처음엔 좋았지만 나중이 안 좋게 된 대표적인 인물이다.

'누가'는 이방인 출신의 의사로서 누가복음과 사도행전의 저자다. 바울의 주치의이며 복음 동역자로 활동했는데, 바울의 말년에 이르기까지 한결같은 마음으로 헌신하고 봉사한 신실한 인물이다.

"자, 이제 글을 다 썼구나. 오네시모, 내가 이 편지를 두기고의 손에 들려 네 주인 빌레몬에게 전달하도록 할 터이니, 그대는 두기고를 따라 함께 골로새로 내려가도록 하시게."

"네, 저는 이대로 사도님 곁에 계속 머물면서 사도님을 시중들고 싶지만… 사도님의 뜻에 따르도록 하겠습니다. 미천한 절 위해 이렇게 귀한 편지를 써주시니 참으로 고맙습니다. 부디 건강관리 잘 하십시오."

오네시모는 넙죽 엎드려 바울에게 큰절을 하고는 눈물을 훔치며 두기고를 따라 집밖으로 나선다. 두기고는 로마교회의 독실한 신자로서 뭇사람들에게서 널리 인정받는 책임감 있고 신실한 인물이었다. 그는 이전에도 바울이 옥중에서 쓴 '에베소서'와 '골로새서'를 각각의 교회에 잘 전달한 적이 있었다.

"두기고, 그대라면 내가 마음이 놓여 이렇게 빈번히 부탁하게 되었네. 특히 자넬 따라가는 오네시모를 잘 챙겨주시게."

"네, 사도님. 아무 걱정 마십시오. 잘 다녀오도록 하겠습니다."

바울에게서 '빌레몬서'를 전달받은 두기고, 그는 여행 봇짐에 그 서신을 소중히 넣은 채 오네시모를 데리고 먼 여행길에 나선다. 제국의 수도 로마에서 소아시아의 골로새까지는 직선거리만 계산해도 거의

2천km에 달하는 멀고 먼 거리였다. 몇 주, 몇 달, 얼마나 긴 시간이 흘렀을까? 마침내 두기고와 오네시모는 골로새 성읍에 도달하게 되고, 두기고는 일단 오네시모를 골로새의 다른 성도의 집에 남겨둔 채 혼자 빌레몬을 찾아가 사도 바울의 편지를 전달한다.

"오오, 이게 정녕 바울 사도님이 내게 보낸 편지란 말이오?"

두기고에게서 바울의 편지를 받아든 빌레몬, 그의 손이 감격으로 파르르 떨린다. 그리고는 곧장 봉인을 뜯고 그 자리에서 편지를 읽는다. 처음 몇 줄을 읽자마자 옥고를 치르고 있는 노사도의 모습이 선연히 떠오르는지 빌레몬의 눈이 그렁그렁해지더니 이내 눈물이 주르륵 흘러내린다. 편지를 다 읽은 빌레몬이 두기고에게 급히 묻는다.

"우리 형제 오네시모는 지금 어디에 있는 것이오? 그를 어서 내게로 데려오시오. 어서요!"

잠시 후, 두기고와 함께 오네시모가 빌레몬에게 그 모습을 드러냈다. 주인을 만나자 오네시모는 경직된 몸으로 어쩔 줄 몰라 한다. 그러다가 땅바닥에 무릎을 꿇고 넙죽 엎드려 크게 절하며 용서를 빈다.

"주인님, 제가 잘못했습니다. 그만 제 욕심에… 어떤 처벌도 달게 받겠습니다. 주인님의 뜻대로 절…."

오네시모의 말이 채 끝나지도 않았는데, 빌레몬이 얼른 달려와 오네시모를 부둥켜안고 말한다. 그의 눈에서는 아직도 눈물이 흐르고 있었다.

"아니다, 아니야, 오네시모. 이제 넌 내 노예가 아니다. 이제부터 넌 내 형제인 게야, 네가 옥중의 바울 사도님을 그토록 정성껏 시중들었다니, 내가 다 고맙구나. 처벌이라니, 원 당치도 않는 소리다. 내가 사도님께 진 복음의 빚을 생각하면 네 빚은 빚도 아닌 게야. 어서 일어나거라."

"아, 주인님…. 주인님…."

오네시모는 감격에 겨워 차마 말을 잇지 못하고, 그런 모습을 두기고는 흐뭇한 표정으로 지켜본다. 빌레몬은 재촉한다.

"어서, 어서 일어나래두, 안으로 들어가 사도님의 소식을 좀 더 자세히 전해다오. 몸은 건강하시고? 어디 아픈 데는 없고?"

그제야 오네시모는 자리에서 일어나 두기고와 함께 주인을 따라 빌레몬의 안방으로 들어간다. 세 사람의 눈에는 기쁨과 감격의 눈물이 고여 있었고, 잠시 후엔 바깥으로 웃음소리도 간간히 들려왔다.

오네시모를 영접하는 빌레몬

이후 전해져오는 초대교회의 전승에 의하면, 때에 두기고에게서 사도 바울의 편지를 전달받은 빌레몬은 바울의 확신대로 부탁 이상의 대우를 오네시모에게 해주었다고 한다. 오네시모의 죄를 기꺼이 용서해 주고 그를 형제로 따뜻하게 영접해 주었음은 물론이고, 더 나아가 오네시모를 노예의 신분에서 영영 해방시켜 자유인의 신분이 될 수 있도록 최대한 신속하게 힘껏 법적 조처를 취해 주었다고 한다.

뿐만 아니라 모든 조처를 마친 뒤에는 많은 노잣돈과 후한 헌물을 오네시모에게 내어주어 옥고 중에 있는 바울의 시중을 들도록 두기고에 딸려 다시 로마에 보냈다고 한다. 주인 빌레몬의 후의와 허락으로 자유인이 된 오네시모는 두기고와 함께 다시 로마 옥중의 바울에게로 돌아와

오네시모의 순교

스스로 노예임을 자처하면서 성심성의껏 바울의 시중을 들며 전도의 일에 헌신하다가 네로 황제의 대핍박 때에 바울 사도의 뒤를 따라 함께 로마에서 순교했다고 한다.

그렇다면 바울과 빌레몬과 오네시모는 네로의 핍박 때에 다 같이 순교한 것이 되고(주후 67년 말엽), 죽은 후에 다 같이 온전한 믿음의 형제로서 기쁨 중에 천국에서 다시 만나게 되었을 것이다.

바울은 요즘 말도 어눌해지고 손끝이 자꾸 떨리는 것을 느낀다. 이제는 대필을 통해서도 더 이상 여러 지역교회에 회람서신을 쓰기가 힘들다. 참으로 오랜 세월이었다. 율법에 광분한 열혈 청년이었던 시절, 기적처럼 다가온 어느 날 정오에 다마스쿠스(다메섹) 도상에서 부활의 주님을 만나 그분과 함께 살아왔던 세월은 매일이 눈부셨던 은총의 나날들이었다. 고단하고 힘든 세월이었지만 그런 만큼 보람 넘치고 기쁨 충만했던 세월이었다.

때로는 시력이 약하고 언변과 외모가 시원치 않아 주님께 하소연했던 날들도 있었지만, 이제 와 생각해 보니 그런 약함이 엄청난 거리의 전도여행과 13권의 서신을 집필할 수 있는 원동력이었다. 언변과 외모가 출중하고 시력도 좋았다면 강단 위의 설교자로 더 많은 시간을 보냈을 것이다.

그러나 언변과 외모가 출중하지 않았기에 대중들에게 나서는 시간보다는 집중해서 가르치고 골방에 앉아 서신을 집필하는 시간을 많이 가질 수 있었다. 그리하여 서신들은 교리가 되고 목회지침이 되고 삶의 간증집으로 남게 되었다. 무엇보다 구원과 영생의 길로 안내하는 기독교 경전(성경)이 될 수 있었다.

감옥 바깥의 사정은 좋지 않다. 네로 황제 치하의 로마제국이 기독교 박해에 더 바짝 고삐를 조이고 있다는 흉흉한 소식이 들려온다. 로마제국 도처에서 오늘도 복음 사역자로 열심히 활동하고 있는 형제들에 대해서는 이런저런 걱정들이 많이 들지만, 옥중의 바울은 그저 그들을 위해 기도하고 편지를 써 보내면서 모든 것을 하나님께 맡겨놓을 뿐이다.

사도 바울의 초상

이제 남은 세월이 많지 않다. 아주 긴 여정을 달음박질해 왔다. 저 멀리 푯대가 보인다. 내 본향 하늘나라에서 그토록 그리던 주님을 만나고, 그분께 상급을 받을 날이 눈앞에 아른거린다.

지중해의 차가운 겨울바

람을 머금은 바람이 셋집의 빈틈 사이로 휘잉 불어온다. 어느새 밤이 깊었다. 바울은 주님께 감사기도를 드린 뒤 누더기 같은 이불을 한번 툭툭 털며 정돈하고는 몸을 덮는다. 교회와 성도들, 그리고 동역자들 생각에 잠이 쉽게 들지 않지만 내일을 위해 애써 잠을 청한다. 어렴풋한 꿈결에 어디선가 자신이 써 보낸 편지를 독송(讀誦)하는 소리가 들리는 듯하다. 바울의 입가에 살며시 미소가 감돈다.

기독교의 복음을 위협하는 유대주의

민영진
감리교신학대학교 교수 역임
대한성서공회 번역실장, 총무 역임
세계성서공회연합회 번역컨설턴트 역임

유럽과 소아시아의 교회

이 책은 바울이 유럽과 소아시아에 흩어진 다섯 교회(갈라디아, 에베소, 빌립보, 골로새, 데살로니가)에 보낸 여섯 서간과, 세 명의 개인(디모데, 디도, 빌레몬)에게 보낸 네 서간 내용에 대한 스토리텔링이다. 갈라디아, 에베소, 골로새는 소아시아 지역, 지금의 터키 영토 안에 있는 도시들이고, 빌립보와 데살로니가는 유럽 지역으로 지금의 그리스 영토 안에 있는 도시들이다.

유럽에 있든 소아시아에 있든, 이들 교회의 공통점은 교인 구성이 다문화적 배경을 지닌다는 점이다. 크게는 디아스포라 유대인과 비유대계 주민들로 구성되어 있었다. 여기에 교회가 위치한 그 지역의 현지인들(그리스인, 터키인)과 유대인 이외의 다른 이주민들(예를 들면, 로마인)이 교인의 주요 구성원이었다.

유대인 기독교인과 비유대인 기독교인들

바울이 자기 서간의 공동발신자로 언급한 동역자들인 **디모데**(빌립보서, 골로새서, 데살로니가전후서)와 **실루아노**(데살로니가전후서), 디모데를 포함하여 바울 서간의 수신자들인 **디도**와 **빌레몬** 역시 그 배경이 다문화적이다. 디모데는 어머니가 유대인, 아버지가 그리스인이고, 소아시아의 루스드라에서 태어났고, 에베소교회 목회자가 된 인물이다.

실루아노는 예루살렘 교회의 지도급 인사였으나 로마 시민권을 가진 인물로 알려진 것으로 보아 디아스포라 유대인 신분이었고, **디도**는 "바울의 동역자 중에 최초의 순전한 비(非)유대인 기독교인"(독일성서공회 해설성경, 디도서)이다. **빌레몬** 역시 소아시아 골로새에서 태어나고, 에베소 두란노서원에서 바울의 강론을 듣고 기독교인이 된 비(非)유대인 기독교인이다.

이미 스토리텔링성경 신약 제6권(로마서, 고린도전서, 고린도후서)에 나오는 로마 교회와 그리스의 고린도 교회를 포함하여, 바울이 서간을 보낸 이스라엘 바깥 지역 교회들은 이러한 다양한 교회 구성원 배경 때문에 교회 안에서 문화적 갈등이 심했다.

그중에서도 바울을 괴롭힌 가장 큰 갈등은 유대주의자들, 유대교에서 기독교로 개종한 이들 중 유대인의 할례나 정결음식법, 유대주의와 결합된 영지주의나 금욕주의를 비유대인 기독교 신도들에게 강요하는 것, 바울이 전한 복음이 마치 율법으로 보충이 되어야 할 것처럼 주장하는 거짓 교훈, 이단 사상이 교회 안에 침투하는 것 등이었다. 바울서신에 나오는 '율법'이란 용어는 거의 부정적 의미로 사용된다. 그러나 기독교에서 율법은 폐기되어야 할 것이라기보다는 복음을 통해서 완성되어야 할 대상이다.

복음을 변질시키는 유대주의 경계

기독교는 유대교와 히브리어 성경(구약)을 경전으로 공유하고 있다. 그러나 구약의 기능이 유대교와 기독교에서 동일한 것은 아니다. 갈라디아서에서 30여 회 나타나는 **율법**이란 말은 거의 부정적(否定的) 의미로 사용되고 **복음, 믿음, 성령**과 대립되어 나타난다. 이러한 주장은 에베소서(1:15), 빌립보서(3:5, 6, 9), 디모데전서(1:7-9), 디도서(3:9, 13)에서도 줄곧 나온다. 이 점에 있어서는 바울과 베드로가 날카롭게 대립하기도 했다.

한번은 비유대인 기독교 신도들에게 유대주의적 관습을 강요하던 베드로가 바울에게 무안을 당한 적도 있다. "그대는 본래 유대인인데도 다른 유대인들과는 달리 율법에 구애받지 않고 이방인들처럼 복음의 자유를 누리며 살아왔소. 그런데 이제 와서 이방인들에게 유대인처럼 율법에 따라 살라고 강요할 수가 있는 겁니까?"(스토리텔링성경 신약 제7권, 갈 2:14).

바울은 유대인들로 추정되는 사람들이 골로새 교회를 불안정하게 만든 일을 언급하면서, 그들이 골로새 교회 교인들에게 율법 준수를 요구한 것(골 2:16-17, 21)을 경계한다. 교회 안의 구성원인 '하나님이 선택하신 이스라엘'과 '비(非)이스라엘 교인' 사이에 차별이 있을 수 없고, 예수 안에서 하나임을 거듭 강조한다(엡 2:11-14).

바울은 로마인, 빌립보 원주민, 그리스인, 디아스포라 유대인으로 구성된 빌립보 교회를 향해서는 예수님의 자기 비움을 본받아(빌 2:5-11) 하나 될 것을 호소하는 한편(빌 2:1-4; 4:1-3), 유대교인이었다가 기독교인이 된 자신의 경험에 비추어 유대인들로 추정되는 사람들이 골로새 교회를 불안정하게 만든 일을 언급하면서, 그들이 골로새 교회 교인들에게 율법 준수를 강요하고(골 2:16-17, 21), 금욕생활과 천사숭배와 환상(幻想) 체험을 강조한 것을 경계하기도 한다(골 2:18, 23).

데살로니가 교회, 특히 그 안에 있는 유대 기독교인을 향해서는 유대 땅에 있는 유대 기독교 신도들이 동족 유대교인들에게 고난을 받았던 것, 다른 민족들에게 구원의 말씀을 전하지 못하게 한 것 등을 상기시키면서, 소아시아와 그리스 여러 곳에 세워진 교회에서 그런 일이 반복되어서는 안 될 것을 말한다(살전 2:14-6). 에베소 교회의 목회자 디모데에게는 거짓 교훈, 영지주의(딤전 4:1-5), 신화와 금욕(딤전 4:6-11), 특히 교회를 위협하는 거짓 교사들(딤후 2:14-26)을 경계할 것을 권면하고, 크레타 교회의 디도에게는 "유대 사람의 허망한 이야기"에 교인들이 귀 기울이지 못하도록 지도하라고 충고한다(딛 1:14, 새번역).